成长企业的法则

——解析全球百大成长型企业的商业模式与成长策略

GLOBAL

GROWTH

GIANTS

[日] 名和高司 ◎ 著

汤云丽 ◎ 译

海南出版社

HAINAN PUBLISHING HOUSE

成長企業の法則 世界トップ 100 社に見る 21 世紀型経営のセオリー　名和高司
SEICHOUKIGYOU NO HOUSOKU SEKAI TOP 100SHA NI MIRU 21SEIKIGATA
KEIEI NO THEORY by TAKASHI NAWA
Copyright © 2016 by TAKASHI NAWA
Illustrations by：YUJI KOBAYASHI
Original Japanese edition published by Discover 21, Inc., Tokyo, Japan
Simplified Chinese edition is published by arrangement with Discover 21, Inc.
through Shinwon Agency
中文简体字版权 © 2017 海南出版社

版权合同登记号：图字：30-2016-185 号
　　图书在版编目（CIP）数据
　　成长企业的法则 /（日）名和高司著；汤云丽译
. —— 海口：海南出版社，2017.10
　　ISBN 978-7-5443-7519-1
　　Ⅰ.①成…　Ⅱ.①名…　②汤…　Ⅲ.①企业成长 – 研
究 Ⅳ.① F271
　　中国版本图书馆 CIP 数据核字 (2017) 第 220721 号

成长企业的法则

作　　　者：（日）名和高司
译　　　者：汤云丽
监　　　制：冉子健
策划编辑：冉子健
责任编辑：孙　芳
执行编辑：谌紫灵
责任印制：杨　程
印刷装订：北京天宇万达印刷有限公司
读者服务：蔡爱霞　郄亚楠
出版发行：海南出版社
总社地址：海口市金盘开发区建设三横路 2 号　　邮编：570216
北京地址：北京市朝阳区红军营南路 15 号瑞普大厦 C 座 1802 室
电　　话：0898-66830929　　010-64828814-602
投稿邮箱：hnbook@263.net
经　　销：全国新华书店经销
出版日期：2017 年 10 月第 1 版　2017 年 10 月第 1 次印刷
开　　本：880mm×1230mm　　1/32
印　　张：11.25
字　　数：284 千
书　　号：ISBN 978-7-5443-7519-1
定　　价：45.00 元

目录 Contents

后记 / 325

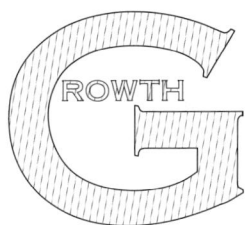

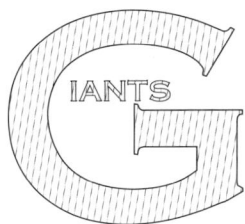

G LOBAL
G ROWTH
G IANTS

前 言 Preface

本书是一本关于"全球成长企业"的书。不管
怎么说，这个"成长"大多是以新兴国为对象
来讨论的。但是我认为我们也应该好好思考一
下关于成熟国家的成长问题，这也是我写本书
的初衷。

英美、北欧——持续成长的成熟国家

首先，请看表 1 所示的由国际货币基金组织每年发布的各国和各地区 GDP 增长率及增长率排名。

表 1　各国和各地区 GDP 增长率（%）

名次	国家和地区	2013	2014	2015
1	巴布亚新几内亚独立国	5.5	8.5	12.3
2	埃塞俄比亚	9.8	10.3	8.7
3	土库曼斯坦	10.2	10.3	8.5
4	缅甸	8.4	8.5	8.5
5	刚果民主共和国	8.5	9.2	8.4
6	科特迪瓦	8.7	7.9	8.2
7	不丹	4.9	6.4	7.7
8	老挝	8.0	7.4	7.5
9	印度	6.9	7.3	7.3
10	莫桑比克	7.4	7.4	7.0
11	柬埔寨	7.4	7.0	7.0
12	乍得	5.7	6.9	6.9
13	坦桑尼亚	7.3	7.0	6.9
14	中国	7.7	7.3	6.8

名次	国家	2013	2014	2015
15	乌兹别克斯坦	8.0	8.1	6.8
16	孟加拉国	6.0	6.3	6.5
17	肯尼亚	5.7	5.3	6.5
18	吉布提	5.0	6.0	6.5
19	越南	5.4	6.0	6.5
20	斯里兰卡	7.3	7.4	6.5
23	菲律宾	7.1	6.1	6.0
36	爱尔兰	1.4	5.2	4.8
37	冰岛	3.9	1.8	4.8
40	马来西亚	4.7	6.0	4.7
43	印度尼西亚	5.6	5.0	4.7
84	西班牙	-1.2	1.4	3.1
85	土耳其	4.2	2.9	3.0
95	瑞典	1.3	2.3	2.8
98	韩国	2.9	3.3.	2.7
101	美国	1.5	2.4	2.6
103	以色列	3.3	2.6	2.5
104	香港	3.1	2.5	2.5
105	英国	1.7	3.0	2.5
109	泰国	2.8	0.9	2.5
114	墨西哥	1.4	2.1	2.3
117	台湾	2.2	3.8	2.2
120	新加坡	4.4	2.9	2.2
130	斯威士兰	2.9	2.5	1.9
131	荷兰	-0.5	1.0	1.8

名次	国家	2013	2014	2015
135	丹麦	-0.5	1.1	1.6
136	葡萄牙	-1.6	0.9	1.6
137	德国	0.4	1.6	1.5
145	法国	0.7	0.2	1.2
157	伊朗	-1.9	4.3	0.8
159	意大利	-1.7	-0.4	0.8
161	日本	1.6	-0.1	0.6
173	希腊	-3.9	0.8	-2.3
174	巴西	2.7	0.1	-3.0
176	俄罗斯	1.3	0.6	-3.8
180	乌克兰	0.0	-6.8	-0.9
181	委内瑞拉	1.3	-4.0	-10.0
182	几内亚	-6.5	-0.3	-10.2
183	塞拉利昂	20.1	7.1	-23.9
184	也门	4.8	-0.2	-28.1

　　虽然很多人认为美国的经济发展到了瓶颈期，但是 2015 年的经济增长率是 2.6%，这表明经济还是有所增长的。这一时期，作为金砖四国之一巴西的经济增长率是 -3.0%；而作为新钻十一国之一而备受瞩目的墨西哥的经济成长率也只有 2.3%。因此，美国这一成熟国家的经济也是持续增长的。

　　让我们把目光转向欧洲。

　　例如，英国在 20 世纪 60—70 年代患上了"英国病"，经济维持在较高水平，却没有进展，人们认为在这之后经济也不会有所发展了。但是，在这之后，英国首相玛格丽特·撒切尔提出了自由市场主义经济，描绘了经济再增长曲线，达到了 2.5% 这一非常高的经济增长率 %。

再看看南欧，每两个人中就有 1 个人失业的西班牙的经济增长率是 3.1%。北欧的经济也在蓬勃发展。冰岛的经济增长率是 4.8%，瑞典是 2.8%，这两国乘着一股经济发展的气流不断攀升。

总之，成熟国家的经济不增长言论是完全错误的，情况并非如此。我们一定要从思想深处纠正"成熟国家的经济不增长"这样的想法，这非常关键。

强化获利能力——为了日本经济再增长

日本经济增长率在 184 个国家中排名第 161 位。虽然人们认为安倍经济学奏效了，日本经济有所起色；但是 2014 年日本经济是负增长，2015 年经济增长率也只是 0.6%。现在的日本跟曾经的英国一样处于一个比较成熟的阶段，但是找不到经济增长的出口。

那么，安倍经济学所期待的"异次元的增长"能实现吗？最重要的是之后能否真正推动日本经济增长。

本书将全球经济增长的条件归纳为"LEAP"。LEAP 是英语单词"跳跃"的意思，这个词也可以表示为"异次元的增长"。未来日本必须去除金融缓和这一政策，真正实现"异次元的增长""LEAP 式跳跃增长"。

安倍经济学有三支箭：第一支箭是金融政策，第二支箭是财政政策，第三支箭是成长战略。其中，"结构性改革"和"实现世界级高水平雇佣环境"这两项备受争议。

我并不否认这两项。但是，不管是结构性改革，还是雇佣环境都只是前提条件而已，如果没有这两项，成长就不会开始。而最重要的是在争论中提出的"强化获利能力"。只有认真对待这一点，才有可能实现"异次元的增长"。

那么所谓的"强化获利能力"，其本质到底是什么呢？我认为如果其本质没有得到完善，也就无法实现真正的增长。接下来，我将在本书中讲一下"什么是获利能力？"

东京将会在 2020 年举办奥运会，"奥林匹克特供"等也开始出现。但是，东京奥运会应该作为增长的契机，而不是增长的终点。我们必须去思考，面对下一次增长如何才能充满干劲；否则，在这之后我们的下场就会很惨。

现在，我认为在"地域创生"上下功夫是正确的。真正的地域创生正是以地区全球化为目标的。

现在的日本才刚刚开始复苏。今后必须致力于研究如何燃起全球化增长的"势头"这一课题。

"如何在世界市场中谋求增长？"只有找到了这一问题的方法，日本经济才能实现再次增长。因此，"全球性增长"这一世界性课题，也是我们最应该关注的课题。

"失去的 20 年"——从获胜者那里学到的

在这 20 年中，日本经济为什么没有增长？问题在哪里？答案又在哪里？

为了回答这一问题，我在之前写的书《失去的 20 年：行业的领先者》《100 家公司的成功秘诀——X 经营时代》中选出了从 1990—2010 年这 20 年间成长起来的前 100 家公司。其实在失去的 20 年中，日本有很多巨大的成长企业，日本电产和迅销就是其中很有代表性的企业。

在"失去的 20 年"里成长的企业的共同点，我将其总结为"X 经营"模式。其基本结构如图 1 所示的经营模式所示。该图的结论是：成长企业有着创新和市场的双驱动力。

创新是完成新事业的"事业模式构建能力"，而市场是产生新市场的"市场开拓能力"。

这两大推进力使得成长企业在"失去的 20 年"中得以胜出。

本书的主题"全球化成长"，也与日本的获胜企业这一话题有关。"全球化"的意思是"开拓市场"，"成长"的意思与我们之前理解的不同，它的意思是"构建事业模式"。

而且，我认为如何开拓全球化市场和如何革新事业模式将是日本企

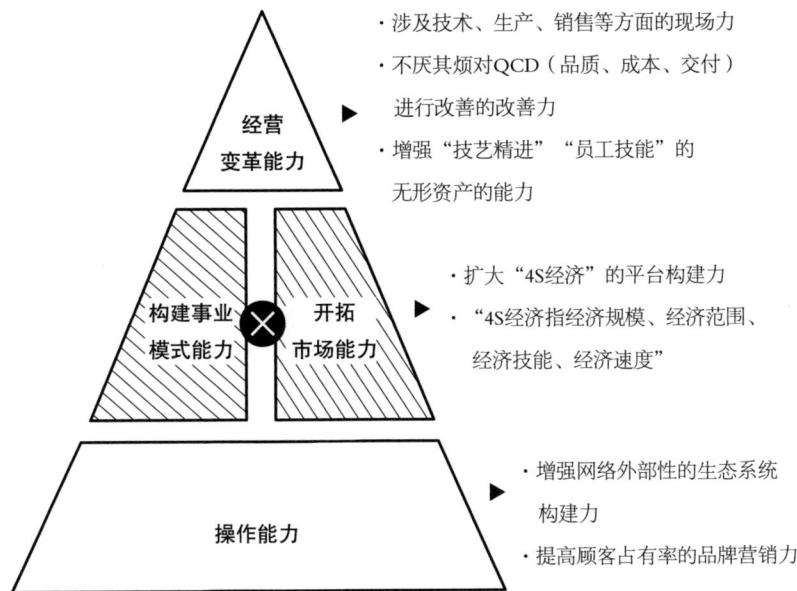

经营
变革能力
· 涉及技术、生产、销售等方面的现场力
· 不厌其烦对QCD（品质、成本、交付）进行改善的改善力
· 增强"技艺精进""员工技能"的无形资产的能力

构建事业
模式能力 X 开拓
市场能力
· 扩大"4S经济"的平台构建力
· "4S经济指经济规模、经济范围、经济技能、经济速度"

操作能力
· 增强网络外部性的生态系统构建力
· 提高顾客占有率的品牌营销力

图 1　推动下个时代的 X 经营模式

业今后发展的钥匙。

事实上，在"失去的20年"里排名第一的日本电产和非排名对象、但排名却相当于第一的迅销（因为是1996年上市的，所以不作为排名对象，但实质应该排第一）能取得长足发展都是因为"全球化成长"。

全球首创！ 21世纪全球百大获胜企业

我之前写的书里的排名是关于"日本100家公司"的，相信读者已经有了不少了解。

因此，本书中我想挑战"全球100家公司"排名。目的是选出21世纪的成长企业。所以，我在本书中首次发布了"21世纪全球成长企业排名"。

在这里，我简单整理了排名的前提条件。

·受管制的产业、保护性产业、金融类企业不作为排名对象。这些企业的成长主要受市场和创新的因素影响比较大。

·以2014年为节点，销售额不足1兆日元的企业不作为排名对象。虽然小企业也有其存在的意义，但是大企业如何变得更大更值得探究。

·①销售额增长率；②企业价值（股价）增长率；③平均利润率——根据这3个的得分和来排名。得分占比按顺序排列分别是40%、40%、20%。

企业利润率为零甚至负增长导致日本企业近年来的利润率减少。而对于其他还在发展的企业而言，当他们用除去税款的利润进行再投资时，取得的利润依旧呈现出减少的趋势。因此，我们可以得出结论：日本企业的利润率正在减少。

如果要在这样的条件下给各个企业排名，苹果公司必然高居首位。

此外，排名在前 100 名的公司中有 41 个是美国企业。21 世纪的今天，相比于日本本土企业，美国企业依旧呈现出了压倒性的优势。

排名前 10 的企业中，排名第二的是日本公司。虽然跟排名第一的美国企业差距甚大，但与德国、英国、法国企业相比，还是略胜一筹的。麦肯锡说过这样一句话：日本企业的时代已经终结，而我认为并非如此，起码日本企业跻身排名榜前 10 了。

但是，入围排行榜前 20 的只有迅销一家公司，并且在排名榜前 50 的也只有这一家公司而已。日本公司主要集中在排行榜的后半部分。

此外，排行榜上榜的 10 家日本公司中，有 5 家是汽车公司以及与汽车零部件相关的汽车企业。因此日本产业中盛传着汽车的"一只脚打法"的说法。这不过是在说，入围排名榜的日本企业中，近一半是与汽车相关的企业。顺便一提，排名第 101 位的日本企业，只差一点就可以进入排行榜了。

聚焦当前全球范围内正在发展的企业，如果还是用现在的这个方法进行排名的话可能会漏掉几个公司。具体一点说，例如：谷歌、阿里巴巴、瑞可利等 2000 年后上市的公司，因为当时的企业价值无法估计，所以不在排榜评价范围内。但是，如果从这些企业的"发展角度"（从上市后的股价来推测企业发展价值）来评定的话，我将用"不在排行榜内，相当于榜内第几"这样的方式介绍这些企业在排行榜中的排名情况。

例如，谷歌不在排行榜内，相当于榜内第 2 名。如果从具体数据来看苹果、谷歌公司的话，我们可以很清楚地看到，这些企业在飞速发展。日本方面，瑞可利公司不在排行榜内，但相当于榜内的第 34 名。而日本企业的迅销公司，仍旧是排行榜内的第 2 名。

阿里巴巴在 2014 年上市，因此无法估算价值，但是阿里巴巴有着不输于苹果公司的发展速度。

类似于这样的在 IT 行业中 2000 年上市后快速发展的公司不在少数，但是这次入榜的只有德国的思爱普公司（第 21 名）一家。

此外，因为尚未上市的公司没有股价，无法推定企业的价值，所以也不在评定范围内。卖家具的宜家（瑞典）、卖汽车零部件的罗伯特·博希（德国）、日本的三得利控股等公司如果上市的话，则极有可能上榜。

非常可惜的是，日本企业中的电产公司没有进入排行榜。虽然 2015 年日本电产公司营业额突破 1 兆日元（1 日元≈0.06 人民币），但是 "1 兆日元以上" 在 2014 年才作为评定标准，所以日本电产公司仍旧不在评定范围内。日本电产公司董事长永守重信先生发表了 "目标营业额 10 兆日元" 的报告，所以相信在不久的将来，日本电产公司也极有可能入榜。

这次的排名榜指标比例与之前相比降低了 20%，同时也把平均利润率作为指标。因此，那些先行投资、没剩多少利润的企业将很难入榜。亚马逊就是典型的例子。

此外，那些想要把公司体制改为 "肌肉质" 从而进行结构调整的企业，从数据上看，似乎是止步不前、没有发展的。此时，通用、IBM、日立等公司的营业额与利润都在减少。但是这些企业，如果以正确的方式进行企业结构调整的话，很有可能在下一次上榜。

如日立公司，现在正以 "智能传输" 为立足点进行企业结构改革，所以一部分实业的营业额在减少。但是这次缩小产业规模，不过是在为下一次的发展做准备。几年后，这家公司必会上榜。

全球百大成长企业的共同点是？

此次，我选取全球百强的成长企业为例，并且给它取名为 G 企业。原本是指全球经济发展巨头（Global Growth Giants）、全球经济发展巨人（Global Growth Giants），简化一下，可以将它称为 3G 企业，但是我决定将它再简化，将它称为 G 企业。

本书将通过 LEAP 这种结构分析法来分析 G 企业的共同点。具体会在第一章以后的章节中详细说明，下面我先进行一下简单的概述。

总的来说，G 企业主要有两个共同点。

第一个共同点是"牢固性""坚韧性""不动摇"这样"静"的特性。G 企业深掘脚下，植根于企业之本。

第二个共同点是"变化性""灵活性""畅通无阻"这样"动"的特性。

在这两种特性中，第一种特性表现为"深化"；第二种特性则表现为"新化"。

这两个共同点是相悖的。但是，不可思议的是，同时拥有这两种特性的 G 企业竟像弹簧一样蓬勃发展。

此前，IBM 公司的总裁路易斯·郭士纳编写了一本名为《谁说大象不能跳舞》的书。跟标题一样，企业营业额超过 1 兆日元且在持续发展的企业，兼具"巨象"一样的牢固与"跳舞"一般的轻盈灵活的特性。可是遗憾的是，IBM 公司这次没有进入排行榜，这家公司现在正在产业结构调整中。

"巨象"只是偶尔跳舞并不能够持续发展，或许有必要一直跳下去。为了保持跳舞的这种势头，企业要像飞机一样轻盈灵活地在空中飞翔，这样才能变成一个真正发展的企业。

在这里我要重复一下，G 企业的共同点是兼具了静态的"牢固性"与动态的"灵活性"。用这种视角更详细地来看 G 企业的话——

①事业模型标准；②企业核心竞争标准；③企业 DNA 标准；④

（扎根根基）目标标准。这四种标准中的每两种都具备相悖的因素。换句话说，G 企业是像俄罗斯套娃一样的嵌入式子结构，而且有静态、动态这样相悖的因素互相包含。这就是我在本书中利用 LEAP 结构整理得出的结论。

日本企业"跳跃式"发展的必备因素

在经济全球化的局面下，在日本企业与国外企业的差距逐渐变大的现状下，利用 LEAP 结构来研究实现企业的跳跃式的发展是我这次写这本书的原因。

日本企业具有"牢固性"这样"静"的强大优势。实际上，这样的企业如果继续生存下去，迟早会成为营业额超过 1 兆日元的企业。

但是，如果要想更跳跃的发展，大部分日本企业身上的担子还是非常沉重的。如果没有"灵活性"这个"动"的要素的话，很难做到自身的变革。

换句话说，静态的特性"深化"加上动态的特性"新化"，二者组合起来可以逐渐发展为"伸化"。

事实上，我想在本书中说的就是这个"伸化"。不是"加深的深化"，也不是"带着新的事物腾飞的新化"，全球化经济发展的重点是"利用自身特有的技能进行的伸化"。利用自身理念进行横向发展。

日本企业不擅长利用完全新兴的事物进行发展。但是，用"在强烈的自我意识下，逐渐弱化自我"的方式，让日本企业开始使用引进新兴事物这样的方法，这样不就可以实现跳跃式的发展了吗？这就是贯穿此书的理念。

最后，我想向大家介绍一下为本书执笔、给我多方照顾的一些人。

首先，是策划本书的 Discover 21 公司的干场弓子先生。干场先生请我写这本书，跟我说"写一本这样的书怎么样"，最开始我心想"太麻烦了"，但是写的时候又觉得非常愉快。

这可谓是非常成功的"教唆"。在实际编写过程中，编辑部的原典宏和松石悠都给了我莫大的支持。

而且，关于本书非常关键的排名部分，波士顿咨询公司的八木洋子和长谷川纪子给了我很多帮助。排名这部分由于涉及很多条件，做起来很麻烦很辛苦。

而且，我要对与本书上市有关的各公司的工作人员表示深深地感谢。本书最主要的信息不是文献，本书中的信息是我在实际访问和采访中得到的。我要对这些接受过我采访的人表示感谢。

最后，我想对读这本书的读者说："日本企业应该更加发展壮大。让我们张开羽翼，飞向世界，一起来描绘更美好的未来吧！"

"抛掉书本上街去"，这是我非常喜欢的寺山修司的文章标题，但是不要丢掉我的书，把它作为一本指导手册，带着它去街上吧，我希望你能多多探索。如果这本书真的能带给你一些指引，我将倍感欣慰。

名和高司

2016 年 2 月　于波士顿

第 1 章

为什么当今是全球化成长时代？

GLOBAL

GROWTH

GIANTS

1

要么成长，要么死——不成长的企业只能被淘汰

这个国家如果不一直向前就会被淘汰。

——红女王《爱丽丝镜中奇遇记》（刘易斯·卡罗尔）

"要么成长，要么死"这句话是从迅销公司董事长柳井正先生所说的话"要么变化，要么死"演化而来。柳井正先生最近常说："企业如果不成长就没救了。"企业必须经常改变。因为那种变化正是与企业成长契机相符的变化，所以企业若不持续地成长变化那就没有意义了。

他还说过："对于企业来说，改变不是特殊事件而是常态。如果改变不能成为常态，那么企业就已经被淘汰了。"

关于"究竟为什么必须要成长呢？"这个话题，大家在 2015 年的国会上展开了讨论。并且，托马斯·皮凯蒂在畅销书《21 世纪资本论》中强调财富分配比改变更重要。

如果只有分配的话，财富是不会增加的。所以，比起分配，首先要考虑的是"如何创造财富"。

为了创造财富，创新和企业的创业家是财富的引擎。如果不创造财富，而只是分配的话，那就是无偿的计划经济了。

"成长、创造财富、再投资"是资本主义理所应当的运作机制。这种机制一旦运作，不成长的企业就必然会被资本主义所淘汰。

我在一桥大学的同学楠木建先生最近发表了企业论,他提出了机会企业和品质企业这样的说法。机会企业是指那些发现成长机会,就紧紧抓住不放的行动派企业。日本企业当中,软银集团可能就是这种企业的典型代表,与之相对的品质企业就是那些执着于追求自己公司杰出的原始品质的企业群体。

虽然楠木建先生对在市场的旮旯里闪光的品质企业持肯定态度,但并不意味着这些默默无闻地企业会永远那样。因为不以成长为目标,最终会成为对世界不产生一点儿影响的自我满足的企业。

股份上市后就进入了资本主义,那么绝对不会产生"我们是追求品质的企业,所以不贪婪地成长也是可以原谅的"这样的现象。加入资本主义市场的界限,就是要追求成长。当然,如果是为了让自己能够随心所欲,而不把公司公开,那最好也选择不要让公司上市,不要成长。

我最欣赏的一家户外企业巴塔哥尼亚就不是把成长作为前提,而是优先按照自己的哲学进行经营。像他们这样,与资本主义市场背道而驰,"即使不成长,但是谁也不能对他们指手画脚"。尽管在企业中有这种生存方式,但是大多数企业应当对社会承担责任,它们应在资本市场中上市,而不是把随心所欲的成长作为目标。

这次,我选择了全球百强企业。这个排名,是以上市公司作为条件的,所以未上市的公司不能进入排名里。

失去成长动力的全球性企业

实际上,已经失去成长动力而失控的企业不胜枚举。

例如,很久以前的百货商店西尔斯就是一例。百货商店这种经营形态早已被诸如沃尔玛这样的零售产业取而代之了。

再如服装的经营形态，乐天市场曾风靡全球。自那以后，却完全被ZARA、H&M、优衣库等取代了。

如今已经完全是不稳定的品牌时代了。

除此之外，还有已经倒闭的柯达、被收购的诺基亚等。这些企业都是在 3 年左右的时间里一下子失控的。如果觉得这种现象可能只存在于高科技领域的话，看麦当劳就知道食品行业也要失控了。

《基业长青》的作者，著名作家吉姆·柯林斯，在他的系列书籍的第三本书《基业长青之衰退的五个阶段》中写道："所有的企业都在衰退"。我觉得书中的话是想说，所有的企业，即使在正常经营，也都在衰退。没有强烈的成长意识，企业就很难继续发展。

日本的噩梦——失去的 20 年

从 1990 年开始，我首次提出"失去的 20 年"这个问题，日本的企业也普遍开始出现失控现象。逐年上升的日本经济突然变得极其不稳定，陷入了使用所有方法都不能使其成长的困境。尽管如此，日本的企业仍然不敢冒险把改变作为目标。他们对待环境的改变，就是什么都不做，只是在那里呆立不动。这是造成"失去的 20 年"的首要原因。

当然也有其他的各种原因。例如，日本人本身缺乏对待某事如饥似渴的精神，这也是其中一个原因。最大的原因是，尽管世界在改变，但是日本的企业却没有率先做出改变。

以前在日本，在全球化中有存在感的企业还是很多的。但这 20 年来，那些企业在全球化的立场上早已沦为了"怎样都行的公司"和"不能成为热门的公司"。有些观点认为，这些企业虽然还残存在世，但情况并不乐观。我也想用这些看法为它们敲响警钟。没有"生存理由"的企业迟早是要灭亡的。

竞争环境改变了！——改变的 3 个规则

虽然说"竞争环境改变了"，但具体来说到底什么变了呢？我认为有 3 个规则可以改变企业的竞争环境。

第一个规则：万联网

第一个就是网络革命。

一切都进入了网络时代。日本企业要从自身做起，主动去和各种工作对象进行交流合作。如果不采取行动去有效整合资源，到时候就算你自己说"我出色地完成了工作"或"我做出了很棒的成绩"，也不会有人理睬你的。

消费者也通过互联网发挥其影响力。这样一来，如果不能在网络上吸引消费者的眼球，无论什么样的商品都会失控。总之，那种期待"只要我提供了好的商品，顾客自然会上门"的时代早已成为过去式了。在互联网的海洋里，要尽可能地阻碍顾客同其他对手建立联系，使其成为一座"孤岛"。这就是第一个变化。

第二个规则：北高南低

所谓北高南低原则，就是让南部变得越来越强。

日本的企业如果赶不上这次大浪潮就必死无疑，但是成功建构模型的企业却少之又少。

第三个规则：创新的变质

在日本，把创新误解成技术革新的人不在少数。创新的原意是"革新"，但创新不仅限于技术，也指企业本身的革新。例如，像脸书和谷歌此类的企业，在技术上也没什么需要革新的了，所以经营模式的创新才是这些企业成长的动力。

日本的企业无论如何都难以提出技术至上的想法。首先就缺乏"怎样才能创造财富"这样必要的智慧。迄今为止，日本的企业仍然没有坚持追求制胜模式下的技术革新，也没有进行经营模式的革新，这也是日本企业败北的原因之一。

从"全球赢家"那里必学的 3 个重点

"全球赢家"就是此次选出的全球百大企业。这 100 家公司有很多共同的特征，可以在企业经营中重点学习。我试着总结出 3 个重点。

第一个重点：质优价廉的改革

质优价廉，简单地说，当然就是把优质的东西（质优）变得便宜（价廉）。虽说是理所当然，但做起来却没那么容易。质量好的东西贵，便宜的东西又不好。但是这 100 家公司，却实现了质优价廉。

为什么呢？当然，把"质优"和"价廉"单独来看是不行的。

首先，如果优质的东西价格高了，顾客就不会增多，那销量就上不来。相反，如果把价格降低，可能顾客会增多，但仅仅如此的话，利润就不会增加。此次，世界上最大的企业沃尔玛却没能进入我选择的世界百大顶尖的公司排名里，就是因为它的利润率太低。

如果不卖对顾客来说附加值高的"优质商品"，即使有销量，利润率也会下降。附加值的市场术语是 WTP（自愿付钱）。

也就是说，顾客认为对于这件商品，花多少钱都值。商品的价格能够盈利，也必须保证优质（高质量）。

如今，日本利润率最高的公司是制造传感器的基恩士公司。这次排名只是以 2014 为时间点，销售额已超 1 兆日元的企业作为上榜对象的。基恩士公司在利润率上来看是日本第一的企业。

基恩士公司的创始人泷崎武光说："基恩士的利润率是'对顾客发挥作用的程度'。"他说："顾客很乐意来花钱，这就是对顾客起作用的证据。所以利润低下的商品，说明它们对顾客没起作用。"

以丰田为例，不论是与花冠相比，还是与雷克萨斯相比，它的等价交换的价值都要高。优衣库更是真正的质优价廉的企业。"价值又高，价格又便宜"。这在企业领域处于黄金地位。本次选出的全球百大顶尖企业大多数都处在黄金地位。

第二个重点：AAA 战略 2.0

在全球化战略学说中有本《AAA 全球化战略》，此书是潘卡基·格玛沃特教授的著作。格玛沃特教授是从哈佛大学商学院转籍到西班牙 IESE 商学院的。

稍微有点离题，但是格玛沃特教授是我在哈佛大学就读时的战略论导师。我在他的指导下发表了《新核心的轨迹》这篇论文，格玛沃特教授在 2007 年发表了论文《AAA 全球化战略》。

所谓 AAA，即由 Arbitrage、Adapt、Aggregate 三个词的首字母组成。

第一个 A（Arbitrage，活用差异），即有效地利用地域差异。代表方法是在租金低的地方设置生产基地。例如把生产基地转移到中国甚至扩大到中国 +1（增加到另一处类似中国的生产基地）。这种变迁就是基本的活用差异。

第二个 A（Adapt，适应），意思是要地方化。就是尽可能地与地域紧密联系，并使企业具有地方色彩，实现高附加值化。

第三个 A（Aggregate，集合、整理），也就是标准化的意思。以地方化的市场作为工作对象，就会散乱地开展事业，结果就会由于生产性不高导致生产成本提高。"为了降低成本，就必须让工作尽可能整齐划一"。这种变化就是集合。

第二个 A 和第三个 A 看似是矛盾的，"那么怎样才能让 3 个 A 灵活地运转呢？""究竟能不能消除这三者互相牵制的僵局呢？"格玛沃特教授在其理论中提到，这是全球化战略的关键所在。

格玛沃特教授的学说可以说是"AAA 战略 1.0"，那么我的观点超越了教授的学说，我想把它定义为"AAA 战略 2.0"。

格玛沃特教授的学说在 20 世纪这样理解是正确的，但是到了 21 世纪，我觉得应该重新解读。第一个 A（Arbitrage：活用差异）。格玛沃特注重于从租金的角度看待差异，我认为应该"将无形资产的差异相结合"。

例如，在日本企业里，对产品的质量要求较高，产品的完成度也高；但是在中国，虽然产品质量马马虎虎，但是生产速度相当快。这样看来，每个国家都有自己的特性。因此，我认为可以通过把不同国家的国民性 DNA 进行重组，从而达到一种全新的变革。总而言之，就是要考虑怎么做到将不同性质的智慧进行活用。

我就以稍后要介绍的大金空调在中国的空调事业为例。

大金空调被评价为运用变流器技术的高性能产品。在产品中彰显了日本人用心造物的特性。仅仅如此的话，就只能在富裕人群里大获全胜，但在有望实现显著成长的收入中等人群里却束手无策。

因此，大金空调开始与掌握世界必需品最大市场占有率的中国格力电器进行合作，它便瞄准了中国人的低成本制作和巨大销量的特性。这样就能把日本人的智慧同中国人的智慧相结合（差异结合），使得大金空调在中国的事业快速成长。

关于第二个 A（Adapt：适应），格玛沃特将它定义为"地域化"（也就是地方性的适应），他着眼于空间上的适应。

反而我认为，时间上的适应更为重要。

"时间上的适应"也就是"对待变化的世界，要抓住先机，改变自己去适应它"。在激烈变化的时代中，为了与周围的变化相适应，必须拥有提高自身的自律能力。

这种能力，我称之为"适应力"，也就是"应变能力"的意思。

第三个 A 就是一旦集合与标准化，世界就会变得单一，也不会再有创新。例如，如今的 IBM 已经完全成了那样的企业。

如今的 IBM，名义上说是国际化了，实际上它正以美式 IBM 的方式统一化。这种方式虽然效率高，但问题是不能产生地域性创新。

就像麦肯锡的咨询，为了追求效率在全球化中只采取同一种方法，因此也很难从咨询行业中再产生创新性的想法。

野中郁次郎的学说"创造性惯例"可以解决这个问题。

创造性和惯例，看似相互矛盾，但创新的惯例其实意味着创造出新型的工作程序。

仅仅这两个词，可能被认为是"文字游戏"，但说的内容却非常重要。

"在某处产生的新颖的方法，将它应用于组织的全体日程中以形成新的机制。"这样做就超越了适应和集合的二律背反原则。

这正好与星巴克的模式相符合，稍后会进行详细说明。在全球化进程中，星巴克的店铺一直都是整齐划一的。为了解决这个问题，迈入新的舞台，星巴克开始加入到创新性日程程序的行动中。

具体来说，就是让每家店自由地开展新活动。这样做着做着，就有出色的店铺脱颖而出，星巴克就以这个成功的店铺为模板进行程序化，然后在全世界的店铺中进行推广。

像这种"一边重视个体发展，一边将其精华进行标准化"的作业就是野中先生所提倡的理性经营的要素。

总之，简单地程序化是不会进步的，而如果伴随着创新的程序化，就会经常进步。如果不坚持"经常更新标准性"的模式，企业的进步就会停滞。我认为 IBM 公司、微软公司和星巴克失控，恰好就是这个原因。

格玛沃特的 AAA 是静止的平面上的模式。这个模式在我定义的时间轴上重新定位，从有形资产向无形资产延伸，其深度扩大，也使得格玛沃特的模式中潜在的重要事物显现出来。这就是我所提倡的 AAA2.0。这个理论，还没有向格玛沃特传达，但我想跟教授报告说："我把老师的理论稍微升华了一下。"

第三个重点：学习优势的经营

最后这个也是我经常用的词。

"学习优势"用英语说是 Familiarity（熟悉度）。意思是对什么事物熟悉的意思。虽然着手于新事物时会有风险，但自己愿意承担风险并尝试去做，最后就会变得熟练。尝试去做了，才能把不熟悉的世界变成熟悉的世界。三得利的创立者岛井信治郎很重视"试着做做看"这句话。正如这句话说的：尝试做了，才能在反复失败中积累经验和智慧。

在这个充满高度不确定性的时代，不可能准确预测未来。结果只能自己去尝试。尝试做了，因为比别人提前积累了经验，也确实比别人更有优势。

与其干站着用头脑去思考，不如直接投入其中，还是自己体验着学得快。热爱学习，但只是"按照老师的做法去做"是不行的。不要光看参考书和教科书，只能自己进入漩涡中去钻研。

软银集团的孙正义先生主张时光机式经营，但是仅仅效仿先进事例的方法并不能产生新事物。只有把自己投入到陌生的世界里，经受困苦，才能琢磨出新颖的想法。这才是在全球化中真正的经营赢家做的事。

而与之相反，大多数日本的企业都是"看看又出现了什么新事物"，在这 20 年间，一直都是呆立不动。

如果不在原地停留，渐渐向前走的人们都赢了，那时候后面的人就算想追也追不上了。如今的日本，可以说已经陷入了那种落后的境地。

当务之急，将危机转为机遇

那日本的企业已经没救了吗？也并不是这样。我认为，当务之急，就是将危机转为机遇。

事到如今，已经没有什么可以失去的东西了。在灵活运用日本企业优势的情况下，那么拥有能力去超越本书中选定的全球化赢家也不是不可能。

为了那个目标我想先列举 3 点启示。

给日本企业的启示 1：由封闭式的联营转为开放式的生态系统

欧美的企业擅长"一个人的胜利"，而在日本的传统中擅长团体协作。它的代表就是联营模式。这种模式在某种意思上，也是封闭的生态系统。

也可以称作只由同僚组成的"窝里横系统"。

把这种模式改为开放型的生态系统，就会有更多的角色加入，也能掌握更多的技能。若是再添上日本企业特有的协调性，就有可能同世界上不同特性的角色达到双赢的效果。

给日本企业的启示 2：从岛国向海洋国家过渡

日本是一个标准的岛国，并不擅长同外界交流。其原因与它的岛国根性多少有些关系。但从历史上来看，日本人的岛国根性实际上只存在于江户时代。在其他时代，日本已经作为海洋国家逐渐通过海洋走出去了。这就是常说的那些日侨们。

中国的骑马民族和中东的游牧民都是以土地为阵地转移的。也就是把这块土地吞并以后又转向另一块土地，从而就有了像火田这样的农业。

但日本人是在自己的那块土地上深深地扎了根，然后一步步地发展农业和工业，最终在那块区域上形成地区产业化。直到现在，还有因江户时代的锁国政策留在越南和柬埔寨的日本人的坟墓。那是因为他们当时都定居在当地，并让自己的技艺在当地生根发芽。

即使是在现在，泰国还存在日侨会。这些人是下决心离开日本后埋骨泰国的。

总之，海洋国家才是日本的本来面貌，江户时代的 200 年只是个例外。我们都要重新认识到我们的国民本来就是往外走的。

给日本企业的启示 3：从品质向 QoX 转变

日本人对品质的追求既高又彻底。虽然做得太过了导致过于苛刻，但是讲究品质是日本人的强项。

这种对于品质的讲究，如果能从制造业和服务业这种狭窄的世界中解放出来，那么日本人这特有的强项将会成为成长的强大动力。

我把这种模式称为 QoX。它是 "Quality of X" 的缩写，意思是"高质量化（提高质量）"。X 可以改成各种事物，例如，Quality of Life 的意思就是提高生活质量。

对所有事物都讲究品质是日本人的独门绝技。在日本，讲究品质是最平常不过的。日本人自己至今仍未意识到可以把这点作为创新的源泉。实际上，日制产品的品质具有创新性这点，已经有不少外国人发现了。

有些被称作"第三浪潮"的咖啡店在咖啡界里流行起来。同类顶级的企业星巴克被称为"第二浪潮"，但当开始感觉星巴克的"全世界的所有店铺都是一样"的时候，难免有些厌倦。

"第三浪潮"中最著名的是蓝瓶咖啡馆。尽管是连锁店，但每家店都有自己的个性。

制作咖啡不使用蒸汽加压咖啡机，使用滴落式咖啡机和虹吸式机器的制作会非常耗时。也就是说，它不是快餐而是慢餐。慢慢地为你制作咖啡，等待的时光你就可以好好地享受那个空间。蓝瓶咖啡馆就是这样一家咖啡店。

蓝瓶咖啡已经在旧金山和纽约开了 13 家店铺，接下来的店铺选址就是日本的东京。2015 年，最初的两家店在清澄白河和青山开业了。如今备受瞩目的蓝瓶咖啡，首家海外店铺选址在日本是有原因的。因为蓝瓶咖啡的创始人詹姆斯·弗里曼，最初创业的灵感就来自日本的咖啡馆。

在日本大多数的咖啡馆里，有讲究的店主会使用上好的咖啡豆，制作出最美味的咖啡。正是在日本咖啡馆那样一间一间有个性有特点的店里才能享受到咖啡的美味。弗里曼由日本的咖啡馆产生了创业的灵感，所以想再次回到日本，就在日本开了连锁店。

正如蓝瓶咖啡的创始人看到的，日本有着专注品质的优良传统。

除了咖啡以外，为世界生产的其他高质量产品，日本也扮演着重要角色。

日本迅销公司的优衣库被定义为"生活硬件"。这个词指的是追求高质量的套装。

品质这个要素，不需要像设计那般华丽。和席卷时尚界的高端品牌设计师不同，优衣库和无印良品追求的是在这个高质量化世界里不断提高品质。

不只是穿的，还有吃的、住的、交通工具等所有事物都可能同 QoX 相联系。这样考虑的话，从日本出发的全球化还是有吸引价值的。

以"量子跳跃"为目标

没错，日本企业在品质方面是世界顶级水平，但在成长方面，仍有很多不足之处。有句话叫"知足常乐"，日本人马上就认为是"已经足够了""这样就可以了"的意思，真是可惜。

迅销公司的柳井正先生曾说过如果销售额达到了 1 000 亿日元，就宣告"以 1 兆日元为目标"，若是达到了 5 000 亿日元，就宣告"以 5 兆日元为目标"。以此类推，如果不以 10 倍以上为目标，公司就不会成长。

大和房屋工业虽然没有进入这次的百大顶尖企业排名里，但公司在樋口武男的领导下，正以良好的趋势在成长。现在集团的销售额已经超过了 2 兆日元，樋口先生热情地说："到 2035 年要达到 10 兆日元"。

如果是仓促地成长的话，那么就很难实现今天的这个增长度了。这不是"安倍经济学"，而是开始以"异次元的增长"为目标，是否定现状、打破常识才得出的感悟。

在物理学界，有种现象被称为"量子跳跃"。是原子内部的一个电子由某种状态通过不连续变化形成另一种状态的现象。若以非连续性成长为目标，必然会引起这种量子跳跃。

为了实现这种异次元的成长，难免遇到各种困难。那么为了战胜这些困难，创新就应运而生。只是为了创新，不能仅仅挑战非连续的机会，必须要掌握作为创新基础的支柱。全球百大顶尖的企业就是要把成长提高到这种高度，在陌生的世界里不断迎接挑战，并以企业自身的优势为重点不断进化企业群。

在本书中介绍的 LEAP 这种框架，完全就是以量子跳跃作为驱动引擎。中间包含了 P（志向）这一基础，这是一种"使命感"，也是要改变世界的"志向"。

以前很多日本企业的创业者都有着强烈的使命感。松下电器的松下幸之助、本田技研的本田宗一郎、日立制作所的小平浪平——他们都有着"改变国家""为世界效力"这样的志向。

当今的企业家，迅销公司的柳井正先生也一直秉承"改变服装、改变尝试、改变世界"的企业理念。并不只是"画饼充饥"，而是要认真地去做。

想要实现这个企业理念，就必须进化为在世界上有某种价值的存在。

没必要成为特别瞩目的存在，无名英雄之类的当然也最好不过。日本产品是日本的零件制造商在支撑。这就是"日本内部"的模板。实际上，剥开苹果和三星的外表，就会意识到日本零件制造商的潜力。

没有一个企业创始人说："我想无声无息地在日本生活"。尽管谁都是怀着"无论如何都要去改变世界"这种想法开始创业的，但有时候视线会被蒙蔽，又会觉得"唉，这样就可以了吧"。现在不正是才更需要重新思考"究竟该怎么去改变世界呢"这个本质性问题的时候吗?

GLOBAL

GROWTH

GIANTS

G

G

G

2

首次公开！
全球百大顶尖
企业

G 企业（全球成长企业）的选定条件
——营业额成长率、企业价值成长率、平均利润率

首先，我想讲一下是怎么选择的全球百大顶尖的企业，即 G 企业（全球性成长企业）。

在前言中也说过了，G 企业是 Global Growth Giants 的缩写，原来称作 3G 企业。简单来说，它的名字本身就是选定条件。

①国际化：在国际化的同一个标准下进行评比

②成长：展现出高成长率的企业

③大型：大型企业

接下来进行详细说明。

这次为了选定 21 世纪的成长企业，通过从 2000—2014 年这 15 年的数据，对世界上的企业进行评比。将世界上所有的上市公司，通过接下来讲解的各种条件进行筛选，缩小范围。

条件 1：营业额到 2014 年达到 1 兆元以上

条件 2：营业额的年平均成长率达到 4 个百分点以上

首先利用这个条件，可以筛选出"尽管是大公司，还能成长为更大的公司"这样的企业。

条件 3：企业价值（股票价格）的年平均成长率达到 4.5% 以上

"企业价值成长率"简而言之，就是股票的价格。所以因为这个条

件，到 2000 年还未上市的公司就可以省略了。因为同样的原因，谷歌也没能进入全球百大顶尖的排名中。

条件 4：全年平均利益率达到 6% 以上

为什么选择这个条件呢？因为有的企业营业额虽然在增长，但是利润却并没有提高。例如贸易公司，有的企业也在营业额上达到了进入 TOP 的水平，但利润没有出来，因为这个标准，没有一家贸易公司进入排名里。

在利润这点上，还应该注意亚马逊。他们的公司未必在盈利。亚马逊的创立者杰夫·贝佐斯说，即使盈利了，因为需要纳税，加上还要投资在仓库等物流基础设施上，也会导致入不敷出。

因此，像这样的企业就没选进排名里。

条件 5：剔除在非自由竞争业界的企业

利用这个条件，本次名单里的金融型企业就被排除在外了。这次将"营业额增长率"作为最重要的指标之一，因为金融企业是没有营业额的存在，所以其"营业额的增长"也不能用数字来评比。同样，作为既得利益集团和特许经营企业的能源和基础材料型企业也从选择对象中排除。

随着新兴国家的增多，煤和铁矿的消耗也一下子增加起来。随着中国的成长，煤和铁矿业消耗量大幅度增长。相反，中国的煤和铁矿业却成长停滞。那些企业也没有优秀企业那样创新窍门的空间。

长远来看，石油和天然气将成为稀缺资源，即使价格上涨，营业额也在增长。总之，因为在需求逐渐扩大时营业额会很容易增长，所以要把握住稀缺资源的特权。就算没有过人的才智，只要守住了这个特权就能成长。

此外，能源和通信是社会基础设施的地基，因此还是把握特权的企业才强大。它们是随着能源消耗量和通信量增加而不断成长的企业。

总而言之，规范企业不能学习"全球企业成长法则"。所以，本次

100 家公司的名单里将这类企业排除了。实际上，如果这类企业的规则和既得利益的构造一旦改变，立马就会被淘汰。所以，这次的企业基本上是从自由竞争的行业中选取的。

这回用以判断的指标比率，就是下面的指数。其结果就是这次选择的 100 家公司。

指标 1：营业额成长率 40%

指标 2：企业价值成长率 40%

指标 3：平均利润率达 20%

企业要想在世界中产生影响，容量必须要大。不论做得多好，如果只是"袖珍好公司"是不可能改变世界的。所以我认为大企业的继续成长非常重要。

一味地"牺牲利润来获取营业额"是不行的，这是不能盈利的。只是由于利润率是特意规定的，因此必须注意。

如果企业不能盈利，多少会有些破绽。一方面，如果没有利用合算的利润进行投资，就只得缩小经济规模来保持收支平衡。

如果以持续增长为目标，那么问题的本质就不是创造利润这种现象，而是如何使用利润。因此，平均利润率控制在 20%。

表 2-1　百大顶尖成长企业　　　　　　　　　　单位：%

文中所述除日本的外国企业　　▧ 文中所述日本国内企业

排名	企业名称	营业收入增长率	营业收入指标	企业价值增长率	企业价值指标	平均收益率	平均收益率指数	指数合计	所属行业	国家
1	苹果	24.90	100	51.60	100	16.70	45	89	电子产业	美国
2	西农集团	24.30	98	19.80	38	9.00	24	59	食品、生活用品零售	澳大利亚

3	帝国烟草公司	23.30	94	14.70	29	18.60	50	59	食品、饮料、烟草	英国
4	百威英博	15.30	61	21.10	41	22.00	59	53	食品、饮料、烟草	比利时
5	西部数据公司	15.60	63	30.40	59	7.50	20	53	硬件及设备	美国
6	梯瓦	17.50	70	13.50	26	22.90	62	51	医药品	以色列
7	ACS 建筑公司	19.20	77	18.30	35	6.50	17	49	资本资产	西班牙
8	诺和诺德	11.80	48	15.40	30	28.50	77	46	医药品	丹麦
9	嘉年华邮轮公司	13.60	55	19.30	37	16.60	45	46	消费者服务	英国
10	SAB Miller	11.20	45	20.40	40	20.40	55	45	食品、饮料、烟草	英国
11	TSMC 台湾积体电路制造	11.40	46	11.20	22	31.90	86	44	半导体	中国台湾
12	安进公司	12.40	50	4.90	10	37.00	100	44	医药品	美国
13	H&M	14.00	56	12.40	24	19.20	52	43	零售	瑞典
14	星巴克	15.50	62	14.80	29	11.00	30	42	消费者服务	美国
15	赛默飞世尔科技公司	13.50	54	17.30	34	11.50	31	41	医药品	美国
16	赛诺菲	14.10	57	7.50	15	23.60	64	41	医药品	法国
17	阿斯特斯国际公司	11.90	48	20.10	39	10.50	28	40	汽车、汽车零部件	印度尼西亚
18	康卡斯特电信公司	14.70	59	10.60	21	13.40	36	39	媒体	美国
19	丹纳公司	12.10	49	12.70	25	15.90	43	38	资本资产	美国
20	迅销公司	13.20	53	9.40	18	15.80	43	37	零售	日本
21	思爱普	9.30	37	10.40	20	25.40	69	37	软件服务	德国
22	FEMSA	9.80	39	16.70	32	14.00	38	36	食品、饮料、烟草	墨西哥
23	联合健康集团	13.30	53	12.30	24	8.60	23	36	保健设备、服务	美国
24	三星电子	12.20	49	12.30	24	11.60	31	35	硬件及设备	韩国

25	万喜集团	8.80	36	21.60	42	7.80	21	35	资本资产	法国
26	英国利活时集团	7.90	32	13.40	26	21.50	58	35	家庭用品、个人用品	英国
27	德国大陆轮胎公司	10.30	41	17.60	34	8.30	22	35	汽车、汽车零部件	德国
28	L3 通讯公司	12.80	51	9.90	19	10.70	29	34	资本资产	美国
29	Bed Bath & Beyond	13.60	55	6.10	12	13.30	36	34	零售	美国
30	奥迪	8.30	34	20.50	40	7.40	20	33	汽车、汽车零部件	德国
31	法国保乐力加集团	5.80	23	15.80	31	20.70	56	33	食品、饮料、烟草	法国
32	韩国现代重工集团	13.80	55	7.60	15	7.20	20	32	资本资产	韩国
33	史丹利百得公司	9.60	39	13.10	25	11.10	30	32	资本资产	美国
34	罗氏	7.50	30	6.80	13	26.10	70	31	医药品	瑞士
35	陆逊梯卡	9.60	39	9.60	19	15.00	40	31	耐久消费品、服装	英国
36	汉瑞祥	9.80	40	14.80	29	6.50	18	31	食品、生活必需品零售	美国
37	Colruyt	11.70	47	10.80	21	6.50	17	31	食品、生活用品零售	比利时
38	喜力	7.70	31	14.70	29	12.60	34	31	食品、饮料、烟草	荷兰
39	Atlas 集团	6.10	24	15.20	30	16.80	45	31	资本资产	瑞典
40	DISH Network	11.50	46	7.60	15	11.50	31	31	媒体	美国
41	NIKE	9.00	36	11.50	22	12.60	34	30	耐久消费品、服装	美国
42	英国联合食品集团公司	8.50	34	15.80	31	7.70	21	30	食品、饮料、烟草	英国

43	通用磨坊食品公司	9.20	37	7.20	14	17.60	48	30	食品、饮料、烟草	美国
44	费森尤斯集团	8.90	36	8.90	17	14.90	40	29	保健设备、服务	德国
45	迪奥	8.40	34	6.90	13	18.10	49	29	耐久消费品、服装	法国
46	强生	6.80	27	4.70	9	25.70	70	29	医药品	美国
47	TJX	8.50	34	12.50	24	8.90	24	28	零售	美国
48	路易威登	8.30	33	5.90	12	18.70	51	28	耐久消费品、服装	法国
49	WPP 集团	9.30	37	8.10	16	12.10	33	28	媒体	英国
50	施耐德电气有限公司	8.00	32	10.00	19	12.90	35	28	资本资产	法国
51	康明斯	6.90	28	16.10	31	6.80	18	27	资本资产	美国
52	韩国现代汽车	7.80	31	14.20	28	6.40	17	27	汽车、汽车零部件	韩国
53	诺华	6.50	26	5.60	11	22.70	61	27	医药品	瑞士
54	罗斯	9.00	36	9.90	19	8.60	23	27	零售	美国
55	大金工业	9.60	39	9.40	18	7.30	20	27	资本资产	日本
56	加拿大轮胎	7.60	31	13.20	26	7.30	20	26	零售	加拿大
57	诺斯洛普·格鲁门公司	7.70	31	11.20	22	9.60	26	26	资本资产	美国
58	安斯泰来制药	6.90	28	5.30	10	19.90	54	26	医药品	日本
59	墨西哥沃玛	9.50	38	8.40	16	7.20	20	26	食品、生活用品零售	墨西哥
60	威富	5.10	21	13.50	26	12.70	34	26	耐久消费品、服装	美国
61	麦当劳	4.80	19	5.00	10	25.00	68	25	消费者服务	美国
62	百事	7.00	28	5.70	11	17.40	47	25	食品、饮料、烟草	美国

63	斯凯孚	5.60	22	13.40	26	10.40	28	25	资本资产	瑞典
64	阿尔法	7.90	32	9.70	19	8.30	22	25	资本资产	墨西哥
65	诺德斯特龙	6.60	27	11.70	23	9.30	25	25	零售	美国
66	美国通用动力公司	7.90	32	7.40	14	11.40	31	25	资本资产	美国
67	伊顿	6.60	26	11.60	23	8.80	24	24	资本资产	爱尔兰
68	P&G	5.80	23	6.20	12	18.80	51	24	家庭用品、个人用品	美国
69	阿迪达斯	8.10	33	8.30	16	8.10	22	24	耐久消费品、服装	德国
70	Family Dollar Stores	9.20	37	6.90	13	6.80	18	24	零售	美国
71	默克集团	5.20	21	10.30	20	13.70	37	24	医药品	德国
72	宝马	6.80	28	10.90	21	7.40	20	24	汽车、汽车零部件	德国
73	联合技术公司	6.50	26	7.90	15	12.80	34	23	资本资产	美国
74	明尼苏达矿务及制造及制造业公司	4.70	19	5.70	11	21.10	57	23	资本资产	美国
75	家乐氏	5.70	23	6.40	12	16.80	45	23	食品、饮料、烟草	美国
76	美国迪尔公司	7.20	29	8.10	16	9.90	27	23	资本资产	美国
77	联邦快递	7.20	29	9.90	19	7.20	19	23	运输	美国
78	嘉士伯	5.70	23	10.50	20	10.50	28	23	食品、饮料、烟草	丹麦
79	派克	7.10	28	7.70	15	10.10	27	23	资本资产	美国
80	卡特波勒	7.30	29	7.80	15	9.40	25	23	资本资产	美国
81	山特维克	6.30	25	7.60	15	12.00	32	23	资本资产	瑞典
82	邦邹纸业	7.20	29	9.60	19	6.30	17	22	资本资产	英国
83	劳斯莱斯	6.50	26	9.90	19	7.60	21	22	资本资产	英国
84	雅诗兰黛	6.40	26	7.00	14	11.80	32	22	家庭用品、个人用品	美国

85	帕卡公司	5.50	22	10.40	20	8.80	24	22	资本资产	美国
86	华特迪士尼	4.60	18	6.70	13	16.00	43	21	媒体	美国
87	安特	4.80	19	11.70	23	7.60	21	21	保健设备、服务	美国
88	小松制作所	4.40	18	10.20	20	8.30	22	19	资本资产	日本
89	雀巢	4.00	16	7.10	14	13.10	35	19	食品、饮料、烟草	瑞士
90	拜耳公司	4.10	16	8.60	17	9.50	26	18	医药品	德国
91	史泰博	6.70	27	4.80	9	6.40	17	18	零售	美国
92	达能	4.30	17	5.10	10	13.20	36	18	食品、饮料、烟草	法国
93	朝日啤酒集团	5.10	21	5.40	11	9.20	25	17	食品、饮料、烟草	日本
94	洛克希德	4.50	18	6.90	13	8.50	23	17	资本资产	美国
95	麒麟集团	4.90	20	5.50	11	7.70	21	16	食品、饮料、烟草	日本
96	普利司通轮胎公司	4.00	16	7.10	14	7.20	19	16	汽车、汽车零部件	日本
97	电装	5.50	22	4.60	9	6.40	17	16	汽车、汽车零部件	日本
98	梅西百货	4.10	16	5.60	11	8.90	24	16	零售	美国
99	丰田汽车公司	4.90	20	5.40	11	6.10	16	15	汽车、汽车零部件	日本
100	本田技研工业株式会社	4.70	19	5.50	11	6.50	17	15	汽车、汽车零部件	日本

全球百大顶尖企业——什么样的企业能被选出来？

本书按照标准选出了 21 世纪全球百大顶尖的企业，并对这 100 家企业进行了比较分析，不难发现它们均有以下 5 个特点：

（1）互联网企业占据榜首

如表 2-1 所示，苹果以绝对优势位居榜首。苹果在全球性可持续性发展企业间就如同北极星一样闪闪发光。

除苹果外，IT 行业还有很多企业在迅速发展，在这里就不一一列举了。由于这些企业大多是 2000 年之后上市的，所以没有列入榜单。

如果我们抛开这些条件来看，Facebook 超过苹果跃居第一，第二名是 2014 年上市的阿里巴巴，第三名是苹果，第四名是谷歌。也就是说，苹果第一名的位置并不稳定，也存在很多问题，关于这一点我们后面会详细说明。虽然苹果在很多方面都被认为是第一，但今后该如何发展下去，对于苹果公司来说是一个值得商榷的问题。

（2）实行企业与企业商务模式——物资行业

图 2-1 把百大顶尖企业按照行业与国别进行分类，请分别看下它们的企业数量。百大顶尖企业中，数量最多的是物资行业，也就是原材料、零部件、工业自动化、计量仪器、建材、农业机械等行业。日本的大金和小松也属于这些行业的范畴。

（3）北多南少、美日德英法

第三个特点是北多南少。美国有 41 家企业入榜；日本有 10 家企业入榜，位居第二；其次是德国和英国，分别是 8 家和 7 家。

生于麦肯锡时代的大前研一曾把欧美日三极并立的状况命名为"三元素"。自此，世界发展的重心由欧美日转向新兴国家。虽说如此，但世界百大顶尖企业中有四分之三公司仍被这几个国家占据，由此可见"三元素"的力量可见一斑，并且这些企业大多数在新兴市场迅速发展，也加快了新兴国家的发展进程。

（4）新兴国家的崛起

被列入百大顶尖的公司榜单的也有新兴国家的企业。例如，印度尼西亚的阿斯特拉国际公司排在 17 位，该公司是印度尼西亚的金融资本

国别

丹麦 2%
比利时 2%
瑞士 3%
摩西哥 3%
韩国 3%
瑞典 4%
法国 7%
英国 8%
德国 8%
日本 10%
美国 41%

行业

家庭用品、个人用品 3%
硬件及设备 3%
食品、生活用品零售 3%
消费者服务 3%
媒体 4%
保健设备、服务 4%
耐久消费品、服装 6%
汽车、汽车零部件 9%
零售 10%
医药品、生物科技、生命科学 11%
食品、烟草 15%
物资 26%

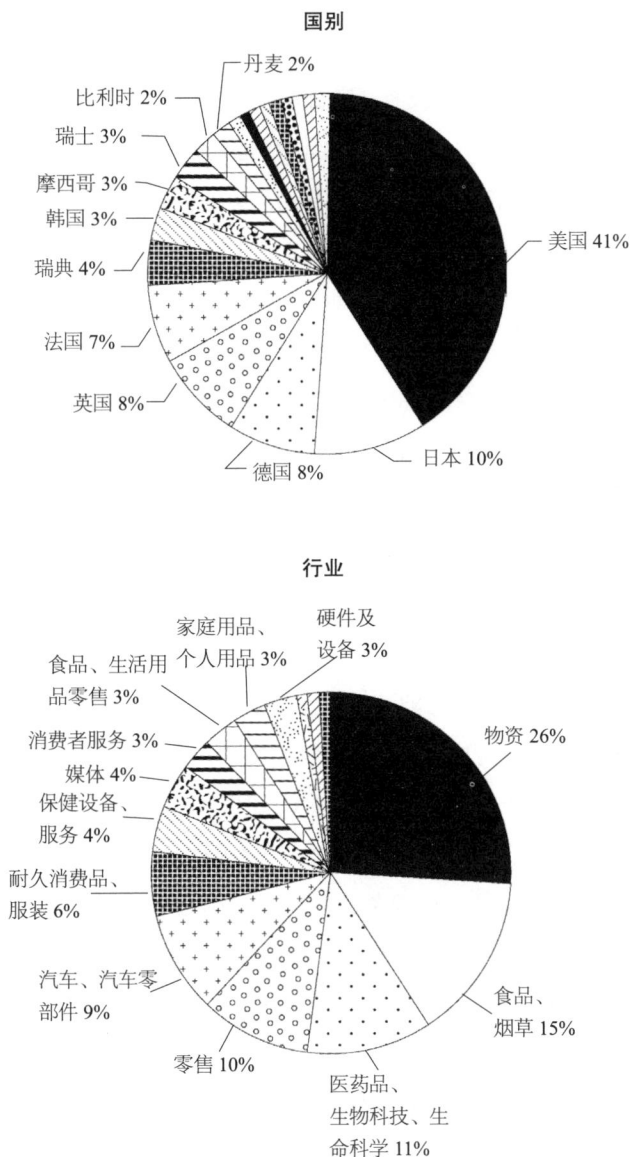

图 2-1 全球百大顶尖企业的行业与国别占比

集团，并且与丰田、大发、本田、电装等多个公司有合作。这在极大程度上促进了印度尼西亚的经济发展。

另一方面，中国却没有一家公司被列入百大顶尖的榜单。中国有很多年销售额超过一万亿的大企业，但企业所属行业基本都为金融、石油、通信等。由于它们从属于产业规则，所以并不在本次排榜的候选对象范围内。此外，由于像阿里巴巴这种快速成长型的企业才刚刚上市，当然也不在本次排榜的候选对象范围内。中国互联公司三巨头，即全球最大的中文搜索引擎"百度"、电商交易"阿里巴巴"、腾讯，以及华为、海尔集团、小米等，这些企业极有可能跻身世界百大顶尖的公司行列。

（5）汽车之王——日本

我们一起来看一下日本的企业情况。

迅销公司（第 20 位）、大金工业（第 55 位）、安斯泰莱制药（第 58 位）、小松制作所（第 88 位）、朝日啤酒（第 93 位）、麒麟集团（第 95 位）、普利司通轮胎公司（第 96 位）、电装（第 97 位）、丰田汽车（第 99 位）、本田技研工业（第 100 位）。

在这 10 家企业中，与汽车行业相关的百强企业有 4 家，加上排名第 101 位的日产汽车，日本不愧为"汽车之王"。与此相对，本应以电子立国的日本，竟没有一家电子产业公司入百强榜。日立、松下今后该如何发展，以及日本电产、欧姆龙等零部件供应商要发展到什么程度销售额才能破 10 000 亿日元，这已经成为一个重要的课题。

全球百大顶尖企业的两个共同点

这些百大顶尖企业到底存在什么共同点呢？

具体内容会在下一章进行详细说明，在这里，我先简单介绍下。

（1）拥有一技之长（锚定效应）

第一个共同点是，这 100 家企业均有自己的一技之长，这就叫作锚定效应。

与之相反的企业便是那些什么行业都尝试的综合性企业。比如，联合大企业和综合电机供应商，它们都没有被列入百大顶尖的公司排名榜单。与综合性企业相比，专注于某一行业领域的企业似乎更容易获得成功。

（2）以"X 经营"为目标

企业光有一技之长是不够的，还需要有"X 经营"模式，具体来说是三个 X。

第一个 X 是指扩张领域（Extension），不要仅仅局限于一个行业领域，而是应该以此为基础，去开拓与此相关的行业领域。

第二个 X 是指不同行业间的交叉与结合（Cross Coupling），约瑟夫·熊彼特曾说过"新结合能带来创新"。通过观察这上榜的 100 家企业，不难发现它们大多数都是结合不同的行业，从而实现了创新。

第三个 X 是指跨境（Trans National）。上榜的公司大多是发挥其特有的优势，并将其全球化。

企业通过专注于某一领域的发展，可以明确企业的发展重心，使其不会偏离发展轨道，这可以说是一个企业静的 DNA 的形成时期。

另外，企业如果空有一技，便无法扩展公司规模，也无法实现可持续性发展。

只有通过"X 经营"使技能多重化，才能实现可持续发展。这可以说是一个企业动向 DNA 的形成时期。对于企业来说，这两种 DNA 必须像生物的双螺旋 DNA 一样紧密结合。

列入百大顶尖企业榜单的 10 家日本企业均有以上两种共性。而且不止如此，如果我们研究日本百大顶尖企业会发现，这 100 家企业也同样拥有这两种共性。具体请参照我的拙作《失去的 20 年：行业的领先者》《100 家公司的成功秘诀——X 经营时代》。

不仅仅是这些成功企业，日本的所有企业都有各自擅长的技能，因为日本的市场竞争特别激烈，如果企业没有一技之长，就会被迅速淘汰。

日本企业的问题是，没有采用"X 经营"模式。在日本，企业拥有一技之长是必备条件，但由于日本企业未使用"X 经营"模式的居多，所以最后上榜的只有 10 家企业。

那么究竟日本企业与上榜的世界企业有什么不同呢？我们在下文再探讨这个问题。

第 3 章

G 企业的
新商业模式：
LEAP

3

是品质、还是机会？——优秀企业的两种类型

本章将对第 2 章介绍的"全球百大企业的共同点"进行进一步的深入探讨。

首先要介绍的是，楠木建所倡导的"Q 企业与 O 企业"体制。他主张在此体制下，可以把优秀企业分为两种：品质企业和机会企业。所谓的品质企业就是指那些非常重视产品质量的企业。这些企业注重产品的质量，而不是一味地追求公司的发展速度。这种类型的典型企业就是那些老字号企业，它们不会在公司进行大刀阔斧的改革，而是更加注重企业传统的价值。

与此相对，机会企业是指预测时代发展潮流，进而抢占商机的企业。IT 风险行业大多属于机会企业的范畴。放眼望去，如今的日本，软银集团和乐天集团就是机会企业的典型代表。这类企业不拘泥于产品质量和企业传统，甚至可以改变商业业态，以谋求更多的发展机会。

如上所述，楠木建把优秀企业分为"注重品质的品质企业"和"抓住机会的机会企业"这两种类型。

对于楠木建的这种企业分类，我深表赞同。那么，他是如何对这两种企业类型进行分类的呢？我认为他是以两个背景为核心的。

若用我的想法去解释楠木建的分类，便可如图 3-1 所示。

纵轴为坚固性（Resilience），它表示的是品质企业所特有的"执

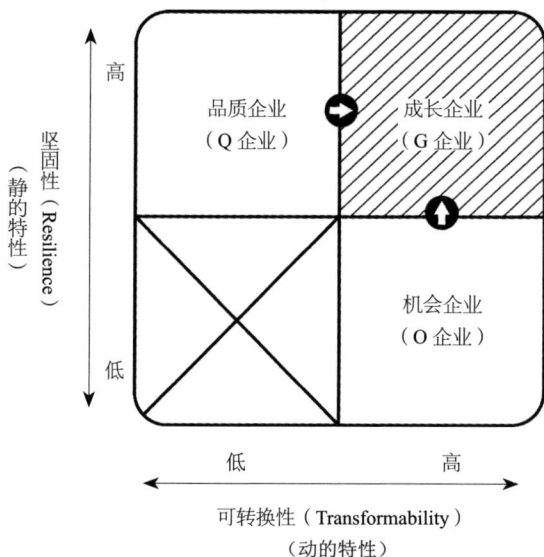

图 3-1　什么是 G 企业？

着""专注"等内涵。

　　横轴为可转换性（Transformability），它表示的是机会企业在改变商业业态时所特有的"灵活""畅通无阻"等内涵。

　　根据横轴和纵轴，可以把 G 企业分为 4 个象限（如图 3-1 所示），我们不能把第三象限内（横纵轴值均低的区域，即左下）的企业视为优秀企业。

　　品质企业是优秀企业，具有非常强的坚固性。由于其企业结构极具修复性，所以如果时代和环境不变，它们是不会被淘汰的，但一旦时代和环境变化，品质企业仍旧固守其传统就会无法适应时代的发展潮流。

　　机会企业同样是优秀企业，它们结合实际情况不断转变企业形态。它们不拘泥于原本的企业形态，如"虎斑地鸫"一样，能不断谋取并抓住新的机会。

G 企业——新的全球性成长模式

在整理图 3-1 时，我很在意其右上的区域。

左上区域的品质企业与右下区域的机会企业这两种二律背反的分类，是非常容易理解的分类对比。但真正的优秀企业并不只是品质企业或只是机会企业。

品质企业若固守其原有企业形态，便无法应对突如其来的变化。机会企业若没有核心业态，便无法创造企业所独有的优势。

真正优秀的企业应该是图 3-1 中右上的区域，即同时兼顾坚固性和可转换性的企业。

用楠木建的话来说，同时具有品质企业和机会企业特征的企业，才是真正的成长型企业。我把这样的企业称为 G 企业。

G 企业是"既能顾及根本，又能不断转变企业形态的企业"，"如同蛇一样经过几次蜕皮可持续发展的企业"。事实上，此次列入榜单的全球百大顶尖企业均具有 G 企业的特征。

此次选出来的企业都是经历 15 年风雨仍然不断成长壮大的大企业。这些企业既具有坚固性，又具有极强的可转换性，它们在破坏原有企业形态的同时，不断转换新形态以适应时代的发展潮流。

与我同年代的浅田彰是京都造型艺术大学研究生院的名誉教授，他的成名作《结构与力》曾极度畅销。正如书中所说的一样，只有同时兼顾"构造"（坚固性）和"力"（可转换性），才能实现可持续发展。

得益于楠木建的理论，我才有机会看清世界优秀企业的本质，即它们同时兼备品质企业和机会企业的优点。

定位与破坏性创新的交叉反复

品质企业、机会企业间的对比与哈佛大学商学院的两巨头（迈克尔·波特教授和克雷顿·克里斯滕森教授）之间的对比极为相似。

迈克尔·波特教授的观点可以概括为"成功的企业懂得占据有利的竞争地位"。一个企业只有拥有其他企业无法模仿的企业结构才能成功，而这与品质企业的成功之道是不谋而合的。

如果社会一直没有变化，迈克尔·波特教授的这个观点大体是正确的。但当社会发生巨大变化时，迈克尔·波特教授所说的竞争地位不仅变得毫无意义，甚至还会给企业带来不利的影响。

而克雷顿·克里斯滕森教授提倡的观点是"破坏性创新"。意思是说当社会形态发生变化时，企业要敢于自我否定以顺应时代发展潮流，才能走向成功。这与机会企业的成功之道是不谋而合的。

要说迈克尔·波特教授所主张的竞争地位与克雷顿·克里斯汀教授所提倡的破坏性创新哪一个才是正确的，我认为这二者的有机结合才是正确的答案。

以恐龙的历史为例。几亿年前，恐龙称霸陆地，但随着地球日益寒冷并进入冰河时期，此时的恐龙因无法适应这样寒冷的气候环境而灭绝了。

与此同时，地球上出现了能够适应冰河时期的生物。因此，当环境发生巨变时，企业应学会调整并适应新的企业结构以重新夺回有利的竞争地位。

因此，企业应首先学会适应不断变化着的社会；其次，应在新的企业结构中精准地确定自己的地位。但如果在不断变化的社会中，只追求适应时代发展而无精准定位，就会变成像"阿米巴"一样的企业。

要成为全球性可持续发展的企业，就必须应同时兼备品质企业的坚固性与机会企业的可转换性，才能在不断发展的社会中立足而不衰落。

日本企业应在变化的时代中做出怎样的改变？

第一章开头引用了《爱丽丝镜中奇遇记》中的内容对此进行了阐述。而现在的问题是，如果各方面的变化已经像"镜子国"中一样成为常态时，企业应该如何应对呢？

根据楠木建的理论，日本被视为优秀的企业大多是品质企业，而像软银集团和乐天集团这种企业则是特例。但是，由于品质企业的可转换性很差，所以当环境不断变化时，它无法发挥其原有的优势。

可以说这也是日本会有"失去的 20 年"的原因吧！

在变化成为常态的时代，可转换性是必不可少的。也就是说，在这方面比较弱的日本企业，必须努力提高企业的可转换性。

但是超越坚固性和可转换性这样的二律背反并不是一件简单的事。正是因为如此，就像楠木建先生指出的那样，哪种"模型"比较容易套用？而且，包含着这些矛盾的企业又有着怎样的特征呢？

"LEAP" 新商业模式——G 企业的必要条件？

G 企业的模式就是跨越了品质企业和机会企业之间的互相斗争，而又兼具两者的企业模式。而且这种 G 企业的必要条件套用的框架是"LEAP"模式。

"LEAP"是英语单词"跳跃"的意思。L、E、A、P 作为开头字母分别代表了 G 企业的 4 个必要条件。

就像我们所看到的那样，为了成为 G 企业，必须具备作为二律背反的要素，也就是坚固性和可转变性。因此，LEAP 的框架里的 4 个条件必须分别具备二律背反的两个特征。

在这 4 个条件里，每个都具备两个特征，也就是乘以 2，我称这种框架为"LEAP 四方形"。

请看图 3-2。LEAP 框架是"3 个圆圈"组成的多重结构。3 个圆圈分别交叉，组成了"L""E""A""P"4 个部分。

最上面的 L 表示的是"商业模式"的特征。

第二个是左下角的 E。这是商业模式背后的组织力——核心竞争力的特征。

第三个是右下角的 A。企业核心竞争力的根就是组织固有的"企业 DNA"。

最后一个是 3 个圆圈中心的 P。这部分处于企业 DNA 最核心的位置上，具有宗教和哲学意义的必要条件。如果没有它，企业 DNA 也会

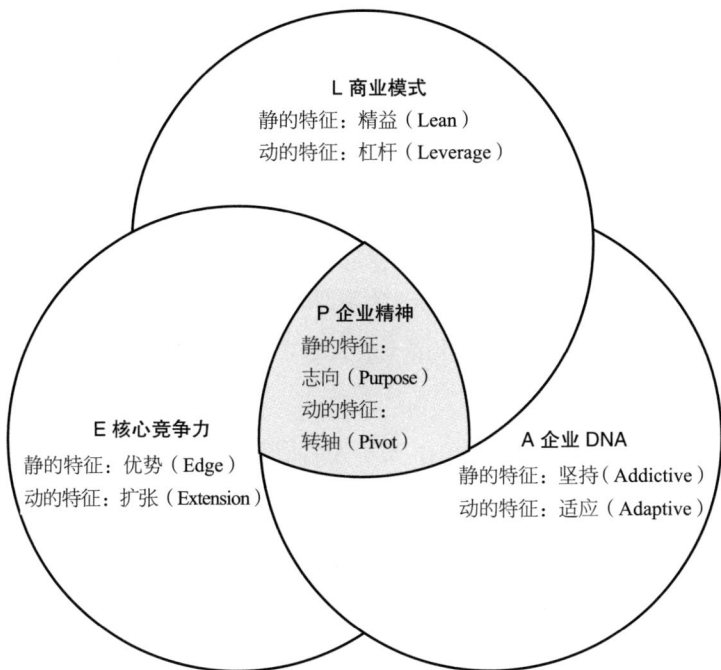

图 3-2　G 企业的 LEAP 框架

处于浑浑噩噩的状态。企业精神是 DNA 的锚，是公司在社会中的根。

这样看公司的 4 个条件，每个都有二律背反的两个特征。总之。这就像生物 DNA 双螺旋线结构一样重要。

接下来，我们来分别看一下 LEAP 的 4 个条件需要什么样的二律背反特征呢?

①商业模式的特征——"精益"（Lean）×"杠杆"（Leverage）

首字母 L 代表了商业模式的两个特征。

第一个特征是"精益"。Lean 的意思是"肌肉质""低成本""有用的"。比如，丰田所代表的"精益生产方式"就满足这个条件，这是日本首创的非常著名的商业模式。

此外，最近谷歌等硅谷企业采用的"精益创业"备受瞩目。这就是通过迅速反复地设立假说、产品实装、修正轨道等过程，将无用的程序压缩到最小限度，并且进行持续快速的改进，最终接近成功的商业开发手段。

这里面最重要的就是 MVP。虽然这样说，但是不是指最优秀选手。它是指精益开发手段的钥匙。即要首先上市"最小可行产品"，通过用户的反馈，不断对产品进行升级。

因为彻底精益而胜出的另一个典型的例子就是以色列的梯瓦公司（排名第六位）。梯瓦公司是世界上最大的非专利药制药公司，它在全球范围内追求彻底的精益生产方式。

这次选出的 100 家企业中，贯承高端品牌路线的路易威登（排名第48 位）是唯一一个没有贯彻精益生产方式的公司。但是同样走高端品牌路线的宝马（排名第 72 位）是贯彻精益生产方式的。而且，其他 98 家公司都彻底开展了精益的商业模式。

不过，像沃尔玛和麦当劳这样的只是以精益为生产方式的公司，不太可能持续成长。"便宜"只是通货紧缩和攻入新兴市场时的武器，但

却不能持续满足顾客的需求。沃尔玛（排名第 59 位）虽然现在进入了
100 个公司的排名，但是随着墨西哥经济的急速发展，可能会越来越落
后。麦当劳（排名第 61 位）也是一样，虽然现在进入了排名，但是不
管是在日本还是在世界中，成长的壁垒遍布各处。

精益的同时也必须具备满足顾客的便利性和感性诉求的价值
（Smart）。"价值精益"也是成为全球百大顶尖公司的必备条件。

另一个特征就是要有"杠杆"。

过于追求精益，企业的资产也会缩减。在贯彻精益的同时追求规
模，手里就必须握着调动其他公司资产的钥匙。即，杠杆原理就是灵活
运用周围的资源。

"杠杆"是指在经济活动中使用他人资本以作为"杠杆"，来提高自
己的资本利用率。

可以说，资本主义就是将他人的资本收入囊中，从而达到杠杆效应。

不过，资产只是用钱来诱发金钱的游戏而已。金钱本身只是商品而
已。为了实现可持续性成长，决定胜负的是如何运用其他公司所拥有的
稀少的高价值资产，并以此构建大规模的商业模式。作为精益型企业，
能灵活利用自己以外的环境非常重要。

像这种利用其他公司的力量使公司创新的商业模式被称为开放创新
模式。本章的最后再详细介绍这种模式。

通过使用"杠杆原理"灵活利用周围环境，打败对手，最终胜出的
代表性例子是中国台湾的半导体制造企业——TSMC 台湾积体电路制造
（排名第 11 位）。

TSMC 台湾积体电路制造公司（以下简称台积电）接受来自全世界
的半导体制造订单，追求彻底的规模经营，从而创建精益的成本结构。
不过，如果只是这样的话，也不过是外包公司而已。

该公司的本质优势在于"无晶圆厂"的设计、市场化的先端企业

群和与冒险相结合的组织结构。在台积电提供的生产平台的基础上容易设计出无晶圆厂形式，并且台积电比较容易开展量产共同作业。台积电公司的特征是自己的公司设计不出来，就与其他几十个公司的设计师合作。通过让周围的公司融入自己的公司结构中，这样不仅是生产产品的公司，也成了包含其他公司的整个生态系统的核心企业。

日本公司的实例是迅销公司（排名第 20 位）。该公司的策划和销售能力都非常具有优势，并且其与具有技术优势的东丽公司合作，开发出了以 Heat-tech 为代表的畅销商品。最近该公司与大和房建集团合作建立了大型物流仓库，又与埃森哲咨询公司合作，踏出了运用大数据的关键一步。迅销公司正在如火如荼地开展杠杆的商业模式。

②核心竞争力的特征——"优势"（Edge）×"扩张"（Extension）

E 是关于核心竞争力方面的特征。

Edge 是"尖的"的意思，也可以说是"与其他相比比较有优势""这是一种绝不会失败的技能"。没有优势的公司是没有存在感的。

全球 100 个公司中，没有一家公司不是没有优势的。没有优势的公司为世界创造的东西是没有竞争优势的。"没有优势的公司没有存在的资格"，总之就是"迟早会消失"。

麦肯锡公司将"优势"称为转折点。要创造出压倒性的优势，换句话说就是要有"独特之处""突出的能力"。

优势企业的代表企业是三星电子（排名第 24 位）。它在半导体商业领域有着压倒性的优势。在家电制造领域，三星电子一直保持着在低价的基础上为顾客提供高品质的产品。不止如此，它在设计方面也有着独特的竞争力。

我们一般认为苹果的产品在智能手机中非常出色，但是实际上现在设计上最先进的智能手机是三星的 Galaxy 系列。

虽然将苹果的产品与三星的产品相比较不太合适，但确实可以说三星的产品在设计上要更胜一筹。它在产品设计方面是远远凌驾于日本企业之上的。而且它也是追求"价值精益"的代表性企业。

日本的企业，我想举例说下朝日集团（排名第 93 位）。虽然这是一个让人想起来就觉得很普通的公司，但是它出色的地方在于保持新鲜度的供应链。朝日啤酒的干啤出奇制胜的法宝就是清爽的味道和新鲜度。

啤酒是逐渐走下坡路的产品。因此，让顾客喝到类似于刚酿好的那么新鲜的啤酒是决定成败的关键。朝日啤酒正是凭借其对新鲜度近乎苛刻的追求，从而立于不败之地。

不断打磨"优势"使之更锋利就是企业构建自身优势的源泉。

不断强化自己的优势非常重要。英语中用"只有一技之长的人"来表示这样的公司。日语中直接说成是"只会一招的小马"。所以说只把优势作为一技之长是不成熟的。

除了优势，E 的另一个竞争力就是扩张，这就是"扩张能力""通过与自己相似的事物强化自己的能力"。"扩张技术"就是拥有一个基轴，通过运用这个基轴，就能机敏地应对变化。

典型的例子就是苹果公司（排名第 1 位）。苹果最初通过 iPod 确立了音乐播放器的"价值精益"模式。接下来就有了苹果手机 iPhone、平板电脑 iPad，甚至有了苹果手表。该公司横向提供了不同的商品和服务。也就是说，苹果公司没有持续的做同一件事，而是用 3 年左右的时间完成了"扩张"。

日本企业中典型的例子是瑞可利公司（非排名对象，相当于第 34位）。正如该公司创始人江副浩正说的那样，"不断寻找白色地带"，不断寻找空白市场正是日本瑞可利公司的精髓。

日本瑞可利公司的商业模式被称为"蝴蝶结模式"。就是将需求方与供应方放在蝴蝶结的两端，把自己视为蝴蝶结的中间的结（相当于市场）保持两端的平衡，最终形成像开花一样的模式。总之，日本瑞可利公司既有"开垦新土地"的农耕民族的优势，又有"寻找新土地"的狩猎民族的优势。

如果把日本瑞可利公司看成是狩猎民族系的公司还有些不妥，因为和一味地追求捕获猎物的狩猎民族相比，它更接近游牧民族。游牧民族同时具备"定居"和"移动"两种资质。他们基本上是找到了新土地，就在那里定居，然后再找到新土地继续定居。

日本瑞可利公司正像游牧民族。全球 100 个公司都是兼具游牧民族的"定居"和"移动"两种资质的公司。

③企业 DNA 的特征——"坚持"（Addictive）×"适应"（Adaptive）

接下来是右下的 A，这代表的是企业的 DNA。

这里讲的日语单词"坚持"有 Addictive（上瘾的）意思。

中毒可能有种病态的感觉，英特尔公司的前首席执行官安迪·格鲁夫说过，只有偏执狂才能生存。我所说的中毒像他说的"偏执狂"有一样的微妙感觉。总之，就是像偏执狂那样只专注于一个领域。

作为"坚持"的典型例子，我想介绍下诺和诺德公司（排名第 8 位）。该公司在用于糖尿病治疗的胰岛素开发和生产方面居世界领先地位。现在全世界的糖尿病患者不断增加，诺和诺德公司正全力以赴致力于开发糖尿病的治疗药物。

日本的武田药品公司也在研发糖尿病的治疗用药。但是武田药品公司在糖尿病药品以外的领域也多有涉猎，其并不专注于糖尿病这一个领域。武田将目光转向了阿尔茨海默病和癌症等很多疾病的药品研发。但是诺和诺德公司一直专注于糖尿病这一个领域。

日本的大金工业（排名第 55 位）也是"坚持"的典型例子。大金工业只专注于空调系统的制造。其他的家电公司都是"做空调不行了，那就做冰箱吧"，但是大金工业一直思考的是如何通过做空调渡过难关。

就是这样执着、近乎偏执的专注，使得企业在跳跃（LEAP）的基础上成就了大业。

但是，只有"专注"就会变成"只有一技之长的人"。如果不能适应世界的变化，企业也是无法存活的。

前面的核心竞争力部分，我们谈到了扩张，然后谈到了企业 DNA，也就是说，企业的"体质"水平本身也是不断进步的。虽然与世界的发展有些扩张，但是如果能顺应世界的发展，也是可以存活下来的。

适应性的原动力是"测试与学习"。在日本经常被说成是"尝试与错误"，如果无论经历什么都只是一味地失败，说到底也不过是个"敢于尝试的人"而已。

测试的本质就是从错误中学到一些道理。因为"学习"，"错误"才有了存在的意义。

这样说来，确认自己的公司是不是能在不断进行新的尝试之后找到真正适合自己的东西就显得尤为重要了。为了不成为一个"只有一技之长"的公司，就要常常对自己所处的位置正确与否心存怀疑，并且具有四处移动、四处寻找新的适合自己发展的事物的能力。

谷歌（非排名对象，相当于第 2 位）的事业是以广告为基础的。但是 Google X 这个组织，却超越了广告，而是希望针对世界上存在的大问题作出谷歌式的回答。这正是企业 DNA 进化的典型例子。

迅销公司（排名第 20 位）也曾在食品等领域做出过比较大的尝试，结果就是除了服装以外的所有尝试全都是一场空。但是在服装领域的经营模式是在不断进步的。

优衣库现在已经从连锁店经营转型为个店经营了。

而且，优衣库正在重新审视以往在世界范围内销售通用商品这一方针。比如说，现在开始考虑——像孟加拉国当地的传统服装是否有可能在世界范围内广泛销售的问题。专注于个性的店铺致力于销售有个性的商品，优衣库已经显示了其正向优衣库 2.0 进化的雏形。

④企业精神的竞争力——"志向"（Purpose）×"转轴"（Pivot）

中间的 P 是与企业精神相关的两个特征。

一个是 Purpose，也就是"志向"。也可以说是企业的"目标"。日本的公司很多都将志向作为公司的原点，并牢牢地守着这样的哲学。海外的公司也是，本书中所列举的世界百大顶尖公司中大部分都坚持着"志向"。

这样的企业中的典型就是全食超市（非排名对象，相当于第 17 位）。该公司的目标是使世界上吃健康食品的人增多。它的远大志向是让整天吃快餐的美国人生活得更健康。

日本电装公司（排名第 97 位）也是有着远大志向的公司。它提出了"良性循环"的理念，"良"是指好环境和安心。

很多汽车生产商也有同样的主张，但是毕竟几个汽车生产商不能决定整个市场。而作为给很多汽车生产商提供零件的电装公司却可以保护全球环境和安全。这正是电装公司存在的意义。

但是如果只守着"志向"，很有可能一直在原地转圈。

因此必须一只脚在原地坚守着"志向"，另一只脚踏出去。也就是一只脚是另一只脚的轴。这就是第二个特征。

Pivot 是篮球中的技能，就是指以一只脚为中枢脚转动身体改变方向的动作。也就是以一只脚为轴，用另一只脚完成新的进化。这不是在一个地方转圈，而是在不断探寻自己的前进发向。

星巴克（排名第 14 位）就是个很好的例子。它的经营模式是创造"第三场所"。它的志向是"向顾客提供以咖啡为基础的新的体验"。如果这样说的话也不必拘泥于第三场所，家庭、甚至虚拟的空间，也可以成为以咖啡为基础创造出的第四、第五个空间。

日本企业小松（排名第 88 位）也是不错的例子。如果说小松是工程机械公司，那就只是个卖机械的罢了。但是该公司却一直思考着如何更好地将业务扩展到顾客资产和基础设施建设方面。结果，小松不仅销售工程机械，而且将供应链与需求链结合起来，一直朝着创造市场型的商业模式转换。

它的核心装置是使用了 GPS 系统的康查士。最近也在向与通用公司合作的新领域进发。小松为了同时在工程机械、通用，还有发电所、水处理、列车等基础设施领域发展，创造出了将这两者高效结合起来的商业模式。这样的组合使小松从工程机械厂转变成了为国家和社会做出巨大贡献的企业。

面向 G 企业——挪动转轴的复杂经营

在这之前我们了解了 L、E、A、P 四个首字母中，每个都包含静的"构造性优势"和动的"破坏性变动"这样二律背反的优势。

优势越强，就越可能拘泥于其中。但是，在经历了一系列非连续性变化后，优势也可能会减弱。LEAP 模式的精髓就在于，肯定本公司的优势的同时，也要勇于否定自己。

那么，怎么才能掌握这种二律背反的要素呢？

同时兼具静的要素和动的要素，就会像 Jekyll&Hyde（杰柯尔与海德）那样成为具有双重性格的人。事实上，精神分析学者格雷戈里·贝特森（Gregory Bateson）将这种二律背反状态称为"双重束缚"，并认为这是精神分裂症的主要原因。

确实，不管怎样，只选一方肯定更容易。在非洲长大的楠木建先生认为"简单的就是最好的"。他认为"O 和 Q 必须选择一个"。对此我稍有异议，我认为要想成为强大的公司，必须两者都具备，当然，我必须试着解答静和动这个二律背反的难题。

那么，具体怎么做才好呢？

第一个要点是一跃成为 G 企业是不可能的。首先要选择是以品质为转轴还是以机遇为转轴。选择不同，起步的重点也不同。

第二个要点是牢牢把握转轴，然后致力于发展转轴和二律背反都不擅长的领域。我把这个称为"复杂经营"。虽然确实是不简单，但是却可以实现范围广泛的经营。我们来看下关于给每条转轴分类进行复杂式经营的例子。

◎从品质企业到 G 企业——苹果、丰田

首先，从品质企业到 G 企业的进化该如何做呢？

将"专注品质"作为转轴的企业，本身就很难有爆发性的成长。但是，如果能不满足于自己的躯壳，不断的蜕皮，也可以变身为 G 企业。

代表例子就是苹果公司（排名第 1 位）。可能很多人认为它是带有冒险性质的机会企业，但其实它本质上完全是一个专注品质的企业。苹果企业的静的 DNA 是"追求完成度"。

机会企业面对一切机会都会迅速扑过去，而苹果公司是会经过慎重思考再决定的。比如经过多次讨论的 Apple TV，因为不能达到苹果公司产品以往的完成度，它便对此事死心了。品质企业大多属于禁欲系，严于克己。

另一方面，苹果非常著名的标语是"非同凡想"。而且，我还很喜欢史蒂夫·乔布斯的一句名言"跳出盒子想问题，因为盒子都是人为制造出来的"。

正如他所言，苹果公司从来不止步于一隅，而是常常进行新的挑战。这是苹果的另一个 DNA。而且苹果公司一旦想要研发新的产品种类，肯定伴随着魔法一般的创新，这就是"苹果魔法传说"。

当然"专注品质"的静的 DNA 和"常常扩张"的动的 DNA 同时存在，这对苹果公司来说并不容易。事实上，史蒂夫·乔布斯去世之

后，蒂姆·库克（Tim Cook）接任了苹果首席执行官一职，他花了 4 年的时间才让苹果手表问世。对新的产品种类设定非常高的标准，只生产高品质产品，这也是苹果公司作为全球性成长企业不断成长的秘诀。

日本从品质企业到 G 企业的代表性例子是丰田（排名第 99 位）。

丰田是汽车行业最大的企业。虽然如此，它还在不断成长。

毫无疑问，丰田是专注品质的公司。不完善的产品不上市，这符合丰田风格。

丰田提出了 5Why 分析法。汽车为什么必须用这种动力才能奔驰？为什么生产线必须复杂化和固定化？这样反复的询问自己 5 次，不怕自我否定，就能更接近问题的本质。这样，不管是产品还是流程，都能产生突破性的创新。

奥田硕就任之后，为了防止丰田陷入自我满足，向全公司订立的目标就是："打倒丰田"。普锐斯汽车就是丰田当时的产物。从奥田先生在任到今天，丰田一直在进行商业改革，将变化视为常态化的导火索。

丰田就是这样常常自我怀疑、自我否定。但也正因如此，它在坚守品质这条转轴的同时，不断驱动自己成长，向 G 企业靠拢。

从苹果和丰田的例子可以看出，在坚守品质这条转轴的同时为了谋求发展，"不断扩张""自我否定"是非常有必要的。这样既能作为品质企业存在，又能追求新的目标，从而有所转变。

◎从机会企业到 G 企业——谷歌、日本瑞可利

也有从机会企业向 G 企业转变的情况。很明显，冒险就是巨大的成长，但是进化成"巨大的企业"时，就和以往不太一样了。

代表例子是谷歌公司（非排名对象，相当于第 2 位）。

斯坦福大学的两个学生拉里·佩奇和谢尔盖·布林创立了普通的冒险企业——谷歌。从此，他们开始专注于"通过扩大规模改变世界"，于是谷歌完成了向大公司的蜕变。

以此为契机，施密特这个老练的管理者出任了公司的首席执行官一职。当时的谷歌没有定位，而且涉猎多个领域。施密特对佩奇和布林提出了疑问："谷歌到底是一家做什么的公司呢？"总之，施密特提升了谷歌的分量，并且是为谷歌做出定位的人。

在施密特加入的同时，谷歌也明确了"不做什么"。也就是说，谷歌从"什么都做"转变成了拥有一套自己价值体系的公司，谷歌在不断地向 2.0 时代进化。

日本的代表性例子是瑞可利公司（非排名对象，相当于第 34 位）。

瑞可利公司在其创始人江副浩正先生经营的时代也是典型的冒险企业。公司充满了"只要能赢就行"的顽皮的企业文化，不过这也算是一种成功的力量吧！

瑞可利公司最近变成了思考"我们的目标是什么？"的企业了。不能单纯地迎合客户的需要，而是要往正确的方向引导客户。从这一点可以看出，瑞可利公司就要变成"巨大的企业"了。

瑞可利公司在 2014 年 10 月上市可能是因为这个原因，但是并不止这一个原因。瑞可利公司为了不成为毫无内涵的事业开发公司是"脱一层皮"的。

其实，创始人江副浩正先生自己也思考了"我们的目标是什么？"这个问题，但是随着公司事业的不断扩展，不知何时就渐渐忘了初衷。

一边回到原点，一边继续进化——"Recruit 2.0"第二幕已经拉开帷幕了。

传统的品质企业突然变异成机会企业是不可能的。专注于品质的公司不会做出"见到机会就扑过去"的行为。但是如果发现了由于专注品质而孕育出新的空间，也可以成长为 G 企业。

另一方面，像"小鲨鱼"一样的机会企业如果能冷静一下，思考下自己的原点是什么，那么进化的进程也就启动了。停止没有方向的漂泊，从原点出发寻求自己的发展方向，也能完成向 G 企业的进化。

◎从地区企业到 G 企业——阿里巴巴、朝日

之前我们已经看过两种模式了，第三种模式就是从地区企业到 G 企业的变化方式。

典型的例子就是阿里巴巴（非排名对象，相当于第 2 位）。阿里巴巴是中国的公司，在零售、物流、结算等支持近代商业流程的基础设施还不完善的中国，阿里巴巴率先建立了使货物能够到达全国各地的基础设施。

这种模式不仅在中国有效。在其他的新兴国家，也展开了同样的商业模式。

亚马逊在进行一种具有破坏性的创新，"冒险（电子商务）就是凌驾于真实世界之上"。而阿里巴巴在一般性冒险的同时，致力于创造出真实的事物，它就是以这样的想法在世界上施展拳脚的。

因此，阿里巴巴在事业拓展方面远远地超过了以亚马逊为代表的电子商务企业。阿里巴巴把以"支付宝"为代表的金融服务和物流基础设施相连接，致力于创造下个时代的社会基础设施。这就是从地区企业到全球性企业，有着惊人进步的阿里巴巴。

日本的公司，我想介绍下朝日集团（排名第 93 位）。

朝日集团在开展全球性事业时，与各个国家当地的知名人士和企业进行了合作。

比如，朝日集团在印度尼西亚开展业务时，就与该国具有代表性的华人财阀三林的核心企业 Indofood（印多福）取得了合作。在伊斯兰教盛行的印度尼西亚，人们基本不喝啤酒，虽然啤酒是朝日的老本行；于是朝日与当地财阀合作，开展了生产清凉饮料的业务。

与当地有力的伙伴合作强化了自身的优势，这就是双赢的商业模

式。朝日正是在强化自身优势的同时，发挥杠杆的作用，不断地向全球性企业进化。

从阿里巴巴和朝日的例子可以学习的是，即便只是国内的小企业，也不要把自己狭隘的定义为内需型企业。如果能在国内不断强化自己优势的同时把目光转向海外，那么这种优势也可能发挥作用。

坚信自己企业的优势在世界上是通用的，与海外企业合作开展全球性业务，这样即使是自嘲为"就是国内的"企业，也可以通过这个过程走向海外，从而大展宏图。

◎从中小企业到 G 企业——全食超市、迅销

也有从中小企业发展到 G 企业的例子。这是第四种模式。

不是说中小企业就不能有大的发展。本次选出的 100 个公司中，最初都是从一家店、一件商品发展起来的。

比如说全食超市（非排名对象，相当于第 17 位），好不容易开起来的第一家店因为飓风而毁于一旦，然后这家公司又从零开始起步。

迅销（排名第 20 位）也是从一家店开始的。迅销公司的历史最早是 1949 年由柳井正的父亲个人创业的"小郡商行"，以经营男性服饰店为主要业务。之后在 1963 年 5 月其父成立了"小郡股份有限公司"。柳井正继承父业之后，他觉得小郡商事的商品摆设、流程等效率太差，因此虽然有获利，但很难赚大钱。年轻气盛的他开始用自己的方式管理这家店，只是这么一来，老员工当然无法接受，于是相继离职，6 名员工最后只剩一人留下来。迅销就是从这个时候开始崛起的，柳井正也算是从原点开始起步的中小企业的领军人物。

所以，不要觉得我的公司就是中小企业，永远也成不了 G 企业。只要有志向，充分利用好身边的有力资源，也是有可能华丽转身、成为全球性企业的。即便是一家店，也肯定有其优势，将这种优势多重化、无限扩大，如果有这样的智慧的话，中小企业也是可以成长为 G 企业的。

超越二律背反的"经营创新"

之前我们介绍了怎样才能"从品质企业发展到 G 企业""从机会企业发展到 G 企业""从地区企业和中小企业发展到 G 企业"。

LEAP 框架中蕴含着 21 世纪企业经营的真谛。

总之，LEAP 模式包含了现代经营管理学家们提出的最先进的管理模式。

接下来我将详细阐述最先进的经营理论——经营创新。

经营战略的类型多种多样。

比如说，迈克尔·波特的基本战略是"成本领先或者差别化"。而且波特认为必须在这两者间"取舍"，鱼和熊掌不可兼得。被波特称为"定位战略"的经营战略是像画画那样的二律背反理论。

哥伦比亚大学的丽塔·麦格拉思在《竞争优势的终结》一书中提出了与迈克尔·波特相反的理论，即"当今世界上的所谓的竞争优势不过是幻想罢了"，并且主张必须考虑非连续性时代的经营模式。

这已经突破了经营理论的界限，有必要思考超越二律背反理论了。也就是说，不在两个对立的要素中任选其一，而是考虑两者都发挥作用的模式。

◎ TQC

同时都发挥作用的模式也有相应的例子。比较好的例子就是 TQC（综合品质管理）。

一直以来，常识性的思考方式就是必须在品质和成本中选其一。一旦选了品质，成本就会提高；一旦选了成本，就必须放弃品质。这就是简单的二律背反的"放弃模式"。

但是出自日本的 TQC 就证明了品质和成本是可以两立的。时间轴是其重点。追求品质的话，短期内成本会增加，但是长期来看利用率会上升，这样就减少了浪费，所以成本还是下降了的。如果建立起来这种超越二律背反的辩证法型的模式，也就拥有了日本将成为第一的优势。

◎ "价值精益"

我所提倡的"价值精益"和 TQC 一样都是辩证法型的模式。价值是指顾客体验的品质高，精益是指顾客的负担低。当这两者并存的时候就会产生创新。这就是我所说的"价值精益"模式。详细请参照我的拙作《学习优势经营——日本企业为何会发生内部变化》。

就像 TQC 证明的那样，高品质和低价位曾经是日本企业的看家本领。最近苹果和星巴克等海外企业也应用了"价值精益"模式并且取得了胜利。它们超越了高品质和廉价的二律背反模式，并且进行了创新，从而取得了巨大的成功。

◎ AAA 2.0

西班牙 IESE 商学院的教授潘卡基·格玛沃特（Pankaj Ghe-mawat）提出了 AAA 模式，就像我之前在第一章中介绍的那样，我认为这是全球经营模式中最优秀的模式。

我们来简单复习一下，AAA 中的第 1 个 A 是适应，第 2 个是集约，第 3 个是套利。

适应是本地化，集约是全球化，一直以来这两个被认为是二律背反的。格玛沃特在其中加了第 3 个 A，也就是套利是想在前两个 A 中间架一座桥梁。

格玛沃特提出的套利是指在成本低的时候进军。比如说进军中国，或者进军亚太经合组织成员国的话，就可以套利劳动成本，如果进军新加坡的话，就可以套利税款。这都是非常简单、谁都能理解的套利。

这些我在第一章中都说过了，接下来我们来说"套利 2.0"的方法。那就是"智慧的套利"。如果说格玛沃特的方法是"流向低处"，那套利2.0 就是"爬向高处"。方向正好相反。换句话说，就是有技巧的横向拓展，提高全体水平。

AAA 的提出者格玛沃特没有提到 AA 水平的套利。但是从全球化顺利的企业可以看出它们在进行着 AA 套利。

总之，在本地的尝试顺利变成了横向开展业务的标准——这些企业在这方面都做得不错。

超越本地和全球的冲突就是 "Glocalization" 的意思。虽然这说起来容易，但是做起来就很艰难了。

但是，在野中郁次郎论述的知识经营中表明智慧的套利是可以在全球开展的。这也可以说 "Glocalization" 是成功的组合模式。

这也是脱离了二律背反的模式。现在，越来越多的例子可以说明通过超越二律背反可以产生成功的组合模式，也可以使公司获得巨大的成长。

超越二律背反的 "21 世纪的经营模式"

接下来我们来看几个 "21 世纪的经营" 中最先进的思考方式。

◎创造共享价值——迈克尔·波特的 "CSV"

第一个就是迈克尔·波特的 "CSV"（创造共享价值）。CSV 简单来说就是通过解决贫困、环境污染、疾病等社会问题来提高收益的模式。也就是通过社会价值创造进行经济价值创造的模式。感兴趣的读者可以看看我最近写的书《CSV 经营战略——在行业高收益的同时解决社会问题》。

就像我之前介绍的那样，迈克尔·波特提出的模式就是简单的二律背反模式。但是他很大程度上替换了 CSV 的宗旨。因为他提出同时创造基于二律背反思维的社会价值和经济价值。

迈克尔·波特对其宗旨的替换打破了只追求经济价值的模式。一旦放弃一味地追求利益最大化的纯粹资本主义，就会出现雷曼危机那样的失控。就像微软这样的 IT 霸主，运用"能赢就行"的竞争战略理论也会在一瞬间就跌落，所以说这样是不能持续成长的。

"三方有利""论语加算盘"，这是日本自古以来基本的经营理念。通过追求社会价值来创造经济价值的 CSV 模式可能再次扮演引导日本成为 G。

◎超越顾客的意愿——菲利普·科特勒《市场营销 3.0》

在市场营销的世界里，"顾客高兴就好"的思考方式已经破产了。

"现代营销学之父"菲利普·科特勒早就开始强调"社会市场营销"的重要性了。简而言之，就是市场营销不仅要重视顾客，也要重视与社会的关系。

最近科特勒提出了"市场营销 3.0"这个新模式。《市场营销 1.0》是产品中心主义，《市场营销 2.0》是以顾客意愿为导向，《市场营销 3.0》是以社会价值创造为目标。在社会媒体具有巨大的影响力的 21 世纪，应该重新修正"顾客优先""顾客是社会的一员"的观念，认真面对如何为团体和社会创造价值的问题。

有趣的是，日语中的"社会"（社会）和"会社"（公司）的字正好颠倒了。但是不能将两者作为对立的概念，而应该思考如何让两者更好的共存。

◎从 OR 到 AND——石仓洋子《战略转换》

让我们把目光转向日本，一桥大学名誉教授石仓洋子主张的《战略转换》。这里的关键词是"从 OR 到 AND"。

"OR"就是"选哪个"的问题。具体说就是"成本或价值"或者"成本或品质"这种典型的二选一的战略。

"AND"是超越这种经典的二律背反的模式。这种思考方式可以说是从 20 世纪的对立结构向 21 世纪的辩证法协调性结构的战略转换。

◎从权衡到利用——皮特·佩德森《公司修复力》

最近在日本的经营战略论中皮特·佩德森的《公司修复力》引起了人们的广泛关注。

皮特·佩德森是丹麦人，也是个在日本住了 20 多年的日本通。我在本书中总结了他通过国际专题研讨会的策划和运营、企业经营和企业顾问的经验所得的见解。

佩德森认为有修复力的公司在遭遇危机的时候具有极强的修复力，能够灵活应对事业环境的变化，从压力和不确定性中发现今后发展和社会全体的机遇，并采取有利于社会全体健康的经营活动。并具体举出了包括宝洁、雀巢、通用、IBM 等公司在内的 20 多个公司作为例子。

而且，有修复力的公司都有以下 3 个特征。

①锚定（Anchoring）——作为企业的根据地，具有能够吸引员工、顾客等广大利益相关者的魅力。

②自我适应力（Adaptedness）——打造能够最先感知到事业环境的变化，并能机敏地做出反应的文化和组织

③社会性（Alignment）——社会的方向性、公司战略、行动矢量三者互相契合，努力做出能使社会良性循环的行动。

佩德森将这 3 个特征称为"新 AAA"。如果换个说法则是：①静的DNA；②动的 DNA；③精神，这样就和我的 LEAP 模式非常类似了，是不是更好理解了呢？

接下来应该关注的是佩德森在本书中提到的关于"从权衡到利用"的范式转移。权衡和二律背反类似，就是决定选择哪个，舍弃哪个。利用就是两者都选，这个和我说的超越二律背反模式很像。

◎"创造性惯例"——野中郁次郎"知识创造经济"

接下来压轴出场的是经营理论的大将——野中郁次郎。野中先生很早以前就强调了超越二律背反的辩证法观点的必要性。

野中先生和绀野登先生在共同写的《知识经营的魅力：知识管理与当今时代》中阐明了"创造性惯例"的必要性。

创造性和惯例本来是两个相反的概念，但是"创造性惯例"是"新惯例衍生出的惯例"的意思。

我通过图3-3作为变换装置的创造性惯例说明野中郁次郎先生的理论。

纵轴是创新，横轴是集合。创新高、集合低的是创造性；相反，创新低、集合高的是惯例。野中郁次郎先生的目标是创造性和惯例都高的位置。

两个目标都要满足的话，看上去可能是像在玩"语言游戏"，但其实这一点非常重要。在某处产生的创造性做法融入组织全体的惯例中，形成了这种结构就可以超越采取创新和集合的二律背反。

"将创造性事物变成惯例的能力"。这个和我之前介绍"套利2.0"时候提到的"将地区的智慧变成全球的能力"是共通的。

创造性和惯例不是二律背反，而是动态平衡的一体化。这种辩证法式地看问题的方法正是野中郁次郎先生提出的知识管理理论的精髓。

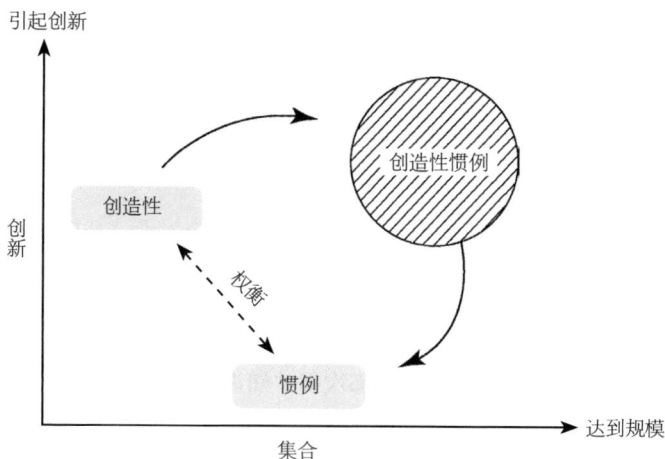

图 3-3　作为变换装置的创造性惯例

以全球性成长企业为目标的经营哲学

以上我们解开了经营学的结，而且介绍了超越二律背反的最新情况。同样，这次我们从全球 100 个公司管理者的发言来看 G 企业的目标理念。

CSV 宣言——雀巢首席执行官保罗·薄凯

雀巢首席执行官保罗·薄凯是迈克尔·波特提出的 CSV 理论的真实实践者。他曾说过，贡献社会和追求经济价值基本是同义的。这是他的经营理念，也是雀巢的信念。

团体（community）和共同体（commons）——星巴克首席执行官霍华德·舒尔茨

星巴克首席执行官霍华德·舒尔茨曾经用"第三场所"来定义星巴克。但是，他又重新提出了"团体咖啡店"的理念。

这两个概念有什么不同呢？

"第三场所"是指不论在哪里都能看到一样的店。而"团体咖啡店"就是每个店都是与当地团体相适应的有特色的店。也就是"个体店主义宣言"。总之，星巴克是个体店的集合。

这两个词具有微妙的差别，但却表达了很复杂的概念，我们来进一步说明一下。

团体和共同体这个词非常相近，团体是单个的事物，而共同体是公共的事物，偏普遍化。

团体虽然每个都各具特色，但是本质要素是共通的。具体的要素就是"温暖""人与人的接触""自我的重新认知""对他人的爱"。心理学者马斯洛在需求层次理论中提到，最高层次是"自我实现需求"，其次是"自我超越需求"。

这些要素都是只有在团体这样触手可及的场所里才能发现的。团体的范围扩大了，对团体的认识更彻底时才能达到共同体的层次。

星巴克现在的目标是让自己的店像团体那样散布在世界的各个角落。而且这个团体咖啡店是个能够让人们重新认识自我、充满感情的地方。霍华德·舒尔茨认为，团体咖啡店就像一个个原点那样存在于世界各地，每一个原点都充满了爱，这样就会带动整个世界，让世界充满爱。

个体代表了整体，通过观察整体又能窥见个体——这也是被称为子整体（Holons）的哲学概念。

彻底认识全球和地区——迅销公司首席执行官柳井正

其实，迅销公司的柳井正先生也受到了霍华德·舒尔茨的启发。

柳井正先生发表宣言称："全球的就是地区的，地区的就是全球的"。并把这句话作为迅销公司 2014 年的主题。这与霍华德·舒尔茨的目标完全一致。

有些地区特色可以在全球通用。而且仔细观察全球也可以发现各个地区的特色。柳井正先生的目标就是这样的世界。很久以前他就提出要超越二律背反，不断创新。这次的理念也是专属于柳井正的经营哲学。

特色很重要，但是特色中也有共通的事物。这个子整体观点超越了 20 世纪的标准化模式，成了新的经营模式。现在大企业高屋建瓴的高谈阔论已经无法影响人们了。这时，着眼于地区并专注于每一个原点，就显得尤为重要。即使是处于社会网络中，道理也是一样的。

我提倡的 LEAP 模式就是在守住传统和原点的同时，不断进化。这个模式在 21 世纪企业经营中，一定会越来越重要。

从"闭锁式"到"开放式"的商业模式
——精益管理和杠杆

那么，我们来看下为了实现 LEAP 怎么做比较好吧！

L、E、A、P 这 4 个开头字母分别表现了一种框架，而且每个框架下都有二律背反的要素，所以实现起来并不容易，而且需要一些智慧。

首先是 L，我们来看下实现精益管理和杠杆的方法。

◎宝洁的联系和发展是毒药吗？

追求精益管理的话，公司的资产就会缩水，陷入危机。这时候要想让杠杆发挥作用，就必须灵活运用其他公司的资产。因此，就必须转换经营模式，从闭锁式变成开放式。

使商业模式变成开放式，就必须和很多公司产生联系，也就是说联系是一切的前提。

提到联系，宝洁的 C&D（Connect & Developrnent，联系与发展）战略就非常有名，通常 R&G（Research & Discover，研究与开发）是一种把自己封闭在自己公司的研究部门的闭锁性行为。而 C&D 是开放式的手段，它是使世界上的研究机构、大学、不同行业种类的企业等形成大范围的网络，并且将产品开发的需求和供给广泛集中起来的一种手段。结果，宝洁公司通过这种方法使研究与开发效率提升了 60%，超过全公司创新的 35%，并带来了数十亿美元的盈利。

就是这样，这个模式在最初大获成功，但是之后就开始失控了。该公司的营业额研究开发费的比例下降了近 30%。利用其他公司的智慧，对自己的公司进行精益管理，乍一看确实是理想的商业模式，但是忽略了对自己公司优势的投资，最后只能是竹篮打水一场空。

关于宝洁的失败，下一章我会详细说明，它失败的原因简而言之就是忽视了对"自己本质上的存在价值是什么"的追求。如果自身没有存在的价值，就算再怎么高喊"大家联手吧"，也没有公司愿意与其合作。

越与其他公司合作越要发现自己存在的意义。宝洁的失败就是因为忽略了这点。

要想利用其他公司的资产，就必须从闭锁式结构转换成开放式结构。为此，就必须与之前的旧做法说拜拜。因此，自己公司的资产是获得本质性优势的源泉，也是精益管理必需的。但是另一方面，为了灵活运用得到的资产，需要牢记于心的就是集中投资。

◎亨利·切撒布鲁夫（Henry Chesbrough）提出的"开放式创新"

加利福尼亚大学伯克利分校的亨利·切撒布鲁夫教授被称为"开放式创新之父"。他认为，在充满了不确定性的今天，封锁自己公司的资产这种"闭锁式创新"是有局限的，积极与其他公司合作的"开放式创新"更有效。

我在 2014 年的夏天访问了加州大学伯克利分校的开放式创新中心，与亨利·切撒布鲁夫教授讨论了整整一天。

他首先提到了宝洁公司的战略，并且觉得宝洁是脱离了开放式创新本质的失败案例。他觉得很遗憾。为什么这么说呢？是因为"公司之间如果想紧密地共同合作，就必须相互建立起深深地信赖关系"。因此，不是像宝洁那样，大范围的随意与其他公司建立联系，而是要双方之间建立起更深入的合作关系。

亨利·切撒布鲁夫认为优衣库和东丽的合作就是开放式创新成功的案例。正因为双方建立了良好长期的合作关系，才能各自承担风险，产生真正的创新。

这样看来，开放式的管理比自我封闭的闭锁式管理要更难把握局面。

◎ "交叉结合"（Cross Coupling）引起的创新

创新理论的创始人是约瑟夫·熊彼特。他把创新定义为新的结合。我又将创新定义为"异结合"。像优衣库和东丽那样不同行业将各自的资产结合起来，第一次产生了真正的创新。

所谓的异结合，就是与一般不会合作的、行业差异特别大的企业之间的合作。比如说零件生产商和成品生产商的合作就不能算是异合作。

比如说"Seven Premium"就是 7-11 超市与各个厂商合作开发的自营品牌商品，这种合作就是常规合作，所以生产的商品也只是常规商品。

那么，什么样的合作是我所说的异结合呢，我觉得英语词组"Odd Couple"（奇怪的组合）这个词组比较适合。与一般没有什么交集的公司，因为某种意外相遇时，就会产生创新。我把这种相遇叫作"交叉结合"。

"怎样才能与不同性质的公司相遇呢？"

"怎样才能与不同性质的公司建立信赖关系呢？"

这是非常困难的。如果不是拥有共同的目的，对某事有着特别的执着，相遇和信赖关系都不会产生。

最近非常流行的"平台战略"作为网络时代的商业模式广受赞誉。但是，同性质的公司集合起来的平台即便实现了规模经济，也无法实现需要创新的范围经济（异结合）。

为了灵活运用其他公司的资产以产生范围经济，就必须与拥有不同性质资产的公司合作。所以才会有优衣库和东丽成功合作的案例。双方都是拥有完全不同性质的无形资产的公司，两者组合之后就创造出了新的商业模式。

为了创新，与自己同类的公司进行合作是没有意义的。如何跟与自己不同性质的公司相遇非常重要。在同类中"同性质的开放系是没意义的"就是这部分的重点。

核心竞争力的"优势"和"扩张"

接下来的 E 是为了实现商业模式的核心竞争力的讨论。

核心竞争力必须超越优势和延伸的二律背反。我将这个称为"优势经营"和"扩张经营"。

◎ "一技之长" VS "只有一技之长"

首先，我来解释下"优势经营"。

企业如果没有自己的优势，是没有存在意义的。宝洁公司之所以失控，就是因为忽视了对自身优势的投资。在依赖其他公司、开拓新领域之前，首先必须要强化自己的优势。换句话说，首先要有"一技之长"。

比如说大金公司是空调领域的专家，诺和诺德除了研发糖尿病治疗药物不考虑别的领域，这就是有一技之长。

我们经常听见有人说，要想创新就要先从盒子里出来。但是，不管不顾地从盒子里出来了，也未必会产生创新。也有可能会走很多冤枉路，所以在从盒子里出来之前，必须弄清楚自己的优势是什么，这一点非常重要。

不过，如果只有一技之长，企业也不会有非连续性的成长。这时候第二点，也就是"扩张"就显得尤为重要了。

有一个形容人成长的词叫"T 型人才"。首先我们要确立 T 这个字母的那一竖，把这个"竖"——就是指人的优势——好好挖掘出来，并且强化它。但是只有这个竖的话，顶多也就是有专长，所以我们还要发现字母 T 上面的那一横。

更能进一步说明的词就是"π 型人才"。π 这个字母下面有两个足，理想的人才应该是有两个专业技能的。

麦肯锡也建议成为"π 型人才"。如果有两个轴的话，会比只有一个轴看问题更深入。

最重要的就是首先要达到优势，达到之后就要"扩张"发展，这两个之间的变动非常重要。

◎**安索夫的成长模型**

关于"优势"和"扩张"这个两个条件并存的必要性，伊戈尔·安索夫（Igor Ansoff）提出了"成长模型"的理论。

这个模型有"竞争力"和"市场"两个轴，分别分为"已有的"和"新的"新的两部分。

现在的商业一般都是"已有市场 × 已有技术"。如果为了事业多角度发展，彻底变成"新的市场 × 新的技术"，这样突然的转变有些太过鲁莽。

"双脚跳"也就是市场和竞争力同时改变，即使这样也不敢保证就一定会成功。但是肯定会比单个条件改变成功的概率更大。

如果挑战"现有的竞争力 × 新的市场"或者"新的竞争力 × 现有的市场"的话，有一半就是核心竞争力，这样就会产生新的成功的可能性。如果这个挑战成功了，再挑战另一部分，最终就会达到"新的市场 × 新的竞争力"的目的。这就是安索夫的成长模式所指导的新进化的方向性。也可以说是"扩张"的成长模式吧！

为了实现"扩张"，首先就是要牢牢地把握住优势，把优势作为原点。安索夫也说，要把"现有的优势"作为定点，然后再用另一只脚完成"扩张"。

把这个模式牢牢坚持 50 年的企业是日东电工。它将之称为"三新活动"。它通过 3 次"扩张"，不断进行着创新。

因为日东电工的销售额不足 1 兆日元，所以很遗憾，没有进入到 100 个公司的排名。但是如果今后持续坚持"三新活动"的话，进入 100 个公司的排名指日可待。

◎寻找紫色海洋——蓝色海洋是幻想

有一种经营理论叫"蓝色海洋",而且非常出名。但我认为追求蓝色海洋无疑是一种幻想。就像童话里的"青鸟"一样,即使想寻找蓝色海洋也找不到。

"蓝色海洋"理论就是在充满刀光剑影和竞争的"红色海洋"里抽身而出,寻找没有竞争的"蓝色海洋"。但是事实就是,当你从一片"红色海洋"里抽身,向海的另一侧走去的时候你会发现,另一侧也是充满竞争,一片鲜红。就算是看到了蓝色海洋,竞争对手也会在瞬间蜂拥而至,引起一场腥风血雨。

所以应该寻找的是"紫色海洋"。既不是红色,也不是蓝色,而是它们的混合色——紫色。

"蓝色海洋"是对现在的自己来说完全毫无联系的新的海洋。所以不要去探索未知的世界,而是要探索红色海洋和蓝色海洋的交界——紫色海洋。而且你会意外地发现它离你非常近。所以,童话里的"青鸟"就在你的庭院中休息——这就是我的"紫色海洋"理论。

在这里我想说的就是不要跳跃到像蓝色海洋那样完全陌生的领域,而是要在稍微与自己本行偏离的地方寻找下一个巨大的成长机会。为了踏出这一步,必须强化自己的优势,这是非常重要的。

换句话说,就是与其在广阔的大洋里徘徊寻找金子和宝石,还不如在近海寻找珊瑚。

我的这个观点就是要与本公司的行业有一点偏离,也就是"开拓事业"的意思。我在很多公司都提过"不是发展新的事业,是开拓事业"。因此,我将在重新审视本公司的实质优势的基础上,稍微把目光错开一点儿。

通过"学习"和"脱离学习"来进化企业的 DNA
——坚持和适应

第 3 个 A 是关于企业 DNA 的，即企业是否应该拥有不断重复"学习"和"脱离学习"的 DNA。

确实，拥有"学习"这种处理方式的人，不过是重复"尝试和错误"的勇于尝试的人罢了。但是"检测和学习"这样的方式才是必备的。这也是成长的起始点。

但是，在同一场所，重复做同一件事，成长就会停止。只有一技之长是不会成长的。

就像学习一样，学习了一种知识之后再转眼学习下一种，这样就会又有新的发现。因此，不要离开学习的场所。而且不仅要掌握知识，还要学会怀疑学习到的知识，这就是"脱离学习"的观点。换句话说，启动学习二次元的进程很关键。

◎**学习优势的时代**

我提倡"学习优势"这个观念已经很多年了。我敢说波特提出的"竞争优势"已经过时了，就像我之前介绍的那样。而我提倡的"学习优势"是适应 21 世纪的超前的模式。在这里我只是简单地介绍一下，如果想详细了解，可以看看我写的书《学习优势经营——日本企业为何从内部发生改变》。

Familiar 是"非常熟悉""熟知""习惯"的意思。就像这个词的第 3 个意思一样，如果总是学习同一样事物，再学习新事物就会很不习惯。

为了重新找到学习状态，就必须克服不适感。如果总是害怕"这是我不熟悉的"而不敢迈出第一步的话，那永远也无法习惯。

因此我推荐的学习方法就是"向自己身边的未知领域迈进"。这样做的话，就会将未知变成已知。这样已知也会慢慢变成自己的优势。

如果总是想那座山的山顶是什么样的，也无非就是瞎猜而已，只有自己亲自爬上去看，才能知道山顶的真正模样。因此，看不到山顶的时候，只能去做、去尝试，从这个过程中有所收获的人才能看到山顶。"学习优势"的关键在于先着手干的人会不断变得明智而有远见。

因此，最重要的是为了"脱离学习"而一点点的移动，在新的地方不断地学习。如果一直持续这种"学习"与"脱离学习"的进程，企业进化的进程就不会停下来。

此时要具备的最基本的习惯就是"专注于挖掘什么"。这是非常重要的。表面一层迷雾，是无法看到宝藏的。只有不断向下挖才行，但是如果只是在一个地方挖，就会变成"只有一技之长的人"，所以横向挖掘也是很重要的。

◎习、破、离的经营

"学习优势"这一经营模式的关键就是习、破、离三步走。日本传统文化中，用"守、破、离"表现师生之间的相处模式，由此我改编出了"习、破、离"。

"习"就是学习的意思。只是"学习"的话，那就一辈子都是弟子了。

"破"就是否定先人的做法，也就是我之前说的"脱离学习"。

当踏入"离"这个异次元的世界时，可以发现新事物。在"破"里学的事物稍微转移下目光，就能从中发现新的事物。这就是"离"。

"习、破、离"是探求真理的基本模式。企业 DNA 也可以产生这样的过程。专注、执着、然后"扩张"，这就是其中的重点。

追求社会价值和经济价值相乘的效果——志向和转轴

下面就是 LEAP 最核心的部分了。

P 是由志向和转轴两部分组成的。志向是静的要素，转轴是动的要素。这里还包含着关于如何超越二律背反的智慧。

◎使命、视野、价值的普遍性与时代性

很多企业都有使命、视野和价值。这不是每个企业起初就有的，很多企业都是后来才具备的。

使命就是"存在的意义"，也可以换成"Why"这个单词。视野就是"未来想有的样子"，可以换成"What"这个单词。价值就是"共同价值观"，也可以用"How"来表示。

在定义使命、视野、价值的时候，要尽量用具有普遍性的语言来定义，很多企业一旦决定了基本的东西，就一直也不会改变。但是，偶尔重新审视一下，增加一些时代性很重要。

比如，IBM 在几年前就进行了为期 3 年左右的"价值困境"活动。重新审视创始人托马斯·约翰·沃森在 100 年前设定的企业价值。结果，虽然过了 100 年，但是本质的价值观并没有变，只是做了一些微小的修改。但是，重新审视本公司的原点，让它具有时代性，必要的时候做细微修改是非常有意义的，也许在这个过程中就能发现新的机遇。

◎成长的引擎——CSV

"使命"表示了"存在的意义"。很多企业都提出了承担社会义务和责任的企业理念。比如有"实现更富裕的生活""为了社会更完善而努力"等企业理念。可以说，这些与 CSR（企业的社会责任）很契合。

当然，把社会价值的创造作为企业的志向是一件非常崇高的事。但是如果只是这样就是 NGO 和 NPO，那么什么都会改变不了。作为企业，在创造社会价值的同时产生经济价值非常重要。

通过产生的经济价值，提高与社会价值相关的投资才能达到社会价值和经济价值相乘的效果，这就是迈克尔·波特提倡的 CSV（创造共享价值）。

不是被动接受"责任"而是向"创造"这样的能动性活动迈开步伐。与此同时，要挑战超越社会价值和经济价值的二律背反的创新。从 CSR 到 CSV 这样的大转向能给企业的存在价值带来更强有力的进化。

不用说，社会必须面对的问题就是时代的变化。因此，社会提供的社会价值也应该随着时代的变化重新审视。而且社会提供的社会价值改变的话，企业的经济活动本身也必须进行大范围调整。

不过此时也不要忘了企业的志向。要在把握志向的基础上进行回转。这也是转轴的变动方式。

将转轴作为企业经营的关键词，提出这个观点的是畅销书《精益创业》的作者埃里克·莱斯（Eric Ries）提出的。根据莱斯的说法，转轴就是"为了验证假说而进行的活动。这个假说就是重新设定关于产品和商业的模式、成长引擎的最根本的假说"。并且他指出，硅谷很多的成功企业都是围绕着转轴进行创新的。

转轴的有效性在于它不限制商业模式。转轴对于重新提出现在、未来企业的存在意义也很有效果。

比如说谷歌（非排名对象，相当于第 2 位）自创业以来，提出的企业使命就是"整合世界上的信息，并且对所有人都有益"。但是，如果想应对社会大问题就必须跳出信息整合者这个角色。

最近，汽车驾驶等 Google X 和社会基础设施建设等 Google Y 活动也在加速进行。该公司接下来把"信息"这一虚拟商品作为转轴，向现实商品迈出更大一步，可以说这就是"绕轴旋转"活动。这样的工作还在进行中，该公司在 2015 年创立了"Alphabet"。Alphabet 是谷歌重组后的"伞形公司"（Umbrella Company）名字，Alphabet 采取控股公司结构，把旗下的搜索、YouTube、其他网络子公司与研发投资部门分离开来。从"Alphabet"本身也能重新认识谷歌的企业理念。

此外，转轴的有效性并不局限于处于时代领先的 IT 企业中。为了适应非连续性不确定的变化，所有企业都应该围绕转轴不断进化。下面我以通用（通用电气公司）为例进行说明。

绕轴进化——通用公司的"深化"和"伸化"

通用公司本次并没有进入全球 100 个公司的排名。通用——梦想启动未来，是一家多元化的科技、媒体和金融服务公司，致力于为客户解决世界上最棘手的问题。杰夫·伊梅尔特是现任董事长及首席执行官。21 世纪是杰夫·伊梅尔特着手进行彻底地经营改革的鼎盛时期。

接下来我们来分析在通用持续 15 年的进化轨迹——"伊梅尔特的挑战"。

◎不可停止的趋势

2001 年 9 月杰夫·伊梅尔特接替了"传说的经营者"杰克·韦尔奇的工作，结果，接任之初就受到了重创。震撼世界的"9·11"事件发生了。对于以飞机和保险行业为主的通用来说，这是史无前例的大震荡。

在混乱之中，伊梅尔特最先采取的行动就是重新审视公司的志向。于是伊梅尔特思考了当时不可停止的趋势和当时社会面临的最大的社会问题。

在此过程中，通用选出了 100 多个社会问题。然后重新考虑了这些是否会给通用带来巨大打击，最终确定了公司面临着两大洪流。那就是越来越深刻的环境问题和健康问题。然后，通用针对前者开展了"绿色创想"活动，针对后者开展了"健康计划"活动，从此全公司上下一气，开始行动。

通过解决社会问题来提高经济价值。对，这就是通用的 CSV 宣言（虽然伊梅尔特没有明确说是 CSV）。

伊梅尔特还同时接手了杰克·韦尔奇一直扩展的投资组合事业。他将这个组合事业拆分成了很多的单个事业，并且拧进了环境和健康这两股绳里。

然后，伊梅尔特以这两个转轴向外扩展事业，如果哪个事业能产生效益，就将这个事业作为销售对象。比如说广播电视行业的 NBC（美国全国广播公司）和娱乐行业的环球影城就是典型的例子。韦尔奇和伊梅尔特曾经对塑料行业非常有经验，考虑到该行业与环境发展不产生冲突，所以决定继续发展塑料产业。

伊梅尔特重新定义了通用，给公司的存在意义赋予了时代特质。推动通用走向了新的"深化"进程。

◎**从"价值观"到"信念"**

企业的使命、视野、价值这些都是强加给员工的，让全公司的人一起去实践是一项非常困难的任务。

伊梅尔特当初也提出过"通用的成长价值"这样的价值观。但是2014 年他改变了说法，变成了"通用的信念"。虽然这样的说法有种宗教的感觉，但实际上，这是一种洗脑意味的动力，是从一个人内部涌出的动力，而不仅仅是单纯从外界强加的了。

像通用这样的大公司，如果不保持自己的优势并明确方向，就很容易迷失。我认为从某种意义上说杰克·韦尔奇就让通用迷失了。"只做能成为第一或第二的事业"这种"胜者就是军官"的经营形式已经让公司看不清存在的意义（公司的原点）了。

伊梅尔特让公司的原点深深的扎根在每个人的心中，使通用的发展更加"深化"。

◎从非连续性成长到持续性进化

韦尔奇的看家本领就是通过企业买卖实现企业的非连续性成长。但是，这个技能不能成为企业持续成长的引擎。依靠其他公司的资产，就会像宝洁公司那样，过度依靠"联系与发展"的模式，虽然当时就能见效，但是不是长远之计。

所以伊梅尔特现在实践的是"绕轴旋转"。这样，通用在守住原点的同时，才能踏出一步，实现"伸化"。

其中的一个措施就是"工业和互联网"。

通用在产业领域灵活运用互联网，使先进的生产机器和预测分析软件的决策者们产生联系。有望提高医疗技术、推动铁路和飞机相关的运输进程的变革、使发电送电系统更加有效率。

如果说第一波的产业革命发生在 20 世纪前半段，第二波的互联网革命发生在 20 世纪后半段，那么 21 世纪的"工业和互联网"就应该放在第三波的位置上。通用引起的这场风波将再次给世界带来巨大的变革。

此外，最近通用内部采取了名为"快速工作"的活动。

正如字面意思，就是加速商品开发等工作的意思。

在短时间内开发出满足顾客最低需求的产品样品，然后根据顾客的反馈情况对产品进行改良，缩短产品开发时间。结果，原本需要 5 年才能开发出来的发动机，由于限定了用途，只用了 90 天就开发出来了。

伊梅尔特看清了社会不可停止的趋势，把通用的价值观"深化"成了信念，对原点的坚持也是毫不动摇。另一方面，因为通用开展的"工业和互联网""快速工作"等活动，"伸化"也在不断加速。在"深化"和"伸化"的双驱动下，通用也在不断进化着。

◎复位的勇气

2015 年 4 月，通用大约有 1 兆 6 000 亿日元的赤字。日立集团在最艰难时期的赤字也不过 1 兆日元。为了应对财政问题，该公司最终决定卖出通用资本持有的 3 兆日元金融资产。虽然表面是 3 兆亿日元，其实要比这多得多，资产遭受了巨大损失，亏空部分也被计入了赤字。

对于伊梅尔特来说，金融事业是让他头痛的根源。他在之后的两年里致力于剥离通用资本的大部分金融业务，以期更加专注于高端制造业。

还有雷曼危机的大风暴。金融事业的负债呈团块状发展，通用面临着破产的危机。

伊梅尔特向大富豪沃伦·巴菲特求救，巴菲特紧急出资才缓解了危机。

而且，通用回到成长轨道之后，伊梅尔特更是下定决心舍弃金融事业。

不愧是勇者之举。很多日本经营者面对这种状况可能就会继续负债，不会这么果断。除了立足公司的原点和绕轴旋转，勇气很重要。2014 年末，伊梅尔特对此前的变革做了报告，并宣称今后将继续变革。

虽然通用本次没有进入排名，但是在几年后本书的改订版中一定会出现通用的名字。

GLOBAL

GROWTH

GIANTS

G

G

G

第4章

精选！14家外企的竞赛

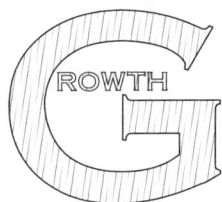

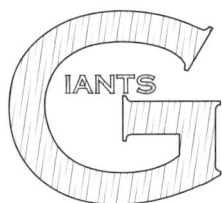

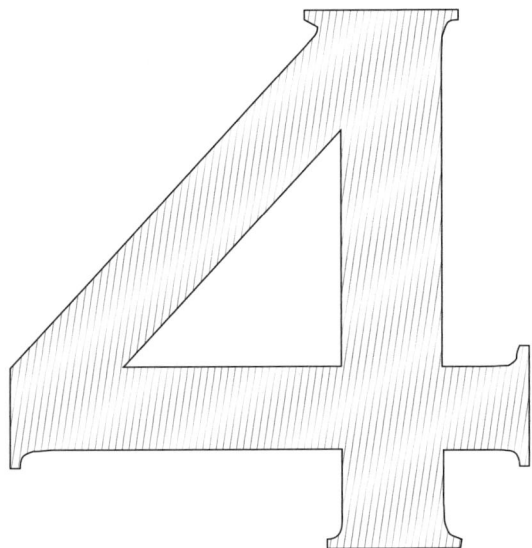

4

1

网络时代的旗手

苹果

谷歌

阿里巴巴

第4章和第5章的内容，将从本次的100所公司中选取部分笔者较熟悉并且比较有特征的公司进行介绍。

第4章中将介绍海外6个种类，共计14家G企业；在开头将介绍主题为"网络时代的旗手"的3家企业；在谈到21世纪的成长型企业时，大概每个人都会马上联想到IT新型企业。

本次排名位居第1的便是苹果公司。

虽然2000年以后的上市公司在本次排名之外，若仅从企业成长的角度出发评选出"栏外排名"的话，那么谷歌、Facebook、阿里巴巴等企业将名列前茅。

力压群雄的第一名成长型企业

排名第一位 ｜ 苹果

我们从位居榜首的苹果公司开始介绍。综合3个指数，苹果公司的总得分为89分，与第2名拉开了30分的巨大差距。

凭营业额及企业价值位居世界企业榜首

苹果在评分细则的"销售额成长率"及"企业价值成长率"两项中都位居首位，指数为100（第1名企业视为100，以此为基准来评估其他企业的指数）。

与"销售额成长率"及"企业价值成长率"指数相比，45分的"平均利润率"则显得并不是那么高。它也就相当于100所企业中，中间稍偏下位置企业的分数。总的来说，苹果公司的一大特点是，销售额不断上升的同时，企业价值也在不断提升。

第 3 章中我们也介绍了评选本次排名的 3 个指数，其中的 "利润"并不一定是最重要因素。有些企业，例如亚马逊，创造利润并上缴税费后，将资金在此用于投资以此来降低利润，然后再与下一阶段的成长率挂钩，这样下来的结果不一定是可取的，所以其指数比重不大。

综合各个方面，苹果公司的排名都以压倒性的优势名列榜首。

彻底贯彻 "价值精益" 管理战略

若用一句话来概括苹果公司战略特征，那么这正是我对全球化进程中的成长型企业特征的定义，即 Smart-Lean。Smart-Lean 是指以 Smart 和 Lean 主导的经营战略（见图 4-1）。Smart 即提升顾客的体验价值；Lean 即将体验所需的总成本降至最低。

然而，苹果在最初期并非如此。1997 年，史蒂夫·乔布斯回归苹果后的时期，我将其称为 "APPLE 3.0"，这之后的战略发生了历史性的巨

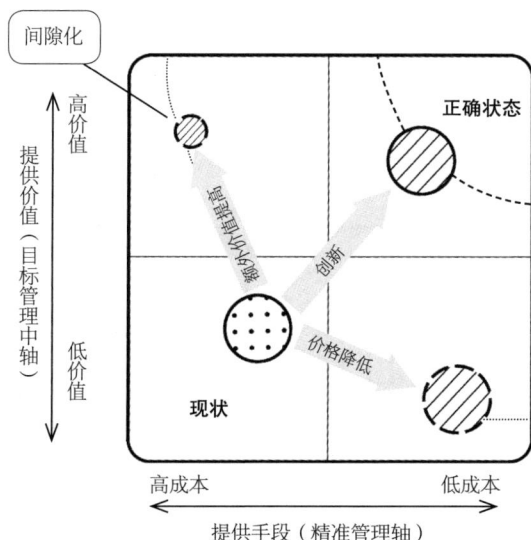

图 4-1 "价值精益" 战略引发的创新

大转变。从 iPod 到 iPhone 再到 i Pad，以及 Apple Watch 的这一整个系列刚好是"价值精益"战略下创新思维的完美体现。

iPod 的出现，开创了与以往 Walkman 为代表的便携式音乐播放器这种与以往完全不同的播放器新类别。Walkman 的价值在于"便携音乐"，相比之下，可存储 1 000 首曲目的 iPod 则实现了"便携曲库"的新型价值。

另外，iPod 的一大特征是，从再生音乐播放器转变成网络应用机型，转变之后，用户可以体验到既便宜又方便的网络收藏功能。可以说这正好实现了"价值精益"的创新革命（见图 4-2）。

事实上，索尼最先开发了便携式网络音乐播放器，东芝也先于苹果开发了大容量存储 Gigabeat 播放器。从技术上讲，索尼和东芝要比苹果更先进。然而奇怪的现象发生了，在推出全新理念的苹果公司面前，他们都是去了自己的竞争力。于是，苹果书写了 iPod 开创了新市场的历史。

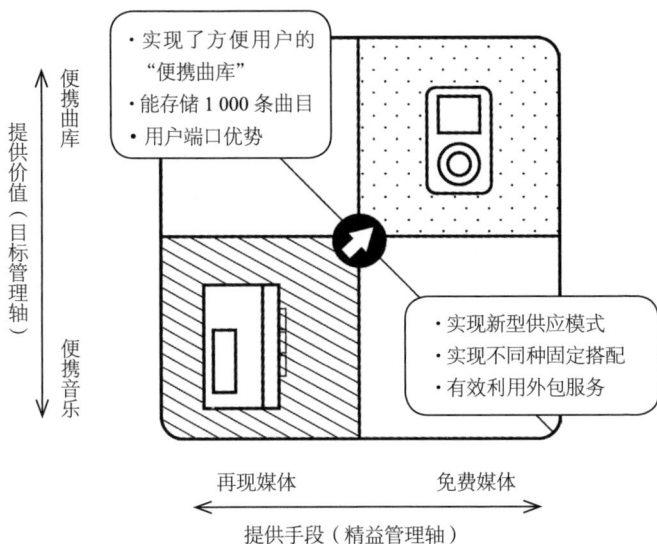

图 4-2　iPod："价值精益"战略引发的创新

　　再次审视 iPod，它没有应用任何新技术。当年特别流行的以 Napster 为代表的 MP3 终端也可以从网络上下载收听音乐。但是，由于从网络上下载的行为是违法的，用户则无法放心使用。

　　除了 iPod，同时苹果提供 iTunes Music Store，下载音乐不仅简单易操作而且是完全合法的。看似"二手技术"的机型，加上全新的理念和便利的设计，以及生产与服务一体化的商业模式却完美体现了 iPod 的特征。

　　继 iPod 之后，苹果相继将"价值精益"革新转移到移动手机以及平板电脑的研发。

从 APPLE 1.0 到 APPLE 3.0

　　纵观苹果从开创至今的历程，主要可以分为 3 个阶段。

　　最初的阶段是史蒂夫·乔布斯创业时期的苹果公司。笔者将其称为 APPLE 1.0（1976—1985 年）。

　　随后，是创始人史蒂夫·乔布斯被赶出苹果的时期（1985—1997 年），我称之为 APPLE 2.0。最后阶段是 APPLE 3.0，即乔布斯再次返回苹果直到之后的时期（1997 年起）。

　　重点在于"在 APPLE 3.0 阶段，史蒂夫·乔布斯究竟做了些什么？"。乔布斯被人们誉为"天才"，而笔者认为他回归苹果的最大功绩是唤醒了苹果的两个 DNA。

　　苹果的第一个 NDA "从站在用户的角度出发"是一个平常得不能再平常的理念，即"方便用户"。简单地说，通过考究用户的使用习惯，研发出方便用户使用的商品是苹果的一个 DNA。

　　乔布斯最大的功绩是将 APPLE 2.0 时期逐渐沉睡的 DNA 再次唤醒，将"方便用户，研发更便捷的产品"贯彻到极致。

　　下面，我用莫比乌斯运动模式来观摩 APPLE 3.0。此外，关于莫比乌斯运动请参考专栏中的解释。

"蝴蝶模式"与"莫比乌斯运动"

我提倡把"蝴蝶模式"和"莫比乌斯运动"作为持续开拓创新的主体运动。详情请参考拙作《学习至上的经营》中的分析。在此，主要做简单的概括性介绍。

请参考图 4-3 中的"蝴蝶模式"和"莫比乌斯运动"。图中，纵轴包括"顾客"与"企业"，交点"产品与服务"这三要素。与此相对应的横轴为"构想""构建""供应"这 3 个时间轴。

这个 3×3 的矩阵构成了 9 个区域，创新的原动力就隐藏于其中。4 个角落以及正中间的区域尤为重要。这些区域连在一起正好构成一幅蝴蝶展翅的形状，"蝴蝶模式"由此得名。接下来让我们考虑一下这 5 个区域的具体含义。

首先，请看右下角的区域⑤"事业现场"。这部分的对象是企业在向顾客提供商品时的所有运营操作。具体包括筹备、生产、销售、物流客户服务等项。丰田汽车的生产模式中常说的现场就属于此区域。并且这也是实现精益（Lean）的重要的场地之一。

右上角的区域①"顾客现场"是指顾客感受到价值，并将价值反馈给企业的双向过程。或者说，它是判断尚未成为顾客的"非顾客"不选择该企业原因的场地，也是了解企业有哪些还未实现的客户需求的重要场所。

看左上角度的区域③被称为"顾客洞察"，指顾客抽取其需求的本质价值的过程。Smart，即为抽取更高的顾客价值，更加深入地顾客洞察是必要的。但是，仅凭想法和天才般的智慧，成功的概率不会很高，即使侥幸成功也无法再现与复制。虽说如此，但是过分进行市场调查，"洞察"也不会相继而生。它是难度非常高的一个领域。

第 4 个为左下角的区域②"组织的 DNA"是指公司的固有价值观、思

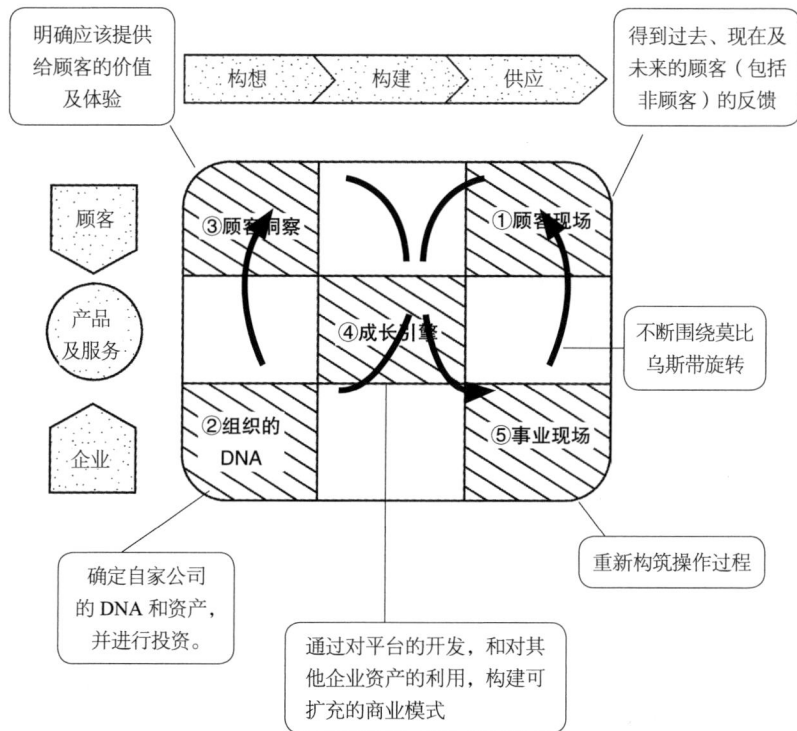

明确应该提供给顾客的价值及体验

构想 → 构建 → 供应

得到过去、现在及未来的顾客（包括非顾客）的反馈

顾客

产品及服务

企业

③顾客洞察

①顾客现场

④成长引擎

②组织的DNA

⑤事业现场

不断围绕莫比乌斯带旋转

确定自家公司的 DNA 和资产，并进行投资。

通过对平台的开发，和对其他企业资产的利用，构建可扩充的商业模式

重新构筑操作过程

图 4-3 "蝴蝶模式"上的"莫比乌斯运动"

考模式、行动规范等内容。

DNA 总体分为两大类别。第 1 类为"静态 DNA"，它深深烙印在企业的体质中，拥有不随时代改变而改变性质的普遍特征；第 2 类为"动态 DNA"，是它随着时代改变而其组织不断变化的行为规范。巧妙地把持好静态 DNA 与动态 DNA 二者间的平衡，可扩大企业优势，从而使企业进化升级。

最后来让我们来看正中间的区域④"成长引擎"。事业在成长扩大（规模）时，必然牵扯到一些准备策略。

此时，有两点需要特别注意。一是构建一种能够促进事业模式扩大再生产的企业特有的结构（平台）。二是充分利用"杠杆"来吸收其他公司的

资产。想要不花费多余费用就能获得更加多元化的收益，那么，这样的企业结构和杠杆是至关重要的。

为了持续不断地实施创新，必须要将蝴蝶模式的 5 个区域有机结合到一起。那么，要怎样灵活运用四角区域中的隐藏资产和正中间的④"成长引擎"呢？使事业规模不断扩大呢？为了达到这一目的，要从①"顾客现场"出发，对照②"组织的 DNA"来解读它的内容，然后与③"顾客洞察"联系到一起，再通过④"成长引擎"将事业规模扩大，之后再落实到⑤"事业现场"中去。接着又回归到①"顾客现场"，如此反反复复地循环下去。

笔者将这种 5 个区域持续不断地保持"联系"的循环运动称为莫比乌斯运动。只要莫比乌斯运动仍在继续，企业就一定能够不断创新。莫比乌斯运动模式其实是通过对苹果公司的运营模式进行研究而发现的。在之后的正文中将以苹果公司为例，将莫比乌斯运动与蝴蝶模式结合在一起来考察莫比乌斯运动的实质。

接下来，我们对照蝴蝶模式制造出的 iPod 图解来进行阐述（图 4-4）。想要做到方便用户，必须要了解①"顾客现场"。将视现投向"用户的使用状况怎样，有哪些不满意之处？"此时，我们很容易犯一个错误，那就是只注重资深用户，而苹果公司也将视线对准了没使用苹果产品的"非顾客"人群。

以 iPod 为例，Napster 的资深用户主要集中在工程师等宅男宅女中。然而，因为这样使用并不合法，所以他们只能偷偷摸摸使用。另一方面，即使有很多人想使用 Napster 从网络下载曲目，却苦于其复杂的操作，而没有办法使用。

在这种情况下，苹果想到了"要让每个人都能方便愉快地使用"。苹果以"方便用户，特别是方便非用户"为目标作为创新的出发点。如果苹果能捕捉到①顾客现场的深层实质，再发挥企业独有的②组织的

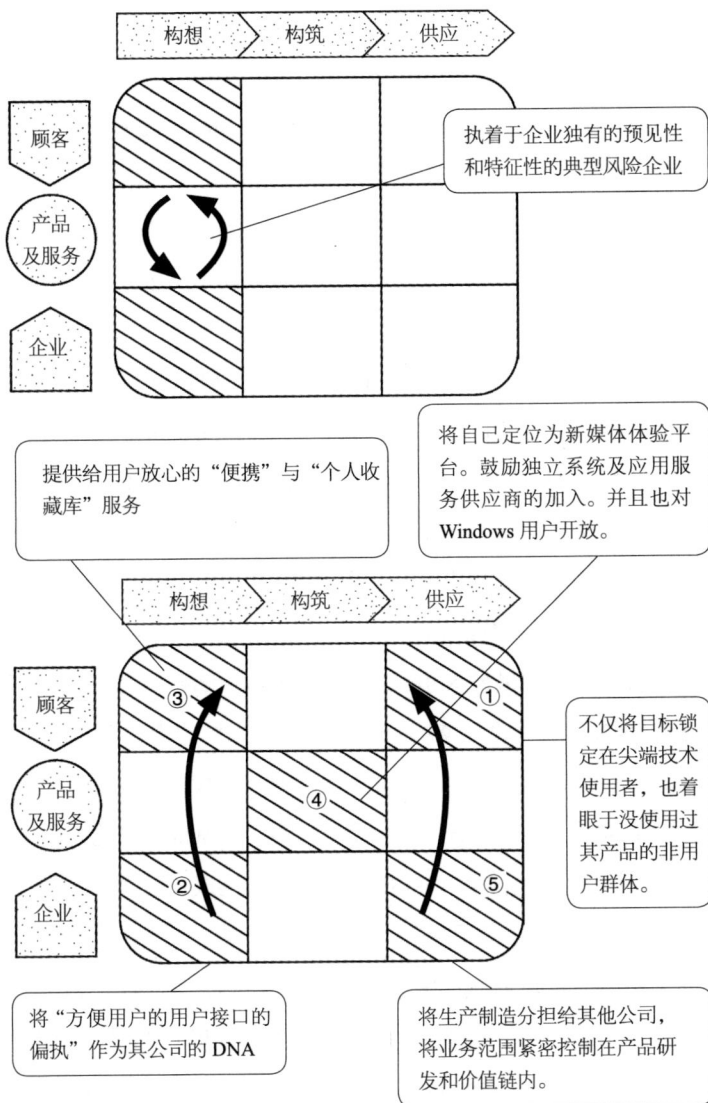

执着于企业独有的预见性和特征性的典型风险企业

提供给用户放心的"便携"与"个人收藏库"服务

将自己定位为新媒体体验平台。鼓励独立系统及应用服务供应商的加入。并且也对 Windows 用户开放。

不仅将目标锁定在尖端技术使用者，也着眼于没使用过其产品的非用户群体。

将"方便用户的用户接口的偏执"作为其公司的 DNA

将生产制造分担给其他公司，将业务范围紧密控制在产品研发和价值链内。

图 4-4 "蝴蝶模式"制造出的 iPod

DNA，解读出用户的潜在需求，那么就能够成功。苹果公司唤醒了"将方便用户（Ease of User）贯彻到底"的静态 DNA，又在接下来的阶段激发出它们特有的"执着"，最后便取得了成功。

上面的过程就是，苹果用其公司特有的 DNA（②组织的 DNA），来解读非顾客用户的需求（①顾客现场），因此，③"顾客洞察"能够自然而然地显现出来。用户真正追求的体验价值在于"把自己喜欢的曲目随身携带在身边（Personal Library to Go）"。而苹果用它自己的洞察方式，引发出 iPod 的构想。

此外，④"成长引擎"和⑤"事业现场"是 APPLE 3.0 的显著特征。

1.0 时代和 2.0 时代的苹果充其量是非主流（Counter Culture）的间隙企业的代表。当时发展标准化战略的微软公司统治着整个市场，而苹果最多仅占 10% 的份额。

苹果想在 3.0 时期通过 iPod 征服全球市场。

这样一来，微软的 Windows 用户也能够使用到 iTunes 的 Music Store。虽然仅凭借苹果用户量最大也只能得到 10% 的份额，而这样做将有可能提高到 100%，同时也让 Windows 用户成为苹果的忠实粉，让他们从 Windows 转向苹果。苹果凭借这样的构想实现了规模的扩大。这一点是它区别于 2.0 时期的"间隙公司"的最明显体现。用 Windows 的力量和"杠杆"征服整个市场。这就是 APPLE 3.0 新孕育出的成长引擎的本质。

最后来探讨⑤"事业现场"。

事实上，苹果并不擅长生产制造。苹果公司的产品设计由谷歌负责，但是有反馈表示产品很容易损坏。例如，APPLE 2.0 时代比较有代表性的 Newton，负责 Newton 的 PDA（Personal Date Assistant）是新型领域的代表，在这次业务中上演了华丽的首秀，但是由于用户体验不佳，产品质量劣质，苹果瞬间遭受了巨大的损失。

随后，在生产 iPod 时苹果放弃了自己生产。他们一直执着于产品的理念、设计以及在完成度上对细节的追求，而真正去生产制造的却不是苹果自己。

换而言之，苹果将生产制造委托给其他公司，集中统筹商品制造的整个流程，做出了苹果特有风格的产品。这是 APPLE 3.0 的最大特征之一。

APPLE 3.0 重新崛起的关键在于，它唤醒了自己特有的 DNA，将方便用户作为自己的理念，并将其规模扩大，最后再完善生产流程。

不忘初心，重拾丢失的"志向"

那么，乔布斯不在的 APPLE 2.0 到底犯了什么错误？

在沃尔特·艾萨克森的人物传记《史蒂夫·乔布斯》中，乔布斯这样评价苹果当时的首席执行官约翰·斯卡利：

"斯卡利和那些愚钝的人一样有着愚钝的价值，他就这样将苹果毁了……他们在意的是金钱……他们主要想为自己牟利，就让苹果为他们赚钱……这样是做不出好产品的。"

乔布斯认为斯卡利想要牟取利益，才使市场占有率滑落。

"麦金塔电脑败给微软的原因是因为，斯卡利不对产品进行改良，不改变入手困难的状况，而是用它一味地想赚取更多的利润。"

乔布斯自己雇用了斯卡利。斯卡利曾担任百事公司的总裁，乔布斯曾对他说"你是想卖一辈子糖水，还是跟着我们改变世界？"最后，斯卡利进入了苹果公司。

斯卡利被誉为市场营销天才。斯卡利认为苹果之所以不盈利，完全是因为乔布斯净做一些不靠谱的事，于是将乔布斯赶出了公司。然而在这之后的苹果没有再推出新品，"苹果特色范"逐渐淡化，股价暴跌。

最终，斯卡利被赶出苹果，乔布斯回归。前面引用的话是乔布斯在这个时候对斯卡利的评价。

乔布斯认为"他所犯的错误只有一个"。而他所说的错误就是优先利润，商品其次。斯卡利也承受着资本市场的压力，将销售利润放在第一位。苹果原本是非常执着于商品的，所以结果也是显而易见的。

"斯卡利忘记了对产品的执着，而执着于数字，最终却被数字赶走了。"

为了寻回原来的"目标"，乔布斯再次唤醒了 2.0 时期"做用户喜欢的产品"的 DNA。要让用户喜欢，就必须做出完美的产品，像 Newton 那样用用就坏掉的产品是绝对不可以的。此时就是 APPLE 3.0 的开端。由于有其他公司的加入，APPLE 3.0 的马力要高于 1.0。

苹果复活的重要原因是将"我们公司是做什么的"这样的"目标"（purpose）重新找了回来。

DNA 的双螺旋

我们一直在讲包括两种苹果 DNA。前面说的 DNA 只是其中的 1 种，第 2 种 DNA 是第 3 章中介绍的静态 DNA 和动态 DNA。

◎方便用户的静态 DNA

静态 DNA 刻在"缺失了这种 DNA，就失去了它的灵魂特色"的公司内。即它是超越了时代的永久性存在，是公司灵魂特色的根本。

对于苹果来说，"通过设计和用户端口研发出方便用户的产品"才是它的静态 DNA。

斯卡利时期丢失的静态 DNA 被 3.0 时代回归的乔布斯再次唤醒。这种对静态 DNA 的执着后来也一直持续着。这是一种"没有了这样的 DNA，苹果就不再是苹果"的执着。

◎以超越自我为目标的 DNA

第 2 种是动态 DNA，简单说就是"自我否定能力"。如果说静态 DNA 的本质是"永恒的执着"，动态 DNA 的本质则是"不断挑战新事物的能力"。

史蒂夫·乔布斯的话"非同凡想"正是我们说的动态 DNA。此外，"思考盒子外的东西"也是他的口头禅。不要将自己困在盒子内，要"走出盒子"。发现盒子就"破坏它"。这些话都传递了重要的信息。如果说"盒子即制约，制约只是人工造出来的，所以我们能够将它毁坏"，那么，"盒子的存在的意义就是被毁坏"。就像这样，苹果的动态DNA 是不局限于一个方面，遇到制约与壁垒就将它视作机遇，勇敢做出挑战。

动态 DNA 起到作用，就有了打破 MP3 播放器的构想。同样，看到移动电话又打破了移动电话，制造出了智能手机。"方便用户"的静态 DNA 和向"制约挑战"的动态 DNA 相互作用，成为 APPLE 3.0 复活的原动力。

这两种 DNA 所带来的力量不是苹果一家特有的。本书中介绍的全球成长企业的共同点正是同时具有静态和动态两种 DNA。

介绍第 3 章 LEAP 中的 P 时，出现了转轴经营这个说法。篮球中的转轴经营是一只脚为转轴保持不动，另一只脚不停地运动并寻找机会。保持不动的那只转轴足是静态 DNA；另一只不断运动的脚则为动态DNA。保持一只转轴不动，同时不断寻找新事物的经营才是苹果优势的源泉。

创新的本质

如乔布斯所说，只有打破了制约才能有创新。制约的最高潮是"此消彼长"。此消彼长的意思是"这边高了，那边又低了"的状态。

例如，哈佛商学院的迈克尔·波特教授在竞争战略论中抛出"选择价值还是选择成本"的问题。如果想两手抓就会掉入半途而废的陷阱。

从常识角度看，这样的此消彼长确实成了制约。价值提升的同时，成本也会提高：价值降低时，成本也会降低。这是一个常识，但事实并非如此。如果克服了"价值提升，成本降低"这一不正常的现象，制约便会解除，就会产生创新。

例如品质和成本，一般按照此消彼长的原理，提升品质就要提高成本。但是，丰田公司出现了"品质提高而成本却降低了"的现象。从中我们可以了解到事先将所有制造时的事故、故障以及用户使用时可能遇到的麻烦考虑好，能够降低总成本。可以说高品质能降低成本的是日本人一大重要发现。

日本企业在强盛的时代，品质和成本二者都是目标。然而，在迈克尔·波特教授的"Smart or Lean"的二选一面前，日本人相信了迈克尔·波特教授的多数企业走向了品质高成本也高的溢价战略，而失去了以往的优势。

如果凭借"此消彼长"的道理能找到两全的解决方案，那么创新就会应运而生，而不是二选其一。也就是说，遇到二律背反时才能够发现机遇。日本迅销公司的柳井正先生经常说"二律背反时的进退两难才是创新的宝库"。

挑战 Apple 4.0

乔布斯去世后，库克接管了现在的苹果公司，也就是所谓的苹果4.0。正当人们在想换了新体制后，苹果的股价会不会下跌时，其企业价值反而达到了过去的最高水平。

Apple Watch 发售之后，曾有新闻报道"接下来苹果可能会进军汽车产业"等等，向人们展示了许多新动向。

有句话叫"苹果的魔法"，意思是只要苹果一旦触及某样东西，它就会完全变成新的东西。这句话可以说如实地反映了市场期待苹果4.0也能够继承苹果的 DNA。

乔布斯的厉害之处并不在于他的点子。比如 iPod 的创造源泉其实是苹果的工程师们想要让普通人也能够更方便地使用自己用的 MP3 而想到的。唤醒将这种想法化为实物所需要的两种 DNA 才是乔布斯的厉害之处。

乔布斯本人对任何事情都表现出一种偏执的执着，而且他非常讨厌微软，所以在他的战略中没有要与其联手的概念。但是他所带领的 APPLE 3.0 也转换成了更加开放的战略。乔布斯展示了一种自己否定自己原本资质的资质。

接替乔布斯的库克很好地传承着乔布斯的 DNA。

在库克时代也可以看到苹果仍然是执着于设计，经常准备挑战新事物。而且库克比乔布斯更擅长与人联手。比如，库克上任后，苹果与 IBM 联合向企业提出了 iPad，这在乔布斯时代是从来都没有的。

苹果会成为一个平台，库克正在创造让苹果渗透到不同领域的机会。而且今后苹果很可能会和特拉斯这样与自己完全不属于相同领域的企业合作。

过去，苹果不擅长于与企业合作是因为它像微软一样，所有东西都由自己包揽。但是，库克体制开启后，它会像接下来要介绍的谷歌一样，开始与别人联合。

库克应该能够化解"坚持自我"和"广泛与人合作"这两个相悖的方面。而这也正是可以挖掘向苹果 4.0 进化的途径。

互联网时代的骄子

非排位对象　相当于第二位｜谷歌

第二个要介绍的"网络时代的旗手"是从排名对象外挤到相当于第 2 位的公司。由于苹果和谷歌在很多意义上都可以相互对照，而且它们还有一些关键的地方很相似，所以下面要继续介绍它们。

纯网络时代的兴起

苹果是以制造起家的，而谷歌则以网络发家，是互联网时代最初的天之骄子。它成了"纯网络时代"的象征，得以在短时间内快速成长。

事实上，Facebook 也一样，在排位对象外，它几乎处于第一名的位置。而这 3 家公司的共同特征就是"它们都不是创造了新东西的公司"。

搜索引擎并不是由谷歌发明的。在它之前，就有几家做搜索引擎的公司了，但是最后这些公司都渐渐倒闭。而谷歌这个二把手以下的小跟班却顽强地生存了下来。

谷歌能够存活下来自然有很多理由，但是其中最重要一点就是紧紧地把握着"集团公司的目标"这一根基。

其他搜索引擎的产生方式都是源于技术宅们认为"在技术上它是可行的"。虽然谷歌在技术上不是第一，但是它的目标非常明确。

谷歌把"让每一个人都能够接触并利用世界上所有的信息"作为自己的使命，并且这 15 年以来都在坚持履行这项职责。

虽然这个任务看起来很简单，也很容易理解；但是仔细一看，你会发现其中完全没有包含"搜索"这个字眼。换句话说，对谷歌来说，搜索不过是传递全世界的信息的手段而已。

谷歌的董事长埃里克·施密特说在之前世界上所有的信息中，被数据化的只有 5%，有 95% 的信息都处于别人无法利用的状态。确实，一般的对话都不会留下记录，而电视、手写的文章以及纸质书籍等也都是模拟信息，大家无法通过网络检索来使用它们。

而谷歌正在试图将这剩下的 95% 的信息数字化，比如将纸质媒体全部数字化等，使得出版社不得不开始变革自身。

施密特的 "300 年构想"

埃里克·施密特说要想真正完成谷歌的这项使命需要 300 年的时间。换句话说，单单要完成这项任务，就还有 300 年的工作在等着去做。因此，提出如此伟大的使命就是他们成功的理由。

顺便说一下，现在它的董事长兼首席执行官埃里克·施密特也并不是谷歌的创始人。谷歌是由斯坦福大学的两名学生——拉里·佩奇和谢尔盖·佩林创立的，他们从公司外部邀请了可以说是和他们父亲同辈的埃里克·施密特来负责专业经营。

埃里克·施密特曾经在现在已经被甲骨文收购的 IT 企业 Sun Microsystems 工作，后来还当过软件公司网威的主席兼首席执行官，是个响当当的大人物。

由于埃里克在网威公司时曾经做过试图 "让网威逃出微软魔爪" 的项目，所以他非常清楚虽然网威开发的通信 OS-NetWare 曾一度成为互联网时代的宠儿，但是一定会被在一旁虎视眈眈的微软打败。果然，现在网威已经并入别的软件公司旗下，已经没有了往日的辉煌。

埃里克·施密特通过在太阳微系统公司和网威的经历，已经掌握了对抗微软的办法。谷歌的创始人请他来，就是把谷歌的发展重担交给了他。

拒绝邪恶！

埃里克·施密特和两位创始人一起为谷歌制定了 "十项核心价值"。这十项核心价值的第六项—— "赚钱不必邪恶" 体现了谷歌最突出的特点。

按照埃里克·施密特所说的 "微软就是网络世界中的邪恶企业"，随着谷歌的日益壮大，它也有可能会不自觉地变邪恶。所以说，这第六条其实是谷歌为警示自己一直要为社会服务而确立的。

"赚钱不必邪恶"这句话几乎被他们当成了标杆，成了主导谷歌员工决策的基准。

比如曾经成为大家口中话题的谷歌玻璃，2014 年谷歌突然放弃了通过 B2C 将其商用化的行动，那是因为这一行为被指会侵犯隐私。

如上所述，谷歌的一大特征就是它一直在思考什么是自己应该做的，而什么又是自己绝对不能做的。

80:20 法则

除此之外，谷歌还有另一个特征，那就是"80:20 法则"。它指的是"80% 时间用于核心商业，而另外 20% 要用于全新的商业领域"。他们有义务在一周的一天中做自己核心商业之外的工作。

乍看"80:20 法则"，说什么"全新的商业"似乎是在耍酷，但它还写着一句"月球火箭"。这就是谷歌员工常说的"做一些像登陆月球一样伟大的事情"。

同样的道理，他们常说的还有"1 000 朵花"。谷歌是通过广告提高销售额的公司，而这句话的意思是说谷歌不是要做单纯的广告代理公司，而是要让许多完全不同的事业都得以像 1 000 朵花那样美丽绽放。

虽说是花，但仅仅是小花还是不行的，必须是像登陆月球那样壮观的花儿。虽说能够像登月那样的可能只有两三朵，但是并不是说只有这样就足够了。占用 20% 时间的"全新事业"是一个倾注了相当大野心的高目标。

事实上，3M 在不断创新的时候也已经实践了"100 ： 15 法则"。85% 是表面的商业，15% 用来自发从事"新产品的研发"这一未被列入预算的、正常轨道外的工作。这就是曾经 3M 的法则。

谷歌的特征就是将 15% 增加到了 20%。通过这个法则，谷歌旨在创新的经营理念已经深入落实到了它的每一个员工的行动中。

表 4-1　谷歌经营模式

	传统模式	谷歌模式
①学习环境	陆军士官学校型	蒙台梭利型
②生态系统	勤奋集合体	硅谷
③单位	军队	团队
④拓扑学	等级制度型	平等且相互之间关联
⑤关系性质	上级与下属	码头与码头的关系
⑥用人方式	命令	提问
⑦风险概率	80% 以上的成功	80% 以上的失败
⑧战略制定与实施	先计划后实践	实验，然后从中学习
⑨组织机构	建筑构造型	会有阶段性变化的进化型
⑩战斗方式	美式足球	篮球

21 世纪企业的经营模式

下面引用施密特所说的话来介绍谷歌的经营模式。

据施密特所说，20 世纪的"传统模式"和 21 世纪的"谷歌员工模式"有很大不同（见表 4-1）。

首先是作为"学习场所"的比较。传统模式就像是陆军士官学校一样要求整齐划一的军队组织方式，而谷歌则是蒙特梭利型。

所谓蒙特梭利型学校就是没有课程，每个学生都可以自由自在地成长的学校。学校虽然有老师，但是在这种教育下，学生会自己去寻找自己想做的事情。

毕业于这样的学校的毕业生，创造性会很高。

他们不遵从外部施加的规律，而是擅长把自身的兴趣作为动力。实际上，谷歌的两个创始人都是蒙特梭利学校出身。

第2个是组织的"生态系统"。勤奋集合体就是类似联合企业或者丰田那样井然有序的组织。它们是牢牢把握价值链和金字塔规律的近代工业社会组织。

对于这些有规律的组织，硅谷有个性的企业群之间有着广泛的关联性，这些组织能应对环境变化，它们反复离散集合的有机网络非常广。如果说前者是机械性的生态系统，那后者就是更具生命感的生态系统。

第3个是"组织单位"。20世纪的组织是军队一样的组织；21世纪的组织是更加自律的团队。

谷歌的团队成员一般是3～4个人，5人以上的都会被分成团队。组织一旦增大，仅仅是维持内部统治就要耗费很多能量，而且同外界接触的表面积也会缩小。如果组织很小的话，组织中就会存在很多缺陷，不得不向外扩展。这样向外扩展就会达到能量最大化，所以才要减少团队人数。

第4个是组织的"拓扑学"（组织内部力量的相互关系）。20世纪的组织是从上到下的构造，等级制的组织。21世纪的组织是平的，而且是相互之间有联系的、非上下级关系的构造。

第5个是"组织内的关系性"。谷歌模式不是上下级的关系，而是对等的关系。也就是，21世纪创造的关系是"在同一个地方工作的同志关系"。

第6个是"用人方式"。谷歌模式不是20世纪的"命令"方式，而是通过偶尔"提问"让对方自己反省的方式。

第7个与"风险概率"有关。如果说20世纪的组织是"成功率超过80%"，那么21世纪的组织就是"失败率超过80%"。但是不失败，便意味着没有去挑战。通过创造一个给失败颁奖的环境，就能培养挑战精神。

第 8 个是"战略的制定与实施"之间的比较。20 世纪的优质企业都是先制定计划再实施。PDCA（Plan, Do, Check, Action; 计划、实施、检查、行动）就是个很典型的例子。但是不管怎么做计划，一旦环境发生变化就是白费力气。21 世纪的思维方式是从实践中学习。也就是，先进行实验性的实践，然后观察结果，在这基础上学习接下来该怎么做。

日本经常提到"尝试＋错误"。但是锲而不舍地尝试，然后犯错是不会进步的。"失败之后，能从中学到什么"——先实践再学习才是关键。

第 9 个是与"组织构造"相关的内容。建筑构造（构造型）和阶段性变化构造（进化型）的对比如果换成空间轴和时间轴的对比就会很好理解了。20 世纪的构造是设立个目标，然后完成目标的这种固定的构造。21 世纪的构造需要常常变化，不断进化。所以不是空间上的完成，而是沿着时间轴的，当前的崩塌了，就向新的部分转移。这种想法很重要。

最后是"战斗方式"的比较。如果将之比喻成运动的话，那么 20 世纪的经营模式就是美式足球，每个人的分工和位置都很明确。而 21 世纪的则是篮球，不是由少数人控制全场，而是比赛的每个人都要思考进攻和防守等作战方式。

日本企业的目标模式

谷歌的模式很大程度上是凌驾于 20 世纪的组织模式之上的。空间轴上形成了"块茎"结构，而不是"树形"结构；时间轴上形成了非线性的自组织化宇宙，而不是线形的世界。我的这个比喻稍微用了一些哲学和生物学的知识，感兴趣的可以参考"专栏"里的内容。

其实，谷歌的这种经营模式非常适合日本企业。日本企业的现场能力要远远强于其经营能力。

比如说，丰田等公司实践的"三现主义"（现场、现物、现实）是日式经营优势的源泉。京瓷 Kyocera 的稻盛和夫董事长提倡"变形虫经营"，把组织分成变形虫那样的小团体，促使其形成组织化。正如人们所熟知的那样，这样的变形虫经营方式成为日本航空起死回生的原动力。本书中排名第20位的迅销公司也是标榜着"全员经营"，让现场的每个员工都成为主角，自主参与经营活动。

与其说欧美的企业是传统型模式，倒不如说日本的优秀企业和中小企业是21世纪谷歌型组织。

日本"失去的20年"这一失败的原因就是日本企业以欧美式的传统组织为目标。任职于一桥大学研究生院的我的同学——楠木建先生常常感叹"日本最缺乏经营者"。如果这么说的话，依赖经营者的组织形式就不可能成功。

日本企业的目标模式应该以"现场能力"为基轴，并且追求事业模式的构建力和市场开拓力的精益求精。这里我提倡"X模式"。请参考我的拙作《100家公司的成功秘诀——"X"经营的时代》。

而且，可以说谷歌就是我提倡的"X"经营的榜样。日本企业应该受谷歌的启发，再次回顾原点，积极摸索21世纪组织的存在方式。

SPECIAL COLUMN ———————— 专栏

块茎型组织与自组织化的宇宙

在思考谷歌的目标——21世纪组织的同时，我参考了哲学、生物学、化学等领域在20世纪后半期诞生的新思想。

在哲学的世界中，法国后结构主义的代表人物吉尔·德勒兹和伽塔利提倡"块茎"型组织。

他们将"永远的同一性"的有机组织称为树，将具有"异质性"的组织称为块茎。而且，块茎能够在某一个平面空间无限延伸，它的任何一点都能与其他任何一点连接。他们还呼吁恢复块茎论的权利。

相对于"树状"的阶层秩序，"块茎"是由不确定状态的事物相互横向切断产生的。块茎正是谷歌所追求的 21 世纪组织在空间轴上的存在方式。

另一方面，在生物学的世界中，桑塔菲研究所的司徒·考夫曼认为生物的系统和有机体的复杂性来源于超越达尔文自然选择说的"自组织化"（制作有自律性秩序结构的现象）。

此外，1977 年的诺贝尔化学奖获得者伊利亚·普里高津提出了"耗散结构"理论，即开放式的组织在能量耗散的波动中会产生自组织化现象。

经济学领域出现比较晚的"进化经济学"主张进行范式转移，使原来的物理学经济模式转换为生物学经济模式。进化经济学继承了被称为"创新经济学之父"的约瑟夫·熊彼特的思想系统，并且立足于考夫曼的"自组织化"理论和理查德·道金斯的"自私的基因"等理论。

可以说"通过自组织化"进化（考夫曼）正是谷歌所追求的 21 世纪组织在时间轴上的存在方式。

使 21 世纪组织变成现实

谷歌有很多使 21 世纪型组织成为可能的机构。我接下来介绍两种典型机构。

◎ Googleplex

Googleplex 是 Google 公司总部的名字，位于美国加利福尼亚州圣克拉拉县的山景城。我在 2014 年去过那里，这是一个有趣的空间。员工骑着谷歌商标颜色的四色自行车往来于各处。那里就像学校一样充满了乐趣。自然科学领域最近出现的"偶察力"（Serendipity），也就是意外发现珍奇事物的本领。偶察力作为创新的源泉，备受瞩目。

谷歌的总部就是上演着遇见"幸福的偶然"大戏的 21 世纪的新空间。

◎ Googlet

这是像白板一样的帆布。挂在一面墙上，上面写着很多活动和文章。"感兴趣的人请来这里"的标题下面写着邮件地址，这是在招募参加这个活动的人。

Googlet 最开始介绍了很多关于"1 000 朵花"的活动。首先想出一个活动，然后在 Googlet 上招募伙伴，Googlet 的做法就是通过一个发起小的活动，进行广泛的传播。

还有一些机构，它们认真对待每一个来之不易的创意。

关于谷歌的组织特点的一句话给我留下了深刻的印象。这是埃里克·施密特离开网威 公司来到谷歌公司就职的时候说的。

他说他加入谷歌之后最困惑的地方就是谷歌的员工都是自由人，不能用命令的方式对待员工。

让这一主张在谷歌得到重视是非常重要的。因此，在思考"为什么这个观点很重要""我们本身是以什么为目标的公司"等问题的同时，了解员工的诉求，促使大家共同思考——这就是处于困扰中的施密特得出的结论。谷歌的这种自由开放的风气不仅使它成了大企业，而且产生了 21 世纪的管理模式。

平台型企业模式

谷歌战略上的特征是平台型企业模式。

平台战略论是哈佛商学院的安德烈副教授提出的商业模式。简单说平台型模式就是构建多主体共享的商业生态系统，并且产生网络效应以实现多主体共赢的一种战略。

微软、谷歌、亚马逊、脸书等互联网行业的赢家们，无一例外都采用了这种模式。日本也如此，第 5 章中介绍的日本招聘公司也使用了平台模式。

参与谷歌的检索平台的是用户和广告商。广告虽然是强加于人的，但是与检索内容有关的广告对用户来说也是重要的信息。广告商也是希望向有相关兴趣的用户打广告。可以说谷歌的模式是"不应该向不感兴趣的人打广告"。

不受股东控制的经营

谷歌的经营特征之一是股份制经营。谷歌采取分类股份的方式将持股比率与决议权的比率分开。

我详细解释下具体是怎么回事。

谷歌的前 3 位持股人合计持有谷歌 25.6% 的股份。具体是埃里克·施密特为 4.2%、拉里·佩奇为 10.8%、谢尔盖·布林为 10.6%。他们 3 个人所持有的股票比一般投资人的股票拥有更高的决议权。埃里克·施密特、拉里·佩奇、谢尔盖·布林，合计拥有 68.8% 的决议权。这样就可以不受其他股东的控制，从而可以根据这 3 个人的想法对谷歌进行管理。

这样的方式会让人诟病，"这不是对一般股东的蔑视吗？"但是如果觉得损失了，那就不要买。只有 3 个人同时同意才能购买谷歌股票这种形式的经营是非常有优势的。

这是非常优秀的经营形式，但是如果引入到东京证券交易所的话，还是要极其慎重的。2014 年瑞可利公司上市的时候，就想采取这种形式，但是很遗憾没有成功。

此外，丰田在 2015 年首次发行"AA 型股份"这件事成了热门话题，相信很多人都还记忆犹新。其特点是在保证本金这种债券特性的同时持有决议权。因为保证本金，股利收益率比银行存款高，另一方面有转让限制的目的是让个人投资家能长期持有。

而且，所得资金用在了燃料电池车开发、基础设施研究及信息化、高度智能化移动技术开发等新时代的创新项目。

最初，日本政府引进的近代企业管理模式深受美国式旧模式的毒害。

奥林巴斯事件和东芝事件都为日本企业的管理方式拉响了警钟。

另一方面，从长远发展考虑，以正确经营为目的、促使他人向企业投资的丰田式经营和由经营者全权决策的谷歌式经营都有道理。

Google X 的冲击

Google X 对于谷歌传统的检索服务来说，完全是下个时代的技术开发项目。

Google X 最有名的就是谷歌眼镜吧！

也有一些奇思妙想的项目，比如 Project Loon。Project Loon 是 Google X 实验室的计划之一，让热气球漂浮在没有网络的地方，通过多个热气球为指定地区的人提供快速及稳定的 Wi-Fi 网络。

"能测血糖值的隐形眼镜"项目让糖尿病患者充满了期待。糖尿病必须通过采血测血糖值，如果使用这种隐形眼镜，不需要采血，而且可以随时测血糖值。

谷歌汽车也很出名。谷歌汽车是指无人驾驶，即全自动汽车。日本的汽车制造商还在全力以赴开发以驾驶员为前提的驾驶系统，而谷歌就已经将目光转向无人驾驶方向了，这是非常具有革新性的创举。

Google X 被定义为 3 个重叠的圆（图 4-5）。

第 1 个是"Huge Problem"，也就是"大问题是世界上的本质问题"。

第 2 个是"Radical Solution"，不是常规的解决方案，而是"根本的、彻底的新解决方案"。

第 3 个是谷歌的特征，"Break Through Technology"，也就是"用具有创新性的技术解决问题"。

这样定义之后，进入"X"内的补充问题就不多了。大问题是像山一样存在的，没有解决方案的情况很多，所以如果把这个都放到补充问题，也就是"X"里，会非常麻烦。

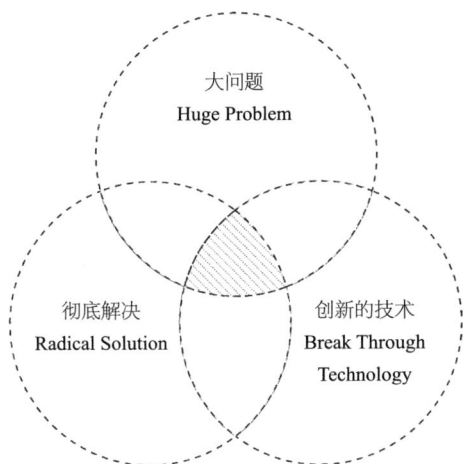

图 4–5　Google X

来源：we.solveforx.com

而且即便是有解决方案的，能解决的也是一些细枝末节的问题。另外，因为挑战技术性难度大的问题是必不可少的，这样"X"的范围狭窄也是必然的。

◎**认真对待本质问题**

我之前和谷歌总部谷歌汽车开发成员之一交谈过，我问她为什么要研发汽车，她告诉我她的男朋友是因为交通事故去世的。

她还说："人可以犯错，但是驾驶汽车这件事是坚决不能犯错的，所以我要全力以赴研发无人驾驶汽车。"

Google X 的管理者是创业者之一谢尔盖·布林。他常常说："Google X 的团队可以不考虑收益"。

既然是商业，就不可能持续对没有利益的项目进行投资。但是可以斩钉截铁地说："一旦赚钱，就不会考虑缩小规模。"谢尔盖·布林相信，如果通过新的形式解决了世界上的本质问题，这不只是钱的问题。

Google X 是"80:20"原则的产物。当然，就算是 20% 的创新物，其中也包含着 80% 的核心品。

Google Y 开拓的未来都市

2014 年，谷歌开始投入 Google Y 这一新事业中。Google X 是由谢尔盖·布林发起的，Google Y 是由拉里·佩奇发起的。

◎从虚拟到现实

在 Google Y 之前，拉里·佩奇发起过关于"一起考虑谷歌 2.0"的活动。Google 1.0 基本是广告事业。谷歌的使命是让每个人都能利用世界上的信息并获得帮助。

但是谷歌的目的是从虚拟世界到现实世界的大跨越。对 Google X 的投入就表明了这一点。而且 Google Y 致力于重新构建城市的基础设施。

突破现在的虚拟世界，希望影响现实世界——这样的想法推动着 Google 1.0 向 Google 2.0 进化。

考虑到都市问题，拉里·佩奇首先向城市引擎公司出资了。城市引擎公司是为巴西和新加坡等国家研发城市交通系统的公司。他们开发的系统的特征是在交通混乱的时候，向驾驶员提供路线。

一般来说，我们会认为是向交通不太紧张的地方导航，但是如果这样做，那里也会立即交通混乱。这种系统对减少交通量非常有效。

丰田等日本企业在印度尼西亚和泰国提出了解决交通堵塞问题的方案，但是通过导航路线改变人的行动这样的想法还没出现。

Google Y 的特征就是通过信息引导现实世界。这是相比于管理更注重人的心理的经营模式。

◎滑向冰球要去的方向

主管 Google Y 的拉里·佩奇在谷歌的 3 个主要管理者中担负着关于未来的发言人的重担。

对于"为什么创新一般都不会成功"这一提问，佩奇回答说："那是因为发现了方向，但是没有向那个方向努力"。

这个发言很意外地与史蒂夫·乔布斯的话有重叠之处。史蒂夫·乔布斯最喜欢的一句话就是"滑向冰球要去的方向（Skate Where the Puck Will Be）"。韦恩·格雷茨基是一名"伟大的冰球手"，被誉为冰球世界上唯一的一个"大帝"。格雷茨基拥有非凡的预判力，他能预知场上的形势，并准确地判断场上其余 11 名球员在未来几秒钟内的位置。

史蒂夫·乔布斯引用他的话说："先预判出世界关注的是什么吧！"

佩奇说的也是这个道理。首先要能预测出未来的方向，然后全力以赴解决其中的本质问题。

他还说，不仅要解决问题，还要创造没有问题的未来。城市引擎公司的目标就是通过改变人的行动来防止交通堵塞的发生。如果能促使人改变自己的行动，就能创造未来——这就是将未来现实化的谷歌式想法。

面向 Google 3.0 的创造性破坏

2015 年 8 月，谷歌进行了大规模的组织重组，其设立了持股公司 Alphabet，它是一家"伞形公司"，与 Google X 等并列。

拉里·佩奇对 Alphabet 公司做出了说明。该公司将"Alpha"（超出对投资的期待的回归）和"bet"（意味着冒险）结合起来。而且该公司还按照字母表的顺序将亚马逊和苹果公司排在了前面，这无疑是一种隐性的智慧。

当然比文字游戏更重要的是宣称超越网络世界这一点，要知道网络一直引导着谷歌的事业。Google X 和 Google Y 有望对现实世界带来巨大影响。

今后，Alphabet 公司将刷新谷歌的企业理念，也就是让每个人都能利用世界上的信息并获得帮助。

哈佛商学院的克莱顿·克里斯滕森教授证实了成为创新时代王者的那些企业会在瞬间被下个时代的挑战者打倒。

就连享有盛誉的微软集团也不例外。谷歌的 3 个主要管理者从不惧怕打破自己，并且敢于大胆地迈出步伐，他们确信只有这样才能创新。

Google 3.0 时代的进化大戏已经拉开了帷幕。

非排名对象　相当于第二位 | 阿里巴巴

阿里巴巴和苹果公司、谷歌公司一样，都是 IT 冠军企业。虽然是非排名对象，但是阿里巴巴可以看作是中国唯一一家能进入排名的企业。阿里巴巴于 2014 年 9 月在纽约证券交易所上市。同年 8 月，也就是在上市前，我参观了阿里巴巴。

中国的领跑者

我认为阿里巴巴是中国最有创造性的企业。在 2013 年中国年度创新企业的排名中，阿里巴巴位列第一；第二位是通信设备公司华为，第三位是腾讯。

阿里巴巴集团的生态系统不断扩展。自 1999 年创业以来，阿里巴巴最大的事业就是电子商务。中国是一个中小企业非常多的国家，由于没有促进中小企业流通的公司，阿里巴巴就担任了各个中小企业的中介。因此，它最初是从 B2B（Business to Business）企业成长起来的。

阿里巴巴还进一步开展了淘宝和天猫这样的电子商务。

淘宝是 C2C（Customer to Customer）模式的，也就是个人之间的交易。Ebay 也是这样的模式，即进行物品交换的网站。虽然这种购物很划算，但是拿到货之后发现和网上说的不符的情况也很多。

天猫采用的是更高级的 B2C 模式。自己不采购商品，只出租场所，这种模式相当于亚马逊，更接近于乐天。随着中国 GDP 的上升，天猫也越来越活跃。

震惊！日交易额超过 1 兆亿日元！

中国的电子商务交易量已经超过了美国。

图 4-6 是"光棍节"（11 月 11 日）一天的销售额，也就是一天的电子商务交易额。图中分别展现了中国 11 月 11 日和美国 11 月最后一个星期一（感恩节假期之后的第 1 个星期一，被称为"网络星期一"）的销售额，这两天都是一年中电子商务交易是增加的日子。

11 月 11 日因为有 4 个 1，所以阿里巴巴将这一天命名为"光棍节"。"单身的人既然孤单，那就一起到网上热闹热闹吧"——光棍节就是这样一个蕴含着想法的纪念日。

2015 年，阿里巴巴在这一天的销售额达到了 1.7 兆亿日元。

这相当于日本最大的百货公司三越伊势丹一年的营业额。

（10 亿美元）

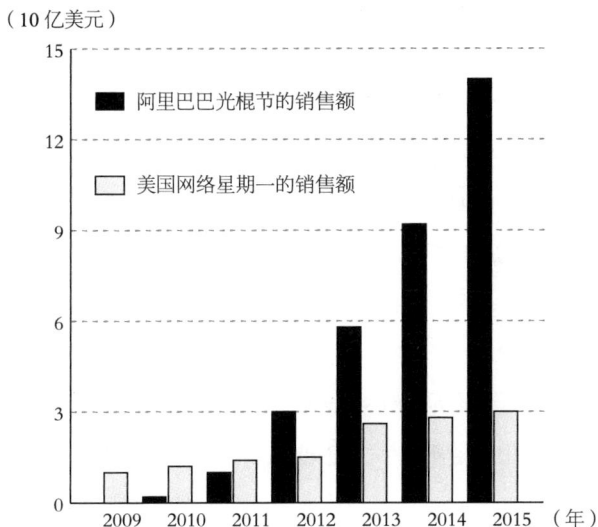

图 4-6　"光棍节"（11 月 11 日）一天的销售额

来源：阿里巴巴、Bomoda、奥多比公司

其中销售排名第一的是小米，排名第二的是华为，排名第三名是苏宁，第四名是优衣库。优衣库在这一天通过阿里巴巴就创下了 120 亿日元的销售额。

虽然从光棍节到圣诞节之前快递业会很繁忙，但是阿里巴巴的业务还是出乎意料地保持着强大的活力。

与亚马逊的本质差异

经营着这家出人意料地公司的是马云。马云原本是高中英语老师，出身于中国杭州市，也是阿里巴巴总部所在地。在当地他曾经还兼职给外国人做口译。

马云最大的转机是与雅虎创业者杨致远的相遇。

马云在美籍华人杨致远的访问中时担任了英语口译工作，以此为契机，便激起了他对互联网的兴趣，在那之后他一个人去了美国。

在美国，马云最关注的是电子商务。当时，正赶上亚马逊现有的物流网效率低，马云抓住这次机会，作为一个进攻者登场了。另一方面，当时中国的物流网并不完善，越是农村越买不到东西。

因此，就像美国最初修高速路那样，马云认为中国必须要建设全新的物流高速路。他还认为阿里巴巴和亚马逊不同，阿里巴巴要在空地上建设新的社会基础设施。

马云的野心

马云一直强调自己不是为了赚钱才做这件事的。

他说过"我不想被爱戴，我只想被尊敬。""社会问题是伟大的企业必须关注的。"

马云发现了中国没有近代物流网这个社会问题，所以创立了阿里巴巴。在这之后，他还发现了两个社会问题。

　　一个是创立支付宝结算系统。支付宝现在占有中国国内一半以上的市场，是中国最被人们熟知的结算方式。

　　中国的信用卡结算不是很普及，也没有除现金结算以外的结算系统，在人们都觉得困扰的时候，马云发现了这个社会问题。

　　现在，阿里巴巴全力以赴发展的是物流网络。日本有大和运输和佐川速递这样的服务，而中国却没有。建立物流网络对中国来说是全新的挑战，必须亲力亲为。

　　这样，阿里巴巴就成为了一个建立了拥有商流、钱流、物流 3 个社会基础设施的公司。而且其速度和规模都让日本的企业甘拜下风。

　　马云有着极强的目的性，其目的就是让中国一举成为现代国家。不仅是中国，马云的野心让这种趋势延伸到了印度尼西亚、西藏和印度。

唤起儒教精神

　　有人将包括阿里巴巴在内的中国 IT 企业群的开头字母合称为 BAT。B 是中国最大的搜索引擎公司——百度。谷歌退出中国后，百度成了第一位；A 是阿里巴巴；T 是腾讯。腾讯提供了中国版的 LINE 服务——微信。

　　百度的领先也好，腾讯的领先也好，甚至是中国很多其他的冒险企业都几乎没有关于社会目的性的发言。

　　通过多次研究实践，逐步把我的 CSV 理念向中国的领导者们传播。尤其是我与长江商学院的合作，我们共同举办中日经营者圆桌会议和面向中国大企业与冒险经营者的研讨会，共同讨论关于 CSV 的话题。

　　经济价值和社会价值并存的 CSV 是世界的大趋势。如果这样说的话，很多冒险型的人都反对，他们认为自己只要努力提高经济价值就行了，提高社会价值是政府需要做的。中国企业家认为只要自己赚钱，然后纳税，社会的事情全部交给国家。他们还在保持着这种陈旧的常识。

我问他们："日本人是从你们的国家学的孔子的思想，难道你们把儒家精神都忘了吗？"他们却回答："我们没学过儒家思想。"这就是所谓的向着追求利益最大化的纯资本主义前进的地方吧！

但是，最近我在跟他们讲了马云的一番话后，他们的反应有了很大变化。

马云在2006年听了我在长江商学院的首席执行官项目讲座。

我详细地讲了很多，尤其是向一些大企业的经营者和志向远大的冒险企业家中主张"企业必须关注社会价值"。即使如此，像马云这样社会性目的非常强烈的企业家在中国还没发现第二人。这么说的话，可以推断马云一定是稻盛和夫的粉丝。

抓住年轻人的心理

2014年我参观阿里巴巴的时候，有一件事给我留下了深刻的印象。马云当时打算在第二天收购足球队，所以没在公司。于是我跟公司30岁左右的领导们聊天，他们异口同声地说："阿里巴巴是一家有社会使命的公司。"

一位年轻的领导告诉我，他之前离开阿里巴巴去了硅谷，后来又回到了阿里巴巴，硅谷的几乎都在想着怎么赚钱，自己实在适应不了就回来了。他想在阿里巴巴工作，为了中国的发展贡献自己的力量。

他们每一个在阿里巴巴工作的人，都能感到作为中国人的自豪感。年轻的他们迸发出的对自己正在建设国家基础设施的热情的样子仿佛让我看到了年轻时的涩泽荣一和松下幸之助。

美国著名的人本主义心理学家马斯洛把人的各种需求归纳为五个层次：第一层就是事关生死的本能的生理需求；第二层是安全需求；第三层是来自家人和朋友的爱，叫作尊重需求；第四层是关于想要被尊重的归属与爱的需求；最高层次是自我实现的需求。美国的冒险企业家最强烈的需求大概就是自我实现的需求吧!

但是，这个自我实现需求中最高程度的欲求到底是什么呢？肯定不是过度利己吧!

事实上，很多以日本为首的亚洲经营者们深信自我实现的欲求就是对周围人的爱、对他人的爱和对世界的贡献等这些利他的欲求。可以说格莱珉银行的创始人穆罕曼德·尤努斯就是这群人的代表。

实际上马斯洛晚年又提出了第六层需求，即"自我超越"需求。

中国的很多年轻人只关注自我实现和成为有钱人。但是阿里巴巴的 30 岁左右的年轻领导者们却是一个有社会责任感的团体。而且，近年来欧美把 NGO 和 NPO 作为职场选择的年轻人越来越多。

阿里巴巴的创始人马云和他的年轻领导者们都是拥有共同的崇高使命的人。而且，为了达成使命，他们不局限于网络世界，也正因为对真实世界的涉足，他们才能推动中国 21 世纪社会基础设施的完善。

2

边境的健康
管理领袖

梯瓦制药

诺和诺德公司

接下来我们要说的是健康医疗企业群。

从 27 页的图 2-1 可以看出，卫生保健企业群是在合计中占 11% 的第三集团。

医药品企业中排名靠前的企业一般不是综合企业。

现以梯瓦制药与诺和诺德公司为例。

凌驾于综合医药企业巨头的新兴势力

排名第六位 | 梯瓦制药

梯瓦制药工业有限公司（Teva Pharmaceutical Industries Limited，以下简称梯瓦）是全球著名的跨国制药企业，致力于非专利药品、专利品牌药品和活性药物成分的研究开发、生产和推广。梯瓦是世界上最大的仿制药公司，现在也在快速成长中。梯瓦公司的总部位于以色列。我于 2012 年访问了梯瓦公司，这是一家非常现代化的公司。

仿制药的冠军

梯瓦的事业主要是一种被称为 Generic 的非专利药品，也就是仿制药。

仿制药这个名称可能会给人一种劣质品的感觉，但是并非如此。仿制药与专利药在剂量、安全性和效力、质量、作用以及适应症上是相同的；它具有与专利药相同的活性成分、剂型、给药途径和治疗作用；但其成本较低，相比专利药便宜很多。梯瓦是精益管理的典范。

与专利药相似并不代表没有价值。仿制药使价格居高不下的药品价格降低，让更多需要的人能够使用，这便产生了非常重要的社会价值。

世界上的仿制药市场从 2008—2012 年的变化可以从图 4-7 对仿制药的高需求中看出，这 7 年间一共有 3 次高峰。

第一个高峰就是发达国家的需求扩大。随着人口老龄化的加剧，各国社会保障费用的支出不断扩大，如何促进仿制药的使用，以此来控制社会保障费用的支出，这已经成为巨大的国家性课题。

比如说日本现在仿制药的普及率大概是 60%，而欧美发达国家的普及率大概是 90%，相比之下，日本的普及率还处于比较低的状况。厚生劳动省发表的报告表明，如果 2020 年末仿制药的普及率能达到 80% 以上，那么每年的医疗费预计将减少 1 兆 3 000 亿日元。

日医工和泽井制药是日本仿制药公司中的两个强者。

梯瓦因为收购了大洋制药成为世界第三的仿制药公司，而且梯瓦于 2015 年 12 月与武田制药合作，由此便踏上了继续成长的新进程。

第二个高峰是新兴国家的仿制药市场扩大。新兴国家的仿制药大概占医药品市场的 80%，而且在这 7 年中几乎成倍增长。

金砖四国、墨西哥、阿根廷、土耳其、印度尼西亚等国家越来越受关注，梯瓦急于占领这些国家的市场。2015 年发表报告称它将收购墨西哥的大型仿制药成产厂。

第三个高峰是专利权到期前的产品。专利权何时到期是有明确规定的，投入生产这种仿制药，公司就能得到持续发展。不仅如此，梯瓦还进行新药研发，扩大公司未来的成产线。

在世界仿制药市场中，梯瓦以压倒性的优势占有 18% 的份额。2015 年 7 月，梯瓦宣布用大概 5 兆日元收购了美国大型医药公司爱力根的仿制药产业，这样一来又大大拉开了与第二名的差异。

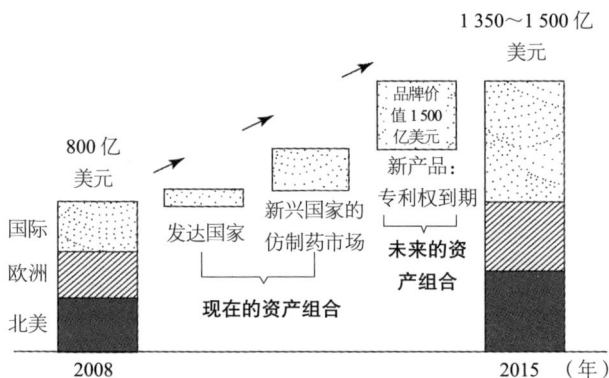

图 4-7　对仿制药品的高需求

梯瓦公司成长的动力来源

梯瓦的成长一共有 5 个驱动装置。

首先是要做专业的企业，而不是综合性企业。这一点和辉瑞公司和诺华制药公司这两家世界领先的大企业非常不同。不仅是梯瓦，这也是很多排名靠前的企业的共同特征。它们不像某些所谓的综合性公司那样随意地扩展事业，而是把注意力放在市场上，不断深入挖掘，自己创造成长机会。

第二个是全球化并且地区化。

以色列是一个地缘政治非常复杂的国家。它与美国的关系非常亲密；但是另一方面，也非常重视与美国敌对的俄罗斯，还有土耳其、印度尼西亚等信仰伊斯兰教的国家。

就像我后面写到的那样，梯瓦除了研究开发，还把以色列作为根据地；另一方面，梯瓦通过收购各个市场的大型仿制药生产商，确立了自己在当地的地位。梯瓦本能的注意地缘政治的同时，一边开拓全球市场，一边挖掘本地市场。

第三个是"成本领先"战略。

梯瓦的策略是严格控制成本。关键问题就是从哪里获得原材料。以色列和日本一样，都是加工贸易国，但并不是说在国内就无法获得原材料。

从原料便宜的地方运来原料，然后提高附加值，再销售出去。这完全是踩着日本原来的商业模式向前的企业。

决定成本竞争力的是"规模经济"。通过总额折扣获得廉价原料，为了薄利多销，在全世界范围内抢占市场份额是必不可少的。通过企业并购在世界市场中快速出击，这与容易陷入"自我主义"的日本企业完全不同。

因此梯瓦将日本的加工模式和欧美的企业并购巧妙结合起来，打造出了世界领先的竞争力。

第四个是与学术研究机构的密切关系。

我之前去过以色列，出席了由 4 个商业学校和科技学校主办的面向 MBA 学生的事业模式竞技会，这些机构基本都与梯瓦有紧密的关系。

比如说有着"以色列的 MIT"之称的以色列工科大学的教授和学生不断地进入梯瓦，共同创建了产学研相结合的体制。其中的一个成功案例就是梯瓦和以色列工科大学共同研制出了治疗帕金森病的新药 Ageilect。

最近日本京都大学的山中伸弥教授和武田制药在着手研究 iPS 细胞，这件事成了热议的话题，然而产学研相结合对以色列工科大学来说已经是常事了。

第五个是以药店为主导的走向市场的战略。

医生一般不会特意推荐仿制药，但是药店一般会推荐，他们会询问顾客是否选择和医生开的处方药有相同功效的仿制药。所以说仿制药是以药店为主导的。

大型制药公司将药品销售给医师。他们每天去医院向医师销售药品。

但是随着世界上医药分工的发展，药店变得越来越有发言权。

大型公司越来越重视向医师推销，此时，如果药店再里应外合一下就是真正的赢家了，在顾客买药的时候告诉顾客："这里有与医生开的处方药具有同样功效并且更便宜的药哦！"梯瓦的最大特征就是灵活运用药店这个渠道。

冒险王国以色列的老牌企业

梯瓦是以色列典型的优秀企业。在以色列也出现了一些把技术作为有力武器的冒险企业。

比如世界上首个开发出胶囊内窥镜的基文影像公司。胶囊内窥镜是一种做成胶囊形状的内窥镜，它是用来检查人体肠道的医疗仪器。胶囊里面装有小型内视镜、小型照明设备和无线设备，拍摄下来的影像从体内发送到体外的存储装置中，再通过影像诊断软件找出病变之处。

以色列的医生与光学研究者在聊天时突发奇想，在经过大概 10 年的时间后，胶囊内窥镜才投入使用。胶囊内窥镜在结合了医学、药学、光学、机器人、通信等多个领域的知识后才开发出来。

还有一个公司最近也备受瞩目，它就是传感器生产企业 Mobileye。它的总部在荷兰，同时在以色列的耶路撒冷也设有研究所。该公司的产品据说比索尼的摄像头更好，分辨率高，识别能力强。在帮助高速驾驶时和开展自动驾驶技术开发时，大部分的汽车公司都要用到 Mobileye 的技术。

　　Mobileye 公司之所以能开发出这么优秀的产品是因为它拥有开发战斗机技术的强大背景。在激烈的战斗中，即使在暗处也能发现对手并能攻击的技术被运用在了汽车上。

　　之前我提到了梯瓦将产学研结合的优势，实际上，以色列的真正优势是将"产学军"结合。以色列在第二次世界大战后积累的 5 次战争的经验，使之开发出了优秀的军用技术。以色列将占 GDP 5% 的费用用于国防，因此便产生了最尖端的技术。可以说以色列最出色的成功模式就是将开发出的用于军事的优秀技术应用在民间事业上，并在全世界范围内广泛传播。

改革中心——以色列

　　以色列在地理上属于"边境国家"。因为地处边境，就能有更开阔的视野，而且拥有以世界为目标的国家战略。像瑞士那样，雀巢等全球性企业辈出，以色列的优秀企业也常以全球性企业为目标。

　　以色列也与新加坡有共同点。都是建国不到 70 年的国家（以色列 1948 年建国、新加坡 1965 年建国），而且都是用人的力量创造的国家。新加坡是依靠华侨，以色列是依靠犹太人。而且华侨善于赚钱，以色列人也很擅长赚钱。

　　日本有句话叫"武士不露饿相"，如果只是以武士道精神经营的话肯定不会有特别大的发展。要将日本人的智慧和犹太人的智慧结合起来，要兼具崇高志向和不屈精神的品质，并拥有抓住世界领先机遇的机敏，这样才能持续成长。

　　比如说日本的新药制造厂和梯瓦联手就很可能构建双赢的关系。日本兴和制药公司和梯瓦曾经合作设立了"兴和梯瓦公司"，但是 3 年后兴和就解除合并了。

　　最近武田制药和梯瓦共同研制的治疗帕金森的新药开始在日本广泛

销售。2015 年 12 月两公司发表声明称设立仿制药销售合资企业。

但是，这也不过是以日本市场为目标的合作。

与梯瓦合作的新药生产厂在专利到期前就开始在全世界范围内销售药品，这为两个公司的事业创造了巨大的机会。

销售和新药完全一样的仿制药，这种形态被称为 AG（授权仿制药，Authorized Generics）。新药生产厂在药品专利权到期前将专利使用权给仿制药厂，仿制药厂就能抢先销售药品，从而扩大市场，这是一种以保证市场份额为目标的商业模式。

如果把梯瓦当作对手，就会有很大风险，像武田制药这样不通过自己的子公司销售仿制药，而是与世界上最大的仿制药生产公司梯瓦合作，以获得世界性胜利为目标也很好。

2008 年日本的第一三共制药公司出资约 5 000 亿日元收购印度仿制药大公司——兰伯西制药有限公司，这件事广受关注。但是在这之后，因为兰伯西制药有限公司药品品质出现问题，印度 SunPharmaceutical 公司为拯救印度制药于 2014 年 4 月 7 日又从日本第一三共手中收购陷入困境的兰伯西制药有限公司，交易价值为 32 亿美元。这样，一家曾经辉煌的印度公司从此消亡。

对于不擅长企业并购的日本企业来说，实现双赢模式的难度很大。但是相比于在印度和中国制造便宜的产品，灵活运用世界上的资源、与以色列企业合作这种方式也许是实现高品质、低成本的精益管理战略的近路。

这种方式不仅适用于制药行业，汽车行业和电子行业也适用。如果通过与梯瓦这样的以色列先进公司合作，以以色列为起点进入全球创新中心的话，日本企业也有望获得世界性规模的巨大成长。

胰岛素行业的巨人

排名第八位 | 诺和诺德

排名第八的诺和诺德是丹麦的公司。虽然它也生产与成长激素和血友病相关的药品，但主要还是专门生产治疗糖尿病用的胰岛素。

急剧增加的糖尿病患者

诺和诺德仅凭生产胰岛素也能成为大公司有以下几个原因。

第一个是糖尿病的特殊化。糖尿病在发达国家是很常见的病，现在在新兴国家的发展势头也很猛。中国大概有 9 600 万人患有糖尿病，而且这个数字还在不断增长。

饮食生活一旦变成如发达国家那样，糖尿病患者就一定会增加，而且治疗糖尿病的胰岛素一旦开始使用就必须长期使用。因此，市场的急速扩大就是诺和诺德成长的推动力。

糖尿病的相关市场每年增长接近 10%。在这个市场中，诺和诺德是全球市场的领导者。日本的武田制药公司也是此市场的领导者之一，但是一旦专利到期，便会一下子失去控制。

诺和诺德成为糖尿病相关公司中的冠军的另一个原因就是它是丹麦的企业。糖尿病分为两种类型，一种是先天的 1 型糖尿病；第二种是因为饮食不当和不运动导致的 2 型糖尿病。北欧人中得 1 型糖尿病的人很多。所以糖尿病也被称为北欧病。

诺和诺德在不能没有胰岛素的国家不断专注于研究胰岛素。不断地开发出无痛且方便注射的产品是诺和诺德成功的原动力。

从产品模式到护理模式

诺和诺德曾经把所有精力都投入到胰岛素的生产和销售中，之后，诺和诺德以此为转轴不断向糖尿病护理方向进化。

在欧美发达国家，糖尿病患者如果不减少的话，医疗费就不会减少，假以时日财政一定会破产。日本也不例外，慢性并且容易产生并发症的糖尿病的医疗费支出问题比较严峻。

诺和诺德是靠胰岛素营利的公司，但是该公司却致力于减少糖尿病患者，改善糖尿病患者的生活质量，不仅为糖尿病患者提供治疗，而且还提供预防糖尿病的机构。

以销售治疗药物为本行的制药公司做疾病预防事业，一般来说这不是很好的想法。但是诺和诺德作为糖尿病领域的专家，一直在给医疗系统提建议并且给他们提供支持。

迈瑞医疗国际有限公司的销售方式和诺和诺德非常不同。一般都是在说明胰岛素的注射方式、功效差异后就开始销售了。但是诺和诺德还提出全面护理，支持糖尿病患者网的建立和糖尿病克服计划的实施。

糖尿病的治疗必须注意饮食、运动、心脏护理等生活的方方面面。必须改变患者长期的生活习惯、想法和价值观。所以治疗糖尿病的优秀医生在做人方面也非常优秀。

从糖尿病发病前到开始治疗，必须全面持续地注意生活的各个方面。从产品模式到护理模式，这就是诺和诺德不断进化的商业模式。

◎对糖尿病的专注和深化

武田制药和诺华国际公司、美国强生公司等综合性公司都有合作，它们的想法就是：如果卖不了这个了，那我就卖那个。比如武田制药的糖尿病药品专利到期了，就开始着手研究癌症等其他疾病的药。

诺和诺德之所以能成为现在这么大的公司，和很多其他公司一样，因为它一直占据着这个不断扩大的糖尿病市场，诺和诺德一直专注糖尿病，然后进一步着眼于糖尿病护理商业，进行更深入的研究。

中国和印度的 CSV 先进企业

中国有约 1 亿的糖尿病患者存在，并且以每年 20% 的速度不断上涨。其中有 70% 属于潜在患者，而且 10 人中有 9 人没有得到充分的护理。

诺和诺德占有中国胰岛素市场 60% 的份额。每年 10 亿美元的市场使诺和诺德的事业达到每年 40% 的增长。

市场的扩大对于诺和诺德来说是一件开心的事，但却给中国带来了很大困扰。因此诺和诺德开展了与中国有关的 CSV 战略。

图 4-8 显示了哈佛大学商学院迈克尔·波特教授提出的 CSV 框架。

第一个是制造适合中国患者的产品。

第二个是在中国建设 R&D 中心和工厂。不仅是诺和诺德，不管是谁，想进入中国市场，就必须这样做。

第三个是建立健康社区。这就是一个保持健康的机构。这种做法很符合诺和诺德的风格。

---

① 创造下个时代的产品和服务

· 开发中国患者能接受的胰岛素产品

② 改善价值链整体的生产性

· 为了提高产品的功效，迅速适应市场需求，在中国建立研究开发中心和安装生产设施

③ 构建地域生态系统

· 为了制定标准治疗指南与中国政府合作
· 向医生提供糖尿病相关的研究和信息

诺和诺德在 1995 年作为西欧企业进入中国胰岛素市场。通过"创造共享价值"的方式延长了 14 万人的寿命。

▶ 诺和诺德在中国城市扩充优质疾患管理，中国由此产生的 370 亿美元的价值中有 300 亿美元被诺和诺德收入囊中。

图 4-8　诺和诺德公司对于中国的 CSV

诺和诺德曾经建立了全球糖尿病协会，希望全世界的人们认识到糖尿病是多么严重的病。在中国也是如此，它们与中国政府合作致力于制定糖尿病治疗标准。

如果这样的机构在全中国广泛设立的话，将会给中国带来 4.5 兆日元的改变成果，也将会给诺和诺德带来 3.6 兆日元的销售额。

将中国的成功复制到印度

诺和诺德将在中国的成功模式带到了印度。

印度的糖尿病患者也在不断增加，现在已有 6 000 万糖尿病患者。诺和诺德与在中国的模式一样，也是以全面护理企业的身份进入印度的。

虽然癌症和阿尔茨海默病等严重的病也有很多，但是糖尿病与很多人有关，而且是一种长期携带的疾病，必须长期接受治疗。

诺和诺德的特点是，对于糖尿病不能只提供胰岛素，还要建立全面护理机构。

在边境大放异彩的北欧企业

之前我们介绍了从边境向世界展翅雄飞的梯瓦公司。可以说诺和诺德也是以欧洲边境丹麦为起点飞向世界的企业。除了诺和诺德，北欧企业也有一些欧美企业不具备的闪光点。

其中，乐高、宜家、H&M、Flying Tiger Copenhagen 等公司在日本也很知名。除了 H&M（排名第 13 位）以外，由于其他公司都没有上市，所以不作为排名对象。

乐高是品牌，也是商品。

顺便说一下，谷歌的两个创始人都非常喜欢乐高，谷歌商标的四种颜色就是来自乐高积木的颜色。可能这两个创始人小时候就在蒙特梭利学校开心地玩过乐高积木。

　　乐高是培养人的创造性的商品。虽然只是一堆很简单的零件，但是拼装完成却需要很长时间。这是一种蕴含着日本美学意识中的质朴安静思想的商品。乐高将积木的设计做到了极致，满足了人们对积木的普遍诉求。

　　同样，宜家认为自然的就是最时尚的，H&M 拥有循环利用、不浪费的智慧，Flying Tiger Copenhagen 被称为北欧的"百元店"（100 日元店）。这些北欧企业都以精益管理为基轴，它们拥有着共通的智慧。

　　此外，这些企业的特征是重视女性员工。在发达国家，包括日本，不同年龄就业率图表基本呈 M 形曲线。很多女性在 30 岁左右生产、育儿，就业率会下降所以图表会呈 M 形曲线。

　　在日本的话，一旦辞职，就很难再回到正式员工岗位上了，基本只能做一些小时工或者兼职。

　　在这一点上，也有一些企业员工生产、育儿后很容易回到原来的岗位上，H&M 就是这样的公司。而且女性不仅可以回到原来的岗位上，还可以休育儿假。这也是北欧企业重视多元化的特性吧！

3

电子工学领域的霸者

台积电

三星电子

施耐德

全球百大顶尖企业排名前 10 名中没有电子工学领域的企业。中国台湾的 TSMC（第 11 名）是电子工学领域的第一，然后是三星电子（第 24 位）。高科技产品在数字技术的作用下瞬间变得商品化了，发达国家中的高科技企业不断失控，日本的家电生产厂的状况也不太好。现在还在不断成长的公司就是施耐德这样的 B2B 模式的企业了。即使把目光从发达国家转向中国，由于价格竞争处于不利状况，也无法获利。总之，电子工学领域的商业成了不赚钱的商业。在这种状况中，有三个有特点的公司进入了全球百大顶尖企业的排名，接下来我们来介绍下台积电、三星电子、施耐德这 3 家公司。

世界的工厂

排名第十一位 ┃ 台积电

说到半导体行业的王者，很多人可能会联想到英特尔公司。虽然在处理器方面英特尔依然是王者，但是这次它之所以没有进入排名，是因为它的发展势头减弱了。

半导体集聚度的上升和数量的增加导致它的价格一再下跌。这样的商品被称为"设计的商品"。虽然本身是设计出来的，但是因为容易设计出来，所以就沦为了商品（通用品）。

在半导体行业这种现状下还能持续发展的企业就是 TSMC（以下简称台积电）。

加工代工厂的革新者

台积电与英特尔等企业的战略完全不同，它创造了新的行业形态。它创造的行业形态被称为"加工代工厂"。

◎留美后回到台湾

创业者张忠谋出生于中国，高中毕业后赴美留学，曾就职于美国德州仪器公司。他在台湾创办了台积电。

张忠谋认为他那些非常聪明的朋友都在美国，如果再受到自己人的挑战就糟糕了。出于种种考虑，他决定在设计的同时建立工厂。

不管是英特尔公司，还是美国德州仪器公司，这些半导体公司都有自己的工厂。英特尔公司现在也有自己的工厂。这种集设计与生产的企业被称为 IDM（集成器件制造，Integrated Device Manufacture）。

但是由于设计新产品的优秀人才层出不穷，公司的形式也改变了。他们也能想出新的半导体设计，但是如果想做成产品，还需要很多设备。这对冒险性企业来说是非常大的负担。

所以张忠谋转换了思维，他认为也许将设计和生产分离会更好。于是就有了专门做设计的"无厂半导体公司"和专门生产的"加工代工厂"之间合作向世界输送优秀的产品，这便形成了新的行业结构。

半导体之邦——中国台湾

张忠谋在对台湾的地缘政治有非常清楚的了解之后建立了加工代工厂。

因为与美国的关系非常紧密，华裔美国人中有很多也认为与回到中国大陆比起来，回到中国台湾是更好的选择。所以张忠谋便在台湾创立了台积电公司。

在加工代工厂行业方面，台积电是绝对的第一位；第二位是 UMC

公司；第三位是新加坡的特许电子有限公司；位于第四位的 IBM 公司已经向美国半导体代工企业 Globalfoundries 转让了它的半导体业务。

开放式平台

无厂半导体公司为什么会把全部加工业务都委托给台积电呢？关键就是因为台积电的开放式平台（OIP）。

虽然叫开放式平台，但是其实是非常非常紧密的机构。开放式平台的重点就是将设计师、程序员等人才聚集在一起进行很多实验。有这样的想法之后，后期再制造产品就简单多了。虽然是将设计与生产分开了，但是他们之间的合作还是非常重要的。

◎东芝和台积电

我在做半导体咨询的时候，将东芝和台积电做了对比，让我吃惊的是相比于东芝，台积电与与其合作的公司之间有更多的员工交流。我甚至边笑边对东芝的员工说："虽然是一家公司，但是东芝内部的设计和生产之间的合作非常差，台积电虽然是代工厂，却与别的设计公司关系非常紧密"。

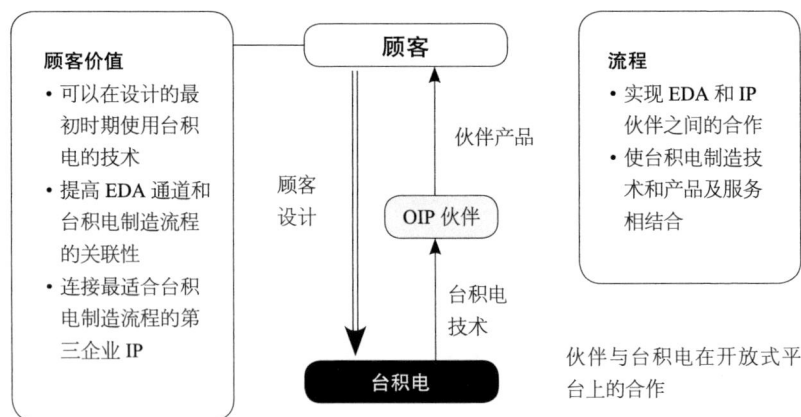

图 4-9　台积电的开放式平台

台积电在硅谷的办公室的业务是模拟当地的客户企业制作新产品和试验产品。

在硅谷有一家以智能机半导体闻名于世的公司——高通公司。它是无晶圆厂公司，也就是没有工厂。而台积电拥有高通公司的专用生产线，是高通公司的工厂。

高通和台积电的关系类似于优衣库和东丽的关系。东丽公司有优衣库的生产线，这两家公司有着其他公司想象不到的紧密联系。

为了区分开放式平台，我把这样紧密的联系称为"紧密耦合"（Tight Coupling）。因为是两家公司，所以为了能够紧密合作而不断打造规则细化的组织——这就是台积电开放式平台的优点。

◎**与日本企业的规模不符**

反过来说，就是只给能产生相应价值的公司使用专门的生产线，其他公司一律使用通用生产线。

我在麦肯锡工作的时候，曾经被台积电的董事长蔡力行叫到台湾。他当时想进军日本市场，日本企业大部分比较固守 IDM 模式，台积电根本无法扩大代工加工厂事业，于是陷入了瓶颈。他想咨询我的意见，关于是否应该退出日本市场。

我对他说："如果现在退出就太可惜了，因为今后日本的制造商便不能再向工厂投资，日本的工厂迟早会消失。"

如果是那样的话，以后的商业具体会变成什么呢？针对这个问题，我们花了一天的时间收集数据，然后进行讨论。但是问题是不管怎么计算都达不到台积电需要的生产量。

他们唯一感兴趣的就是富士通公司的超级本（超薄电脑）。除此之外，电视等家电、日本的 Galapagos 手机以及将来期待的机器人，这些都不符合台积电需要的生产量。因此，台积电盯上了富士通公司最尖端的三重工厂，开始积极地与其建立联系。

最初的一步，台积电完全复制三重工厂最尖端的生产线并将其设在了新竹，以此作为公司的根据地。如果三重的工厂到台湾的话，就启动和三重工厂一样的生产线。富士通公司向台湾的生产线约定将转交生产量。

实际上，台积电灵活运用了从三重工厂学到的内容，并且使生产线得到了优化，这样便使富士通利用起来也更加方便。富士通和台积电的合作实现了双赢。

台积电的厉害之处在于，它先"诱导"对方，然后建立起让对方利用起来更方便的流程。也就是说台积电在依赖对方的同时，还形成了对方也同样依赖台积电的情况。

张忠谋——战略与实践的紧密结合

张忠谋曾经说过一句有儒教思想的有趣的话。

"学习和思考必须同时进行。如果只学不思考，什么用也没有。"进一步说就是战略和实践必须同时进行，如果没有战略只有实践则缺乏目的性，如果没有实践只有战略也是没有用的。

他还说了一番具有禅意的话，"不只要学习，还要反复斟酌；不能光想战略，还要进行彻底的实践；也不能光实践，还要进行彻底地思考。"他还强调了合作的重要性。

华人一般可以分三类。"金融型""商业型"和"产业型"，而张忠谋就是典型的"产业型华人"。他能够看透产品制造的本质，而且能够很好地定位自己在全球地图上的位置，是一个非常强大的人。

台湾是政治上比较复杂的地区，所以台积电在这一点上和以色列的梯瓦公司很相似。台湾是个海岛，与美国的关系非常紧密。日本企业则非常不擅于处理复杂的地理关系。接下来我们一定要学习他们的智慧。

◎与三星电子在同一个战场的话，台积电赢不了

台积电最怕的就是三星电子公司。三星电子制造 IDM 的同时还积极开展代加工事业。

如果从客户的角度看的话，找三星电子代加工会很怕陷入"给敌人雪中送炭"的境地。因为三星一直在制造竞争产品。

实际上，苹果公司就将 iPhone 的代工厂从三星电子换成了台积电。不过三星电子也提高了自己的代加工事业的竞争力，所以苹果公司的 iPhone 6s 的代加工又交给了三星电子。

三星电子主要生产 DRAM（动态随机存取存储器）和闪速存储器，在半导体中产量最大的存储事业方面居世界第一。存储器的附加值就在产品制造中。而且它自己的公司就能制造产品。

台积电作为专门的代加工厂，它悲剧的地方在于无法生产存储器。接下来我们来介绍下存储器生产的大咖——三星电子。

站在世界的顶端

排名第二十四位 ｜ 三星电子

我想把我自己的故事作为切入点来介绍三星电子这个公司。

1991 年我加入麦肯锡，最初的工作地点在首尔。我受到大前研一的邀请，他说韩国的公司马上就要成立了，要不要过来一起工作。我答应了他的邀请，于是我就来到韩国工作。

当时日本走在前面，LG 公司和三星都被落下很远，产品质量也很差。

我不在三星电子公司，却是 LG 公司的负责人，当时有一件让我非常震惊的事。我当时在 LG 公司做了一次关于"家电本质论"的演讲，

主要内容是应该如何做强家电事业。我在 LG 公司做完报告，消息很快就传到了三星公司。

LG 公司和三星电子之间几乎没有交流。那么报告的内容是怎么泄露的呢？而且虽然花咨询费的是 LG 公司，实际实施的却是三星电子。

我的报告的关键词就是"从量的游戏到价值游戏"。之后很快三星电子就开始使用"价值游戏"这个关键词。而且这成了三星电子实现飞跃的开端。

三星的第二次创业

现在在病床上的李健熙是 1987 年上任的三星电子的董事长。他当时提出了"二次创业"，但是外界评价不太好。他是第二代创业者，但在家中排行老三，因为他排挤掉自己的长兄接任了首席执行官的职位，所以在当时他便不受人欢迎，也不被尊敬。

◎法兰克福宣言

我是 1991 年到韩国工作的，当时正赶上三星电子大规模投资半导体行业。我在 LG 提出的理论为什么会让三星电子在 1992 年开始使用呢？那么，1993 年三星电子公司发展历程中不可缺少的"法兰克福宣言"又为何会被提出呢？接下来我解释下原因。

当时，日本的家电企业员工被录用为三星电子的企业顾问。日本的工程师又称为"客串工程师"。他们的工程师周末偷偷到韩国工作，周一又回到日本上班。

其中就有一个人从日本的公司辞职，成了三星电子的咨询顾问。他对于三星电子公司的产品质量为什么差发表了报告。不久，三星电子公司就开始向"价值游戏"迈进，但是实际上三星电子公司产品的品质离"价值"还差得远呢！

李健熙在出差去法兰克福的飞机上读到了这篇报告，他非常气愤。

而且，在法兰克福提出了有名的"法兰克福宣言"。

宣言内容是"除了妻子和儿子都要变"，其主要意思就是"公司要完全改变"。他还说，"只重视数量是不行的。不达标的产品全部烧毁！"回国后，他把出厂前检查出的堆成小山一样的次品，一把火给烧了。

◎选择并集中于半导体事业

1997 年的亚洲金融危机对三星电子来说却是件幸运的事。

金融危机之前，三星电子就已经涉足多个领域了，而且正是趁这个时机，三星电子的事业更集中了。汽车部门开始销售雷诺汽车，集中投资三星电子产业。他们认为抓住这两个就赢定了，剩下的就是半导体事业了。

当时，日本在半导体行业领域还处于领先地位。

亚洲金融危机中，在很多日本企业控制投资的时候，李健熙积极投资 DRAM（动态随机存取存储器），一下子就赶上了日本。

由于三星电子在作为电子领域的主干的半导体行业具有压倒性的优势，所以三星电子变得非常强大。而且它还投入到闪速存储器行业中，这使它在快速发展的手机市场也具有了压倒性的优势。

当时，LG 公司也在从事半导体行业，但是在金融危机的时候被转让了。结果，本来和三星电子不相上下的 LG 公司，一下子就被甩在了后面。

◎精益管理

因为三星采用了 IDM 半导体和产品制造相关联的事业模式，所以它也是最成功的企业。这需要巨大的设备投资，并且为了成功研发含有先进技术的半导体，产品制造上必须既尖端又有价值。

李俊熙在法兰克福宣言中指出要向"价值游戏"转变，说明三星电子一直有着很强的价值意识。实际上日本企业一直以来只注重价值，而三星电子还同时追求数量。

就像台积电的例子那样，对于固定费用非常大的半导体制造行业来说，数量就是成本操控器。日本企业注重附加值，一直在固定的市场里徘徊，完全没有成本竞争力。三星电子看透了价值和数量的相乘效果，将日本企业远远地甩在了身后。

◎ **通过研究日本企业获利**

日本的企业非常具有前瞻性，但是根本不注意旧的技术。可三星电子一直保持使用旧技术。因为结束了折旧，固定费用就是零。对于顾客企业来说，即使畏畏缩缩地进行价格交涉也没什么用。但是因为达到了数量，使用旧技术的产品就是最赚钱的。而且，因为其他公司撤出了，残存者就会有意外收获的利益。

相比之下，最尖端的产品竞争很激烈，而且价格也一直在降。竞争程度可以称得上是"红色海洋"。但是 5 年过后，日本企业就对之前的产品没有兴趣了，而三星却从旧产品中获利。

半导体盛衰周期和竞争环境，大致可以分为以下 3 个阶段。

第一阶段：其他公司一马当先，建设下个时代技术的生产线；

第二阶段：日本企业加入，形成竞争；

第三阶段：日本企业撤出，残存者获利。

三星电子就是在第一和第三阶段获利。另一方面，日本企业一直在没有利益的第二阶段努力。三星电子一直在跟随日本企业，在日本企业的背后持续获利。

从复活的日本企业中学到的事

三星电子一直在日本企业的背后，但是雷曼危机后，三星电子一跃成为世界第一。这是三星电子第一次达到这样的高度。

2008 年 7 月 16 日，李健熙因涉嫌非法转让经营权和逃税而被起诉，被韩国首尔中央支法判处 3 年有期徒刑，缓期 5 年执行。2009 年

12 月 31 日，李健熙获得韩国总统的特赦，名义是"以助力韩国申办 2018 年冬季奥运会"。

2010 年，在他回归当天，他说了这样的话，"我们现在的工作在 10 年后将会消失。"——他所传递的信息就是 10 年后，现在的主要商业模式都会消失，必须要有危机意识，要全部抛弃。

2010 年，索尼公司和松下公司都陷入了危机，这便到了"日本的家电行业没有未来"的时期。手机行业中的老大诺基亚也失控了，只有三星电子公司还在顽强坚持。

但是三星电子也开始追随中国。从之前的话中可以看出李健熙非常着急，所以后来他开始做半导体行业也不难想象。

2010 年，我被三星电子公司叫去了两次。

第一次是因为富士施乐公司。三星电子正在研究富士施乐公司，他们想听听我的意见。为什么在富士施乐公司复活之后，柯达公司就死了呢？第二次是因为松下公司，津贺一宏在 2012 年成为松下公司的董事长，尝试将公司从 B2C 模式转变为 B2B 模式。并且非常成功。

◎**三星电子的未来**

李健熙之前说过能向日本学习的东西已经不存在了。但是陷入困难的时候又说要向之前有类似经验的日本公司学习。

李健熙在 2014 年开始就处于昏迷状态，现在李在镕是三星电子的接班人。李在镕曾经在庆应大学和哈佛大学接受过教育，日语和英语都很流利。与他严肃的父亲不同，他非常温和。三星电子能否在他的手中再创辉煌，我们拭目以待。

确实，我们现在还看不清三星电子接下来的成长。在存储器事业上，它与东芝公司的竞争一直在持续，而且在其他产品上，三星电子独领风骚的日子也不长了。

以后的三星该何去何从呢？会像富士施乐或者松下那样向生命科

学、汽车、环境等领域转向吗?

接下来,我将介绍下施耐德电气有限公司——B2B 模式的成功典范,对于它的故事,不管是对日本企业还是三星电子,都将有一定的借鉴意义。

隐匿的欧美顶尖高科技成长企业

排名第五十位 ┃ 施耐德电气有限公司

之前我们介绍了两个亚洲的公司,欧美企业中,施耐德电气有限公司(以下简称施耐德)在榜单中排名第 50 位。

施耐德是经营传感器和测量器的 B2B 模式企业,与美国的霍尼韦尔国际公司和日本的欧姆龙公司很相似。

采取出类拔萃的新兴国战略——环境商业的王者

施耐德有两个特点。第一个特点是从产品模式转变成服务模式;第二个特点就是灵活运用新兴国家的发展方法。我推荐日本的企业一定要学学这点。

施耐德的事业领域是环境商业。它的企业理念是使传感器最适于能源利用率。施耐德可以说是"环境商业的王者"。虽然通用电气公司和霍尼韦尔公司都从事同样的行业,但是施耐德有其独特性。

◎从销售机器模式到能源管理模式

施耐德商业模式的优点在于它不仅销售机器,还以提供服务的形式,向顾客提供持续价值。它给自己的定义是"全球能源管理的专家"。而且,在提供传感器和控制器等硬件的同时,还提供软件和服务的组合,施耐德希望全面削减能源开支。

我在 2001 年出版的《高业绩生产者贩卖服务》一书中提到，施耐德在从销售产品到销售服务中，实现了巨大的进化。

施耐德为什么会关注能源？那是因为能源是现在最大的社会课题。如何管理和使用稀少资源——能源是世界性的共同课题——不仅是发达国家，也是一些新兴国家所面临的严峻问题。

在印度的成长动力

最大限度地体现了施耐德战略的是它在印度开展的"BipBop"模式（见图 4-10）。

BIP 是商业（Business）、创新（Innovation）、人（People）的首字母组合。BOP 原意是金字塔底层（Bottom of Pyramid）的意思，也就是指贫困阶层。这是以新兴国家的贫困阶层为对象进行创新，并以此提高

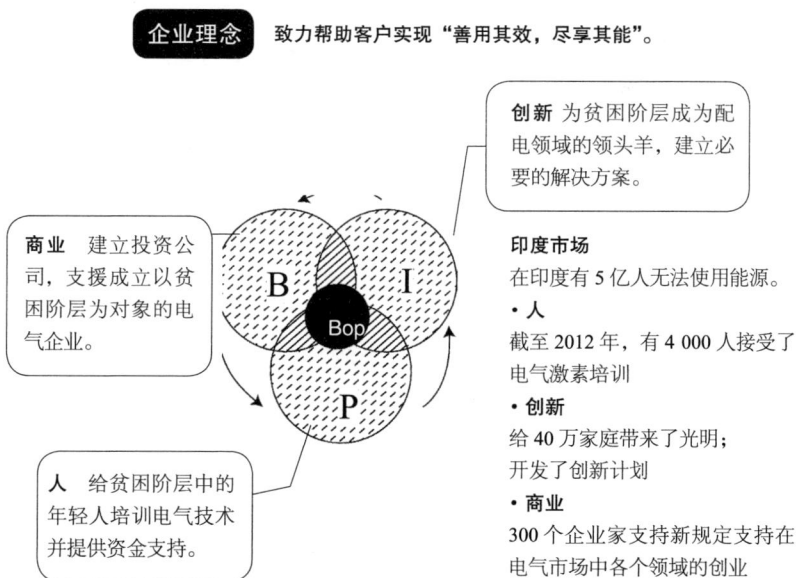

企业理念 致力帮助客户实现"善用其效，尽享其能"。

创新 为贫困阶层成为配电领域的领头羊，建立必要的解决方案。

商业　建立投资公司，支援成立以贫困阶层为对象的电气企业。

B

I

Bop

P

人　给贫困阶层中的年轻人培训电气技术并提供资金支持。

印度市场
在印度有 5 亿人无法使用能源。
·人
截至 2012 年，有 4 000 人接受了电气激素培训
·创新
给 40 万家庭带来了光明；开发了创新计划
·商业
300 个企业家支持新规定支持在电气市场中各个领域的创业

图 4-10　施耐德的"BipBop"

事业价值的战略。

具体是要提高印度人的技能，培养电气技术员。培养高级工程师有助于提高印度的产业水平，而且对施耐德公司来说也增加了事业机会。

施耐德让法国工程师去印度做老师。雇用当地收购公司的员工，对他们实行培训计划。总之，就是在生产产品之前首先重视"人"的培养。

这让我想起了松下幸之助说过的话。我已故的父亲——经济评论家名和太郎当时还是朝日新闻的编委会成员，他与松下幸之助有着亲密的交情。因此，我有机会与他接触。后来我写的书《松下幸之助评传》出版了，这本书的原稿其实是我大学一年级的时候在打工的地方写的。我在研究松下幸之助的过程中，有一句话让我记忆犹新：

"如果问我松下电器是做什么的，我会回答说，'它首先做人，顺便做电器'。"

从还没创业开始，他就一直对员工这样说。

后来，他这样解释他当时的心境。"我当时想，事业就是人，也就是必须先培养人，公司的人如果不成长，那么事业也不会成功。我觉得制造电器是背负着重大使命的，如果想做好，就必须先培养人。"

这段引用很长的话虽然与松下幸之助的思想有着时间和空间的距离，却成了施耐德贯彻到底的经营思想。

◎日本企业应该学习的

关于 BOP，施耐德要提供"充足的解决方案"。这对于既没有"最佳方案"，也没有"已完成的方案"和"最新方案"的地方来说是必备的。

如果想做 BOP 模式商业的话，没有这种思想是不行的。

如果强行从日本或者欧美拿来最尖端的创新是不会成功的。施耐德认为，提供符合顾客价值水平的产品就是创新。创新的本质不是技术革新，而是更好的理解事业模式的革新。

在新兴国家培养人才，推动事业模式创新，从而开创商业——这就是 BipBop 战略的本质。

大部分的日本企业都不擅长走这个程序。最容易栽跟头的就是在新兴国家建立事业模式。

比如占世界市场份额接近 50% 的吉田公司也不例外。该公司的拉链常常被外界评价为高品质、高信赖度，但是如果进攻新兴国市场，成本就太高了。所以吉田公司最近正急于转型生产"正好够用"的产品。

日本人一直对挑战最尖端的技术和品质方面拥有绝对的热情，如果让他们生产"正好够用"的产品，就会缺乏干劲。但是，既要使性能降低，而且要用一般的品质取胜，还要保持高技术水平和事业责任感，这就让日本人不知如何是好。因此，日本企业应该向施耐德学习的地方还不少呢！

◎ **日本企业中屈指可数的商业成功案例**

与施耐德一样从事能源相关事业，在印度唯一的成功案例是松下公司旗下的谙科（Anchor）电机公司。

松下电工在印度收购的谙科电机公司是一家承包普通家庭配电线安装工作的公司。当时，松下的产品价格很高，而且不适用于当地的住宅。所以就想通过谙科电机公司的当地视野提供适应市场的"充足的解决方案"。

品牌名就叫"Anchor"，然后小字加上"By Panasonic"。为什么这样做呢？是因为谙科产品只保证了最低限度的品质，但是与松下的全球品质不符。

但是，对于印度来说这种品质足够了，而且也符合印度人对日本的信赖，所以这些产品还是很有竞争力的。在日本企业中，能够做到这一点的非常少。

很多日本企业收购当地企业后就彻底导入自己的模式了，结果生产出的产品在新兴国市场上过于规范。或者就是正相反，收购之后完全放任不管，结果完全没有产生合作的效果，这样的例子屡见不鲜。

新兴国市场中成功的钥匙就是不延续之前的高品质志向，而是以当地的视野来挖掘当地的需求。

学习强大的新兴国战略

施耐德把松下在印度的做法彻底用在了中国等新兴国市场中。施耐德不仅擅长收购当地企业，同时还具有投资公司的特质，施耐德的根本优势在于人才培养和创造新的商业模式。

欧洲以前有很多建立殖民地的历史，所以欧洲企业都是进军海外的强者。而且很善于把握当地的情况。

美国人有些强加于人的感觉。日本人也有将自己的方法和技术拼命教给当地人的倾向。

施耐德公司一边保留当地企业的优势，一边建立"施耐德联邦"。灵活运用当地人的能力，推动当地创新，产生新的商业模式。如果日本企业想确立真正的全球化经营，就必须学习施耐德的强大之处。

4

汽车带来的
地壳变动

奥迪

塔塔汽车

本次排名中有很多汽车相关的公司。

接下来我们介绍两家公司，分别是排名第30位的奥迪公司和不是排名对象、却相当于第一位的印度的塔塔汽车有限公司。

大众汽车旗下的优等生

排名第三十位 | 奥迪

即使没听过奥迪的人也一定对大众汽车集团很熟悉吧！奥迪是大众汽车集团旗下的汽车制造商。

我根据大众汽车集团的精益管理整理出了图 4-11 中大众汽车的组合。高性能但价格贵的是宾利汽车和保时捷汽车；便宜但性能差的是斯柯达汽车。大众汽车集团收购了捷克的汽车公司斯柯达。

精益管理的先进企业

Polo 和 Golf 等车型都是大众汽车精益管理的代表车型，并且在性能和价格上保持了绝妙的平衡。

相对来说，奥迪是不断提高性能，且性价比很高的车。把奥迪说成是"买得起的奢侈品"是非常适合的。奥迪高水平地实现了精益管理。

奥迪和日本的汽车雷克萨斯拥有相同的地位。如果想在这个位置上，就要同时追求性能和价格。

Volkswagen 在德语中的意思为"国民的汽车"。大众汽车的 DNA 可以说是在保证技术优势的同时追求产量。奥迪的优势就是德式汽车的特点，追求产品优越的同时控制成本。

作为竞争对手的梅赛德斯－奔驰和宝马的性能均不高，而且价格昂贵。而像奥迪这种性能和价格都可保持平衡的汽车是大众汽车集团中非常出色的产品。

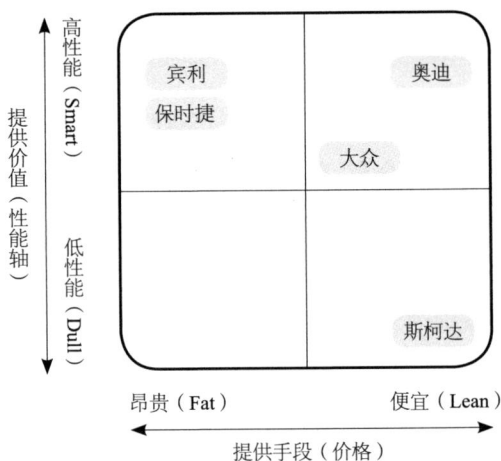

图 4-11　大众汽车的组合

大众汽车的模块化战略

奥迪的另一个特征是 MQB（Modulare Quer Baukasten 在德语中是模块的意思）——模块化战略。

大众汽车集团是把本来一个一个的汽车生产商集合在了一起，这种将分散的厂商穿到一根线上的组合就是"模块的统一化"。

最初奥迪是完全的模块化。即所有的零件都是模块化的组合。

奥迪加入大众汽车以后，这种方法就被推广到了整个公司。这种彻底的模块化战略甚至让丰田公司也非常震撼，因为这是一种非常先进的组合。

要想实现模块化战略就要互相妥协、平台共通以及有个性的设计管理能力。把这些做得非常彻底的就是大众集团的奥迪。

丰田用了 3 年时间完成了"丰田新全球架构"。可以说大众汽车集团的模块化是其战略彻底实施的经营手法之一了。

安全与舒适的先行部队

现在汽车行业的关键词是"安全和舒适"，现在致力于尽快投身其中的就是大众集团的先行部队奥迪。

有一段时期，一说到安全性就会想到沃尔沃汽车。因为沃尔沃汽车即使撞了也不会坏，而且非常安全，这也是沃尔沃汽车的优点。但是现在汽车行业最大的竞争就是如何通过帮助驾驶和自动驾驶来实现"不撞"。

奥迪与汽车零件供应商德国大陆集团合作，研究"如何做才能使刹车充分发挥作用""如何才能生产出防撞汽车"。这样对安全问题未雨绸缪的做法非常符合以奥迪为首的德国汽车风格，奥迪一直是日本企业的引领者。

关于舒适问题，可以采取"小型轻量化"（Down Sizing）的方法。

以汽车配件生产商罗伯特·博世有限公司为中心的很多公司一直在研究如何使汽油和柴油的燃料利用率提高，与此同时也在开发小引擎大动力技术。实现控制燃料消耗率和研发出大马力的发动机对于驾驶员来说是一件非常高兴的事。

奥迪的目标是开展电动汽车业务。在 2015 年 9 月的法兰克福国际汽车展上，保时捷和奥迪展出了充满电可以行驶 500 公里的电动汽车。

奥迪的首席执行官鲁伯特·施泰德充满信心地说："运动型多功能汽车（SUV）这种更复杂的汽车被研制出来了。我们将顾客最支持的部分和最新的电池技术做到了完美融合，这具有划时代的意义。"

日本的丰田和本田正在全心投入到"燃料电池汽车"这个下个时代的模式中。这本身就是一个非常好的挑战，但是能实际收回之前的投资却是非常遥远的事了。

相对来说，奥迪的方法在技术上很现实，可实现性也非常高。虽然电动汽车相比于汽油车和柴油车价格还比较贵，但是奥迪的合作企业保时捷已经定下目标，要在 2020 年使电动汽车的容量倍增，价格减半。

因为最初就采取了最尖端的技术，所以奥迪给人的印象就是"安全、环保、轻快"。而且大众汽车集团还将奥迪最尖端的技术在整个公司中推广，其目的就是提高整体产品水平。

性能与设计双管齐下

丰田的双动力汽车——普锐斯和日产汽车中的电动汽车虽然都很环保，但是完全没有轻快感。而奥迪汽车不仅环保，还实现了轻快。原来，奥迪会给人一种"不伦不类的高级车"的感觉，但是，现在给人的感觉比较高端，而且是"懂车的人"都会买的车。

买普锐斯车的人一般不看设计，只看重"省油"这个特点；而买奥迪车的人一般比较注重设计和环保的统一。奥迪使人们对大众汽车的印象提升了一个档次，可以称得上是"未来的万众汽车"。

丰田的目标是将雷克萨斯汽车打造成与奥迪同一水平的汽车，但是很遗憾，它被落下了很远。现在不管是在美国，还是在中国、韩国，奥迪都是"最酷的汽车"。大众汽车和奥迪是德系汽车的象征，它们让人们觉得——汽车，还是德系的好！但是宝马和奔驰汽车也没有从金字塔顶端掉下来。

洗白前所未闻的丑闻事件

2015 年 9 月 3 日，据 CARB 官方报道，大众集团已经向两个管理机构承认其旗下部分车型搭载了作弊软件，该软件能在检测到车辆处于测试状态时主动调整发动机排放，以此骗过测试。

事件发生 10 天后，美国环保总局就公开声明称世界上有 210 万台奥迪汽车搭载了该作弊软件。

而且，引咎辞职的大众集团的首席执行官马丁·文德恩在 2007 年以前一直都是奥迪的首席执行官。虽然奥迪出事是在他调到大众集团之后，但是显然这与奥迪汽车脱不了干系。

针对这一问题，我在写本书的时候还有很多的推断和臆测，真实的情况还不清楚。但是无论如何，这件事都给大众集团、奥迪的技术神话和品牌造成了严重创伤。

而且，奥迪的模块化战略也成了灾难，大众汽车的各种车型都搭载了作弊软件，这件事真是让人觉得非常讽刺。

这次丑闻事件结果会如何，会怎样收场，还不能妄加判断。我非常关注奥迪还有大众汽车整个集团会如何洗白这次前所未闻的丑闻事件——它们如何东山再起？

本质上是世界第一的成长企业

非排名对象　相当于第一位 | 塔塔汽车有限公司

塔塔汽车有限公司（以下称为塔塔）是 1945 年创立的，因为在 2000 年的销售额和收益额没有达到标准，所以没有进入排名。但从

2001 年数额看，塔塔超过了苹果公司，实质是世界第一的成长企业。

Nano 的冲击

塔塔最有名的汽车型号就是"Nano"。它的广告词是"万众汽车"，目标是生产谁都能消费得起的汽车。

它宣称要以 2 500 美元的价格销售汽车的时候，使世界为之震惊，人们觉得这样做太鲁莽了。一些人们唏嘘地说："这点儿钱都不够买汽车发动机的。"但是塔塔公司确实这样做了。

◎ Nano 集结了世界一流企业

能实现这个价格的原因就是，通过只安装一只雨刷等方式降低成本。Nano 汽车使一些有名的零件制造商加入进来，比如日本电装公司（实际上是电装公司的子公司）——阿斯莫公司和德国的博世公司。

世界一流的零件制造商会加入到只有 2 500 美元的号称"全球最便宜的汽车"是有原因的。博世公司认为这是一块"创新的宝"。"能制造出这么特别的、世界上没有的汽车就足以看出设计师的技术。"博世公司的高层领导说："与塔塔合作，我们学到了很多。"

日本电装公司的董事长加藤宣明也说："与丰田合作也能制造出非常优越的汽车，但是不能制造出这种便宜到难以置信的汽车。"

总之，加藤说的话的大意就是，日本的企业没说过这么特别的话，Nano 汽车是一个挑战。

回馈印度社会

当时，塔塔财阀的名誉主席拉登·塔塔（Ratan Tata）为什么会提出这么特别的想法是有其原因的。其实，塔塔家族最初不是印度人。印度人是信印度教的，而塔塔家族的祖先是叙利亚人，信仰琐罗亚斯德教。

塔塔家族作为异教徒能被印度人接受，并且在印度开展商业事业，这让塔塔家族非常感谢印度。所以塔塔公司一直有回馈印度社会的想法。100 多年间，这种想法被继承了下来，拉登·塔塔也是从他祖父那里知道的这些。

1966 年左右，拉登·塔塔出任名誉主席，到 2012 年退休，塔塔家族实现了飞跃性的成长。其中成长最大的就是塔塔汽车。

在他之前，塔塔只生产卡车和公共汽车等商用车，但是拉登·塔塔（Ratan Tata）还向乘用车领域进军了。可日本铃木公司在当地的公司——马鲁蒂铃木印度有限公司的汽车非常火，所以塔塔的乘用车完全卖不出去。

塔塔汽车在投身 Nano 研发的同时，还收购了英国的捷豹公司和路虎公司。从性能和价格角度看，捷豹和路虎都是高性能的高级车；另一方面，塔塔也在尽量追求低价，塔塔既重视高性能又重视低价格。

◎拉登·塔塔的叹息

Nano 的诞生是因为右边这张照片中的场景。

雨天的孟买，一家 4 口人骑着一辆摩托车——这是孟买常不变的风景。

但是，看到这个场景的拉登·塔塔（Ratan Tata）叹息着说："这是一个国家的耻辱。"拉登·塔塔（Ratan Tata）认为必须要给印度人民提供舒适安全的交通工具。

同样的场景，铃木公司的铃木修、丰田公司的丰田章男应该也看过很多次，但是可能只是认为这是日常场景，没太留意吧！而拉登·塔塔（Ratan Tata）却认为这是一件值得羞愧的事，这充分说明了他是将印度当作自己的国家那样去热爱的。这已经成了一段佳话。

即使是同样的状况，如果想着"创造未来"或是"就是这样的"，那么行动是完全不同的。

这关系到 CSV 的本质，Nano 汽车创新的起点就是真正想改变社会问题的信念。

Nano 的失败与东山再起

塔塔汽车使看似不可能制造出 2 500 美元的汽车这件事成为现实。这说明该公司有着非常优秀的创新能力，那么为什么最初生产的商业性 Nano 汽车没有成功呢？

之前我们介绍的拉登·塔塔（Ratan Tata）的事成了一段佳话，但是当时他自己开的车却是捷豹。对于从未经历过贫困的他来说，在看到 4 个人骑一台摩托车时，难免有一些怜悯之情。

如果仔细看，会发现照片中的家庭洋溢着幸福的表情。其实，孟买市中心的交通堵塞非常严重，而摩托车是一种非常轻松便捷的交通工具。

◎世界上最便宜的车没有魅力吗？

Nano 的失败也可以从品牌的角度来解释。把使用便捷的摩托车换成汽车的顾客也有其相应的理由。从两个轮子的车换成 4 个轮子的车，意味着人均 GDP 达到了 3 000 美元。也就是说很多顾客觉得买汽车是地位的象征。

既然是为了追求社会地位，那么顾客肯定不想买宣称是"全世界最便宜的汽车"。塔塔公司没有调查市场，品牌设定也失败了。再加上最初 Nano 汽车发生过起火事件，就更卖不出去了。

2015 年，Nano 汽车第二代上市了，最终渐渐卖出去了。从第一代 Nano 汽车上学到了很多。就像本田 N Box 那样简单明了，即使是小型汽车，也要追求高性能。

总之，第一代 Nano 汽车只注重了低价格，而第二代 Nano 汽车关注了性能。既然能生产出在性能上达到了极致的捷豹和路虎，那么提高 Nano 汽车的性能是肯定能做到的。塔塔公司终于符合了印度人的心声，最终生产出了非常帅的 Nano 汽车。

在经营方面广受赞誉的 Nano 所面临的挑战

商业周刊和 BCG 每年都会发布"全球最具创新力的企业名单"。它不是按照我本次的排名那样以营业额和利润率为基础的，而是根据来自全球经营大佬的投票方式而进行的排名。苹果公司和谷歌公司常常在名单中排前几名。

2008 年，在这个排名中，塔塔排第六位。全球经营大佬给出了如此高的评价是因为塔塔公司对 Nano 汽车的挑战。在汽车这个保守行业中，塔塔不安于现状，设立并且实现了新目标，这使塔塔受到世界瞩目。

Nano 本身虽然败在了消费者市场中的销售环节，但是企业品牌一跃成为世界顶尖水平，而且还吸引了世界上屈指可数的伙伴企业，塔塔向下个时代加速成长的计划成功了。

塔塔还抓住了新兴国家的需求，产生了"精益管理型"的创新。而且还走出了印度，勇敢地向非洲新兴国家和发达国家迈进，这让人们感受到了塔塔公司全球性成长的潜力。

5

零售业的
超快成长
企业

星巴克

全食超市

接下来我们继续介绍重要的公司，这两家公司可能让人感觉与日常生活贴近。本章要介绍的两家企业都是从身边的小零售商成长为受人瞩目的超快成长企业。一个是日本人非常熟悉的星巴克，另一个是在美国备受关注的零售超市全食超市。

咖啡行业的革命者

排名第十四位 | 星巴克

"新一代咖啡"的发起人

星巴克通过提出"有咖啡的新生活方式"形成了新的行业形态。我们来看看星巴克的特征。

星巴克在美国提出"第三空间"的概念深受人们追捧。但是这个概念在最初的国外推广地——日本，却不太受欢迎。因为这个概念带有极强的美国式价值观。

首先，"第一空间"就是自己家里。美国的丈夫或者妻子下班回来要说"亲爱的""我爱你"之类的话，而且要惦记的事情非常多。因此在"第一空间"并不惬意。

"第二空间"就是公司和学校。在这些地方也是总有上司和老师的目光盯着，也会在精神上觉得紧张。

因为在"第一空间"和"第二空间"都是有压力的地方，所以星巴克采用了回归自我的"第三空间"的提案，这也是星巴克成功的关键因素。

但是日本人在"第一空间"，也就是自己家里就可以充分放松；而且在"第二空间"的公司里也很舒服，深夜不回家，周末还来公司放松，做这些不合情理的事情的人也不少。此外，日本的居酒屋等"第三空间"也非常多。所以，星巴克的"第三空间"概念在日本完全没有吸引力。

◎在日本和中国的概念的变化

与美国的形式不同，星巴克在日本的流行是因为它提供了"高品质的休息空间"。

另一方面在中国流行是因为它是"和朋友聊天的场所"。总之，星巴克的店面地点改变，其理念和价值也随之改变，从而不断进化。

在日本，星巴克不拘泥于美式咖啡的味道，对日本人来说，它就是跟红茶一样的"饮料"。

星巴克在美国形成了一种"享受真正的咖啡"的新的咖啡文化，而且星巴克现象在日本的塔利咖啡和韩国的 TOM NTOMS COFFEE 等咖啡店中也掀起了新的连锁店风波。

Starbucks 2.0 的突然失控

星巴克刚成功不久，2000 年初，星巴克创始人霍华德·舒尔茨便离职让做企业顾问出身的人做了首席执行官。从此，星巴克就开始失控了。

我把舒尔茨之后的新经营者做的事整理成了蝴蝶模式，图 4-12 就是舒尔茨退职后的星巴克。

分析舒尔茨之后的星巴克战略，可以整理出像这样从左上到右下的漂亮的斜度。这就是继舒尔茨之后 Starbucks 2.0 的目标。

◎从蝴蝶模式看 Starbucks 2.0

首先从③顾客洞察出的目标就是"超越咖啡，做顾客体验的集中者"。确实，星巴克既然作为"第三空间"，就不能单纯只卖咖啡，但是以咖啡为核心向外扩展其他事业真的好吗？构建"顾客体验的集中者"这样大而空的理念就是星巴克失控大戏的开端。

④成长引擎的目标就是在全世界开设星巴克咖啡店，同时，还采取在一个交叉点的 4 个角都非常集中地设立店铺的开店战略。星巴克提供的商品有咖啡，还销售自己的音乐和电影等，这让人们不知道这到底是一家干什么的店。

⑤目标是在现场实现服务的标准化和效率化。星巴克原来的做法非常浪费时间，咖啡师与顾客面对面，一边做咖啡一边与顾客聊天。因此现在要引进咖啡机，实现彻底的效率化。

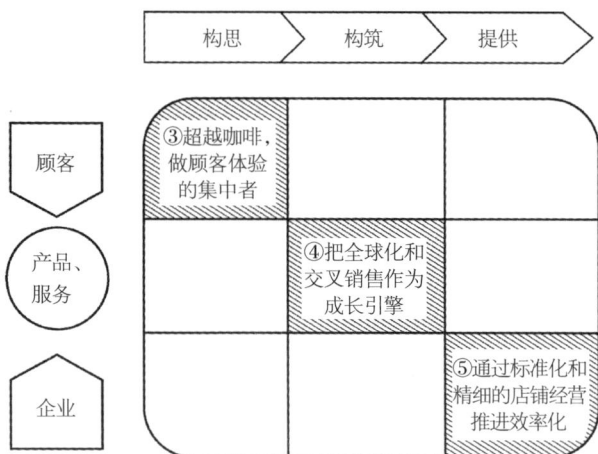

图 4-12　舒尔茨离职后的星巴克

　　新董事长进行的是蝴蝶模式中从左上到右下的直线形经营。虽然规模扩大了，但是却失去了粉丝。

　　然后，雷曼危机发生了，星巴克来了个急刹车，一下子陷入了经营危机中。

　　雷曼危机爆发后，霍华德·舒尔茨回到了经营前线。他写的书《星巴克的重生故事》生动叙述了这一时期的前因后果。

　　霍华德·舒尔茨首先彻底审视了雷曼危机的发生与资本市场的关系。

　　坐镇指挥的 Starbucks 2.0、企业顾问出身的董事长还在追求从资本市场中成长，不管不顾地扩大路线。

　　但是，复归的霍华德·舒尔茨明确地说："对于资本市场，成长不是目的，不过是结果而已。而且如果星巴克只是追求短期成长的话，那不要股东也行。"

　　然后，他让店铺停止提交每月营业额报告，这激怒了分析专家们。但是他还是坚持他的做法，他说他不希望通过每个月起伏的营业额来做评判。这样一来，追求短期成长的股东非常不愿意，但却成功地获得了拥有长期志向的股东的支持。

　　日本最近也在提倡重视资本市场。但是，如果只是进行谄媚资本市场的经营，一味地追求速度和结果，就会陷入没有远见的经营漩涡中。霍华德·舒尔茨向我们展示了从企业角度选择"正确的股东"，走持续成长的道路。

霍华德·舒尔茨的重生故事

　　霍华德·舒尔茨的这种做法直接将追求短期成长的股东挡在了门外，深入地描绘了星巴克重生的电影剧本。

　　我们来看下复归后霍华德·舒尔茨的蝴蝶模式发生了怎样的变化（见图 4-13 ）。

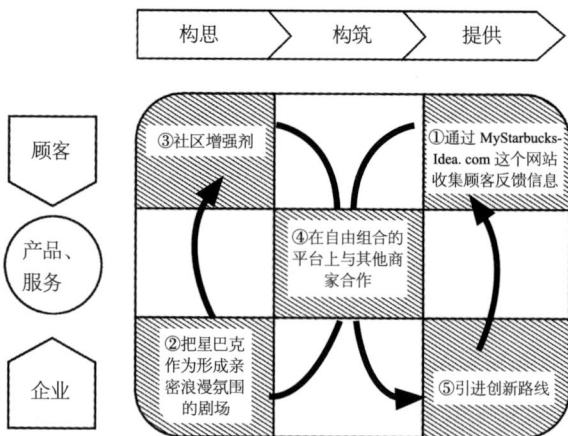

图 4–13　因舒尔茨而重生的星巴克

企业顾问肯定会主张③洞察顾客。最开始就要清楚了解"顾客到底想要什么"。

一定要关注顾客的需求，因为只要不好好关注顾客的需求，就容易产生自以为是的想法。

所以 Starbucks 2.0 才会提出"顾客体验的集中者"这么浮夸的理念。

要想避免这样的失败，首先①要从店里的顾客出发考虑问题。霍华德·舒尔茨复归之后最开始关注的也是"顾客在星巴克店里会有什么感受呢"。

于是便建立了 MyStarbucksIdea.com 这个网站开始收集反馈信息，倾听他们希望星巴克如何的心声。

同时，对有帮助的提议予以实施。如果能够很好地向顾客传达"这原本是某某提出的建议"，顾客就会更积极地提出新的建议。

霍华德·舒尔茨提出的第二个就是②组织 DNA。这可以重新定义成回到了"我的公司到底是做什么的"这个原点。

霍华德·舒尔茨重新定义的星巴克本质 DNA 就是"把星巴克作为

形成亲密浪漫氛围的剧场"。

于是，再次确认了星巴克的本质价值就是提供高品质的休息空间。

接下来才开始考虑③洞察顾客。而且定义了星巴克的角色就是"社区增强剂"。

虽然前董事长提出了"体验的集中者"这一扩张主义，但是舒尔茨的再次定义更集中在"社区"这个场所。

从"第一空间"到"第 n 空间"

星巴克模式的中央位置是④成长引擎，即关于如何扩大规模的问题。为了扩大规模，不仅要在自己的公司，还要把自己的公司作为平台让其他公司使用，并且灵活地运用杠杆的方法。因此，舒尔茨通过与多家公司合作，使星巴克融入各种各样的场合。

现在，星巴克是"第三空间"，即仅局限于星巴克店里。但是，如果只局限于星巴克店里，喝星巴克咖啡的机会就被限制了。

如何才能在"第一空间"和"第二空间"享受星巴克咖啡？进一步说，如何才能随时随地使人们享受星巴克咖啡，星巴克该如何做呢？以这个第 n 空间为根本产生的就是"星巴克免煮咖啡"。简单说就是高级的速溶咖啡，而且可以在超市销售。

为了实现这个构想，星巴克内部展开了激烈的讨论。主要问题在于，如果星巴克不提供特别的空间了，那不就没有星巴克式的体验了吗？

最终，舒尔茨提出"第三空间"的"类似体验"后，他才得到公司内部的认同。

人们不管有多喜欢星巴克，也不可能一天去好几次。因此，就有了"即使只是一点儿时间，也有星巴克咖啡的陪伴"这种想法。

但是也有这样的想法，如果人们在哪里都能享受星巴克咖啡，不就没人去星巴克店里了吗？但是其实，真正的星巴克粉丝与其购买星巴克免煮咖啡，倒不如寻求体验真正的"第三空间"，提高来店的次数。

而且，星巴克也进军了"第四空间"。这是真正的虚拟空间，即网络世界。当然在网络上喝咖啡是不现实的，但是可以在推特和脸书等社交网站上建立关于星巴克咖啡的交流群，群成员可以自由地交换意见。这才是真正的"社区强化剂"的具体措施。

◎创新路线引起的进化

Starbucks 2.0 以现场的效率化为目标进行彻底的标准化操作。确实，为了扩大规模，标准化是必需的。但是这就减少了与顾客的接触，反而导致了顾客的流失。

Starbucks 3.0 引进了创新路线这个想法。

在各门店铺发挥创新，花时间接待顾客，把让顾客开心的想法作为全球星巴克的新路线。这样做的目的就是奖励店铺里的创新，然后总部再把这些新的想法集中起来。

不是进行无目的的标准化，而是通过花时间在店铺中创新来实现高度的可操作性。舒尔茨的这种做法把进化的过程留在了店铺里。

◎超越连锁店理论

舒尔茨的回归使星巴克从僵硬的标准化中解放出来，把创新的精力放在了店铺。

星巴克店铺也有卖酒的情况。原来的星巴克不可能这样做，但是有些店认为给成年人这样的社交群体提供酒是很正常的事，于是便开始提供啤酒和葡萄酒。

星巴克的这种模式正在尝试突破现有的连锁店理论。

20 世纪的后半段是连锁店最繁盛的时期。最典型的就是沃尔玛超市。连锁经营是在整体规划下进行专业化分工，并在分工基础上实施集中化管理，所有店面都是一个面孔，日本破产了的大荣集团的创始人中内功先生就是连锁经营理论的忠实拥护者。

但是，连锁店理论在"工业化时代"是非常好的，但是却不符合"个性时代"的需求。因此，舒尔茨就倡导门店主义，以此脱离连锁店模式。可一旦实行门店主义，就很难实现对规模经济的追求。因为门店很可能变成散乱的单个店铺。

创新路线就是一边保持门店经营，一边用商标将它们联系起来。一边遵循门店主义，一边使星巴克的品牌得到进化。换句话说，舒尔茨追求的就是在品牌相同的情况下，还能感受到每个店的自由气息。

而且舒尔茨认为店铺不仅要销售商品，还要发挥每个人的价值。因此，每个人的思想和行为都很重要。店里每个员工在提供价值的过程中都拥有最高的地位。重视效率，不走没个性的连锁经营道路，舒尔茨完全与连锁经营的理念背道而驰了。

第三次咖啡浪潮的兴起

现在星巴克迎来了新的考验。第三次咖啡浪潮来势凶猛。

第三次咖啡浪潮代表了咖啡的美学化，纯粹之美。这个名字是为了与由星巴克引领的第二次咖啡浪潮相区分。不管星巴克怎么实行门店主义，都能看出连锁店的影子。

霍华德·舒尔茨带动的 Starbucks 3.0 时代的店铺都很有个性，但是第三次咖啡浪潮已经让星巴克无法安逸的生存了。短短数年，第三次咖啡浪潮就在旧金山流行起来了，这种趋势还蔓延到了纽约，成了一种新的浪潮。

第三次咖啡浪潮希望花时间为真正热爱咖啡的人准备咖啡，让他们喝到美味的咖啡。

第三次咖啡浪潮的旗手——蓝瓶咖啡的创始人詹姆斯·弗里曼曾是一名单簧管演奏家。他在日本巡演时，因为在日本的一家咖啡店获得了灵感，便创办了蓝瓶咖啡。而且，他的第一家海外分店也毫不犹豫地选择了在日本。2015 年，蓝瓶咖啡分别在东京的清澄白河和青山开了 1 号店和 2 号店。

蓝瓶咖啡给了日本一直比较衰弱的大众咖啡店灵感，它们开始为真正喜欢咖啡的人提供可以享受美味咖啡的场所。

蓝瓶咖啡被称为"咖啡界的苹果"，人气非常高，以谷歌为首的一些硅谷 IT 企业都出资了。如果这样下去的话，星巴克就成了"咖啡界的微软"。

以分店经营为主线的 Starbucks 4.0

星巴克在其创业地西雅图开设了名为"星巴克甄选"的门店。实际上这家店与蓝瓶咖啡非常相似。霍华德·舒尔茨认为，"我们最初就想做这样的咖啡店"。

"元祖"之争暂且不说，星巴克再一次彻底地投入到咖啡的饮用方式、制作方法、甚至原料的采购中。

这种投入是巨大的挑战。因为第三次咖啡浪潮中的弄潮儿都主张"小规模经营"。

美国曾经有过"大企业是邪恶的"风潮。微软和沃尔玛这样的大企业被看作是"邪恶的帝国"。

就像我之前说的那样，这是谷歌最警惕的陷阱。美国文化的根基就是个人主义，所以人们认为与个人对抗的"工业化力量是邪恶的"。

霍华德·舒尔茨正在思考让星巴克恢复人性。但是，规模庞大的星巴克该怎样才能开展门店主义仍然是个问题。

星巴克 3.0 的目标是解开"规模大还要有个性"这个二律背反的命题。让我们拭目以待，看星巴克如何以甄选门店为起点不断向 4.0 时代进化。

有机食品热潮的发起人

非排名对象　相当于第十七位 | 全食食品超市

全食食品超市（以下称为全食）公开上市是在 2000 年以后，所以没有进入本次 100 家公司的排名，但是从成长的角度看，它是相当于第 17 名的急速成长企业。

虽然全食还没有进军日本市场，还不是太了解，但是它是一家以销售有机食品为核心的超市。

全食与沃尔玛、好市多这种大型仓储超市不同，它是随便逛逛都会感到享受的购物空间。全食为许多顾客提供了他们想要的健康食品。不过，鉴于这些食品的价格实在高昂，全食得到一个外号——全额支票。

约翰·麦基的志向

全食是约翰·麦基在 1980 年与他当时的女朋友创立的。

麦基与史蒂夫·乔布斯一样都生活在嬉皮士时代，而且都中途退学了。史蒂夫·乔布斯也是一个有着非主流、非资本主义思想的人。麦基退学后迫于生活压力在消费生活合作社上班。

麦基本来以为消费生活合作社是旨在帮助消费者的，实际上班后却发现与他想的不太一样。他发现里面都是一些政治性人物，完全不为消费者考虑，受到打击的麦基决定自己单干。

于是麦基在美国德州奥斯汀的郊外开了一家有机食品店。有机食品的定义也很复杂，仔细研究起来还很麻烦。麦基最初开的店就是以喜欢有机食品的人为受众群体的纯粹的店。他的店被一些狂热的粉丝支持，但是大众不太接受。

◎让美国人更健康

但是，全食开了不到一年，就遭遇了飓风袭击。

走投无路的麦基接受了很多人的帮助。希望店铺重建的顾客拿来水桶和抹布帮助一起重建。支持者爽快地承诺可以延期支付，银行贷款也没有很艰难。于是，融资成功。麦基在之后回忆说："我深深地感受到了企业利害关系人的重要性，这是我非常重要的原始感受。"

度过了危机的麦基非常苦恼，他希望为了美国人的健康大范围推广有机食品。这样，全食超市就从原来那种以小部分狂热群体为核心的有机食品店转变成了以普通顾客为对象的高品质超市。

但是，一部分纯粹的有机食品爱好者认为全食超市过于迎合大众而离开了。即便如此，全食超市仍然秉承着让更多美国人拥有健康的生活方式的理念，以美国为核心，不断成长。

自觉资本主义

约翰·麦基一直主张"自觉资本主义"的概念。如果对资本主义放任不管它就会失控，因此应该多加注意，把资本主义向正确的方向上引导。

◎幸福的良性循环

为了更好地理解自觉资本主义，约翰·麦基描绘的"幸福之轮"（图4-14）更清晰明了。这张图清楚地说明了全食超市是一家什么样的公司。

"幸福之轮"的起点是"团队成员的幸福"。在全食超市，包括兼职人员在内的员工都被称为团队成员。团队成员的幸福是一切的起点。这和星巴克的"员工是主角"的理念异曲同工。

全食的录用条件也很严格。按规定，每位新同事都会被分配到某一团队，在4个星期的试用期后，由团队成员投票决定这位新同事的命运——新同事必须获得2/3以上的赞成票，才能获得全职岗位。这是一家非常重视"和"的公司。

如果去全食超市，你会发现那里的员工都很有活力，每个人都有着

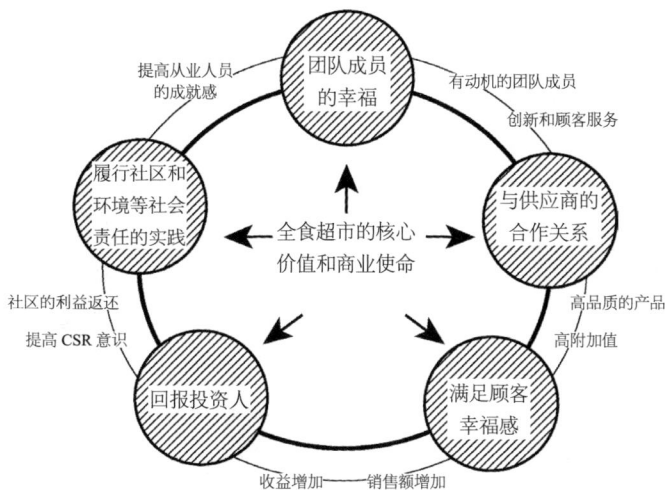

图 4-14　"自觉资本主义"带来的"幸福之轮"

强烈的自豪感。团队成员感到快乐，全食超市相关的从业者也会感到幸福，这样顾客就会感到幸福，投资者也会感到幸福，有全食超市的社区也会感到幸福，这就形成了良性循环。

◎**提高股东价值**

企业价值增长率（图 4-15）可以反映股东的幸福感。

此图将公司分为两组对比股价的变动。右侧的斜线框是 S&P500 指数，这是记录美国 500 家上市公司的一个股票指数；左侧的黑色框是以全食超市为代表的、关注企业利害关系人经营的公司，也就是麦基提出的自觉资本主义企业的指数。

从这个图表中可以发现不以提高股价为目的自觉资本主义经营方式最终会给股东更高的回报。

约翰·麦基的好斗心非常强，他不断地同纯粹资本主义经济学者米尔顿·弗里德曼进行争论。米尔顿·弗里德曼主张企业雇用员工，缴纳税金就承担了足够的社会责任。而且，主张不承担企业的社会责任，而

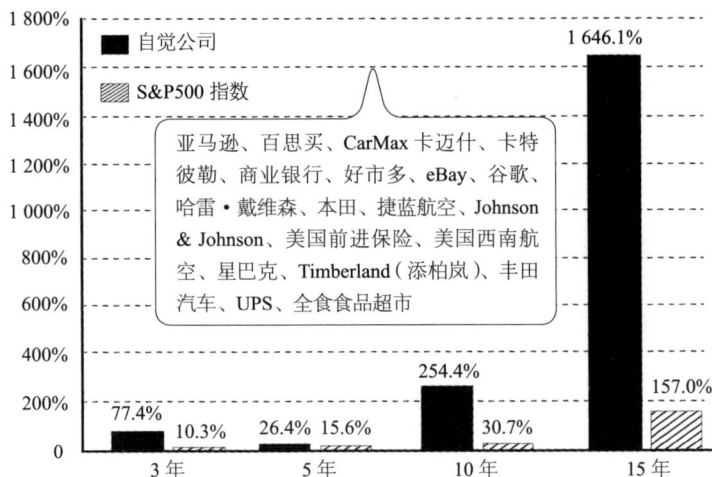

图 4-15　企业价值增长率（追求理念型 vs 追求利益型）

来源：《钟爱的公司：世界级公司如何从利润到激情和目的》（2017）

应该专注于股东价值的增长。

在很多文献中都有两个人的争论，麦基正面反对米尔顿·弗里德曼的观点。麦基主张"放任的话，资本主义就会堕落"，到米尔顿·弗里德曼 2006 年去世之前，这种对立都一直持续着。奇妙的是，雷曼危机证明了麦基的观点。

约翰·麦基的书《想成为世界上最重要的公司》以这种改变风潮的标题上市了，当然这个标题说的就是全食食品超市。

全食超市与沃尔玛相比，还不能说是风靡全美。麦基在开店上非常慎重，全食超市一旦到来，就点亮了社区的灯，全食超市是受美国人热爱的公司。

◎从品质企业到全球成长企业

全食超市与沃尔玛一样，也听到了一些批评的声音，因为它们开设分店让当地的店没有生意可做，不得不关门。

但是，这没有动摇麦基的目的，他希望社区里的人有活力更健康。通过扩大这种小圈子，来拯救整个美国。

而且也有批评说全食超市的"成长过于贪婪""一边批判资本主义，一边还在不断的积累资本"。麦基的好斗心很强，而且他感到非常气愤，所以一直在做斗争，这让人们认为他是一个非常古怪的经营者。

但是麦基的主要目的还是超越"机会企业"和"品质企业"的对立结构。而且通过超越这个二律背反结构，使全食超市实现向全球性成长企业的进化。

6

**超过百年
的消费品
制造商**

宝洁

雀巢

接下来我们介绍下零售企业，让我们把目光转向消费品制造企业。在这里我想介绍的公司是大家耳熟能详的宝洁和雀巢。

优良企业的代名词

排名第六十八位 | 宝洁

宝洁公司（以下称为宝洁）是优良企业的代名词。它可以说是"蓝筹股中的蓝筹股"（美国股票市场中交易的优秀品牌名。蓝筹股多指长期稳定增长的、大型的、传统工业股及金融股。这类公司一般经营管理良好，拥有创利能力稳定、回报率高的公司股票。这类公司在行业景气和不景气时都有能力赚取利润，风险较小）。但是昔日的优良企业却接连不断出现失控的状况，宝洁公司到底怎么了？

优良企业的必要条件是什么

2011 年，一篇名为《优良企业的管理理论》的论文获得了麦肯锡银奖，因此而备受瞩目。作者是哈佛商学院的罗莎贝斯·莫斯·坎特（Rosabeth Moss Kanter）教授。

坎特教授也担任着 IBM 和宝洁的咨询顾问，论文中也举出这两家优良公司作为例子。顺便说一下，论文中只提到了欧姆龙这一家日本企业。

◎优良企业共同的 6 个要素

坎特教授认为优良企业具有 6 个要素，而宝洁公司全部具备，并且进行了分析。

①是共同目的。宝洁的理念是"改善全世界消费者的生活"。宝洁公司的 PVP（Purpose，Value，Principle；目的、价值、原则）就像宪法一样渗透进宝洁的方方面面。

②是长时间的专注。宝洁是一家超过了 150 年历史的公司。即使这样，每一代人都会思考我刚才说的，也就是长时间的专注问题。如果一代是 30 年左右的话，那么要三代才是 100 年，这种观点深深地地根植在每一代宝洁人的心中。

③是员工的乐观心态。宝洁公司在西非组织了一系列关于埃博拉病毒的活动。宝洁公司的员工认为参与其中是非常自豪的，他们一直保持着活力。

④是与公众的合作。各国的宝洁分公司都与政府和医院开展合作业务。

⑤是创新。宝洁在开展联系与发展模式，而不是研究与开发模式。宝洁不止追求由自己公司研究发现的新产品和新事业，而且把从其他公司广泛收集来的想法进行商品化，加速创新。

⑥是自组织化。宝洁的组织运营的基轴是现场自发的开展活动，而不是像一些大企业那样以自上而下的指令为基轴的。

这 6 个要素中，最有宝洁风格的要素有两个，接下来我们来详细介绍下这两个要素。

◎ PVP

宝洁的 PVP（目的、价值、原则）理念渗透进了宝洁的方方面面。

因此，宝洁的历任管理者都一再地强调 PVP 理念。2009—2013 年担任董事长的鲍勃·麦克唐纳简直就是 PVP 理念的化身。他的演讲和视频资料中反复提到宝洁的 PVP 理念，他认为这是宝洁公司的根基。而且他像一位传教士一样，反复地问员工"我们是什么样的公司"。他一直坚守着 PVP 理念，并将其贯彻到底。

◎联系与发展

这种思想就是："在我们公司以外还有很多想法，让我们积极地的投身其中，将它们变成事业吧！"

前任董事长雷富礼在 2000 年上任之后彻底地贯彻了这种思想。他曾在他写的书《游戏颠覆者》中写道："我们发现了全新的创新方法。"

不仅是商品开发，设计、调度、产品制造、销售、市场等所有价值链中有一半的新想法是从外部的联系中获得的。

所谓的"外部"，具体指冒险企业、大学等研究机构和个人。宝洁进而从中得到了支持者所拥有的智慧，并且也从冒险资本家、企业咨询顾问和我接下来要介绍的竞争对手身上学到了很多东西。

从解决问题到挖掘机会

雷富礼的著作《宝洁制胜战略》在 2013 年问世了。在这本书中，他介绍了宝洁式科学战略的制定流程。

我在一桥大学研究生院讲一门关于问题解决的课程，我讲的麦肯锡式问题的解决是从"课题"导入的。因为如何设定课题决定了答案的质量，所以必须彻底考虑清楚"什么是问题""什么是课题"。

但是，宝洁式问题解绝不是从"课题"开始的，而是从"机会"开始的。其实"课题"和"机会"是相反的关系。如果能解答"课题"的话，才能实现与下次成长的"机会"联系起来这一目标。

如果从"课题"导入的话，眼前全是问题，会有一种悲从中来的感觉。但是如果从"机会"开始导入的话，大门一打开就会让人有一种跃跃欲试的感觉。"发现机会，一往无前。"这就是宝洁式手段的初心吧！

◎科学战略制定流程

雷富礼写的宝洁的"科学战略制定流程"（图 4-16）一共分为七步。

第一步是先不考虑制约的条件，从而选出选项。

第二步是进一步扩展其可能性的范围。

第三步是思考使选项成功的条件。提前考虑了"成功条件"，也就有了可能性，然后再进行下一步。

第四步是考虑制约条件。这一步是考虑什么是"游戏妨碍物"和"游戏杀手"。

第五步和第六步是设计实行"成功条件与制约条件是否匹配"的证实实验。这部分是让最反对的人进行实验。

第七步是根据实验结果做出决定。

批判的人是指外部一直持反对态度的人，让其中最有说服力的反对者进行实验，如果连这样的人都能认同，那么成功的可能性就会更高一筹。

这一系列的流程是从学习科学的发现历史中得出的。

但是，时至今日的经营未必都是具有科学性的。经营是带有"政治性"的，经营倾向于"声音大的人是赢家"，或者会陷入"反对势力中"。

而宝洁的特征就是采取科学、公平的"发现、实验、验证可能性"的流程。通过验证，然后以推进的方法进行 PDCA 循环，即计划（Plan）、实施（Do）、检查（Check）、行动（Action），从而不断产生组织创新。

		不做	做
①选出选项	通过 MECE（Mutually Exclusiue Collectively Exhaustive，相互独立，完全穷尽）分析法选出至少两个与经营课题相关的选项。	课题水平停滞，列举不能做的原因。	在选项中加上"现状维持"这一条，仔细考虑为什么这是正确的选项。
②扩展可能性	尽量拓宽思考的范围，想出与各个选项相关的所有可能性。	提前考虑不能做的原因，在大脑中否定可能性。	超越之前的立场和思考框架，比如说以锚定的立场来思考。
③思考成功条件	关于各个可能性，思考为了使可能性成立，做什么是一定正确的。	列举出不能做的原因，否定可能性。	把担心的事由否定变成疑问，然后进入下一步。
④考虑制约条件	考虑在这些成功条件中，在实现可能性方面的最致命点。	把所有的成功条件都作为制约条件进行证实。	让反对者也对最致命的条件达成一致。
⑤设计证实实验	设计出关于各个致命条件的确定的、必要且须充分验证的地方。	让新选项的提出者带头实验。	让做怀疑选项的人带头证实。
⑥实施证实实验	与致命条件相关，为了确定成功而实行小规模的证实实验。	让外部的企业顾问证实所有可能性。	聚焦于最致命的条件，进行精准定位的证实实验。
决定 7	根据证实实验的结果，判断成功条件是否成立，从而决定是否做。	通过证实实验即使看到了积极的结果，也对实践犹豫不决。	先以小规模开始实施，为扩大规模制定实践计划。

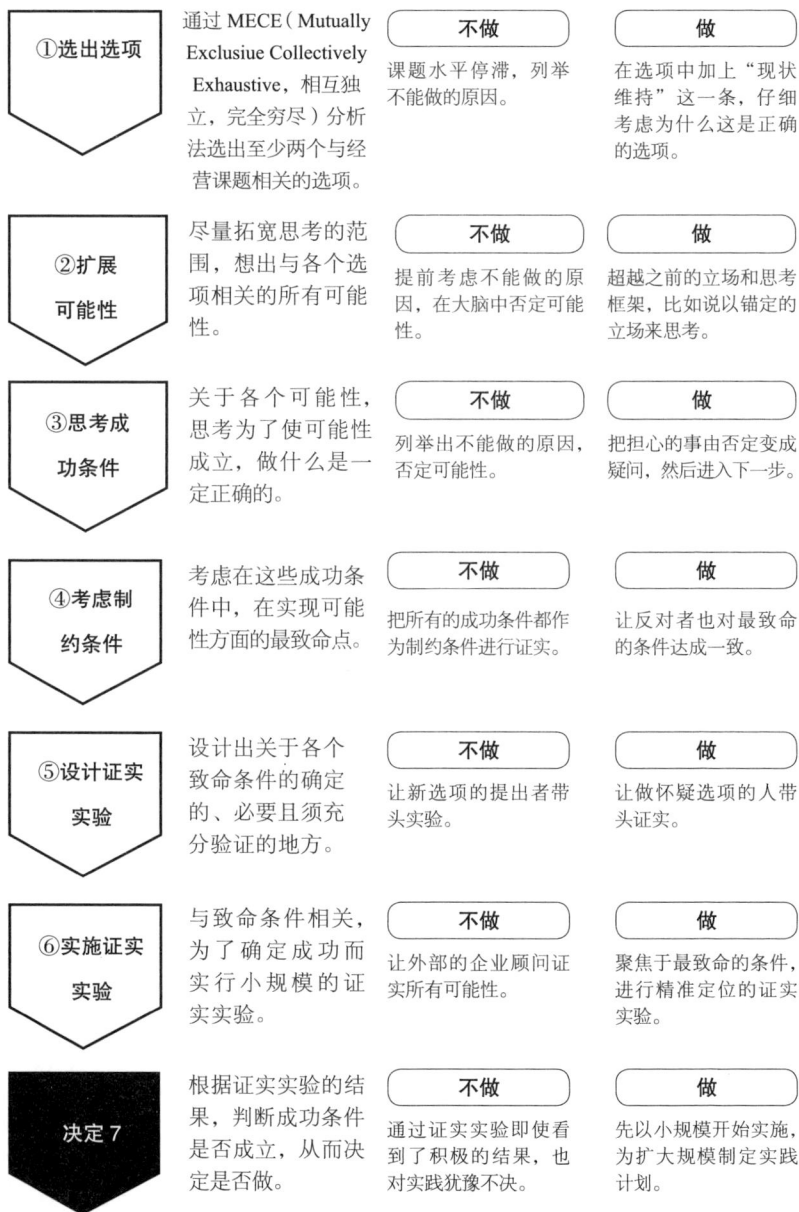

图 4-16　宝洁的"科学战略制定"流程

来源：Bringing Science to the Art of Strategy (HBR September 2012)

发现新的大众消费品市场

让我们通过具体的例子来观察宝洁的战略吧！

宝洁最早的化妆品系列品牌是玉兰油。

玉兰油一直都是面向大众的化妆品，宝洁很早前就考虑能否在高级化妆品市场卖玉兰油系列化妆品。

但是高级化妆品市场中，雅诗兰黛和欧莱雅的地位已经非常稳固了。宝洁认为不能在那样的高级化妆品市场中销售一直在超市销售的玉兰油系列产品，所以它们将目标瞄准了大众产品和高级产品之间，并制定了相应的战略（图 4-17）。

既然不能将玉兰油系列产品提升，宝洁便通过战略制定流程的第六步的证实实验，得出了两个价格节点。

大众产品被看作是 12.99 美元以下的产品，18.99 美元以上的产品被看作是高级产品，所以定位在中间带的话，就必须使成交价格在 12.99～18.99 美元之间。

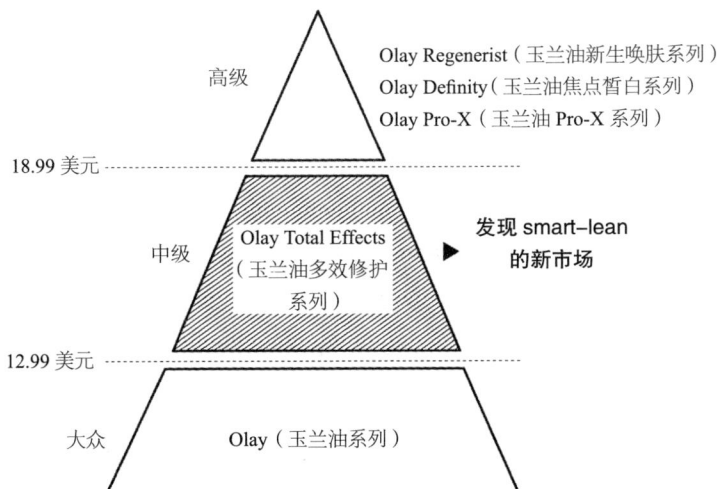

图 4-17　宝洁——新成长市场的发现：以化妆品为例

◎实现精益管理的"中级"战略

这个新的价格带被称为"中级"。

"中级"这个词后来不仅用在了化妆品行业，也用于葡萄酒等其他行业。

葡萄酒的话，高级葡萄酒当然非常昂贵，日常喝的葡萄酒就非常便宜，中间"还不错的葡萄酒"就是中级葡萄酒。其实这也是我一直主张的精益管理。一旦将目标定为中级，成交价格就会提高，因此也占领了更大的市场。

"联系与发展"的快速进击

宝洁快速成长阶段是从雷富礼最初担任董事长的 2000 年开始的，之后一直持续了 10 年。而且，当时宝洁成长的驱动力就是我标题中提到的"联系与发展"。

◎与竞争对手公司合作开发的"速易洁"

通过"联系与发展"战略开发出的最有名的产品就是"速易洁"了。

速易洁是不需要用水，只需通过静电吸附灰尘的清洁抹布。虽然这种产品在日本不常见，但是在美国非常畅销，可以说是最有名的清洁用品了。

值得注意的是这款产品中采用的可替换的布不是宝洁生产的，而是尤妮佳（Unicharm）公司生产的。

尤妮佳公司是生产纸尿裤和生理用品的公司，可以说是宝洁公司的宿敌。但是尤妮佳公司虽然好不容易生产出来了具有划时代意义的布，却没有销售清洁用品的渠道，人们也不知道尤妮佳品牌的清洁用品。

而另一方面，如果宝洁想开发同样的布，既耗费金钱又耗费时间。因此这两家存在竞争关系的公司就联手建立了双赢关系。这样一来，"联系与发展"战略与之前的"研究与开发"战略相比，在成本和速度上都有了很大改善。

雷富礼在 2000 年就任董事长后，确立了宝洁一半的创新都应从外部得到的方针。这个方针非常正确有效，在雷富礼在任的 10 年中，宝洁的销售额翻了两倍，利益额翻了 4 倍，而且使企业价值达到了 1 000 亿美元，于是实现了企业巨大的成长。

◎ **与其他公司联系的"货币"是什么**

宝洁公司为了实现"联系与发展"的战略模式，将自己公司提供的东西称为"货币"。

当然，谈到联系的话，也可以说是合作，如果自己的公司不能给对方公司提供对它们来说有价值的东西，对方也不可能向自己的公司提供有价值的东西。宝洁所谓的"货币"，举例说是下面这些东西。

· 生产流程、产品开发与研制等所必需的技术或知识等的情报

· 大众消费品市场

· 专利

· 设备

· 忠诚顾客（回头客）

· 与政府的坚固关系

加速实现"联系与发展"战略的关键就是如何扩大与其他公司的联系网，并且建立深入地联系。于是宝洁的事业开发体系就如图 4-18 中所展现的那样，宝洁专门设置了发现商业机会的"联系与发展"部门。

专业团队拜访很多公司以挖掘想法，这一点也是其他公司不具备的宝洁特有的特征。

成长的反作用与突然失控

当时，亨利·切撒布鲁夫（加州大学伯克利分校哈斯商学院教授）提倡的《开放式创新》刚开始崭露头角。

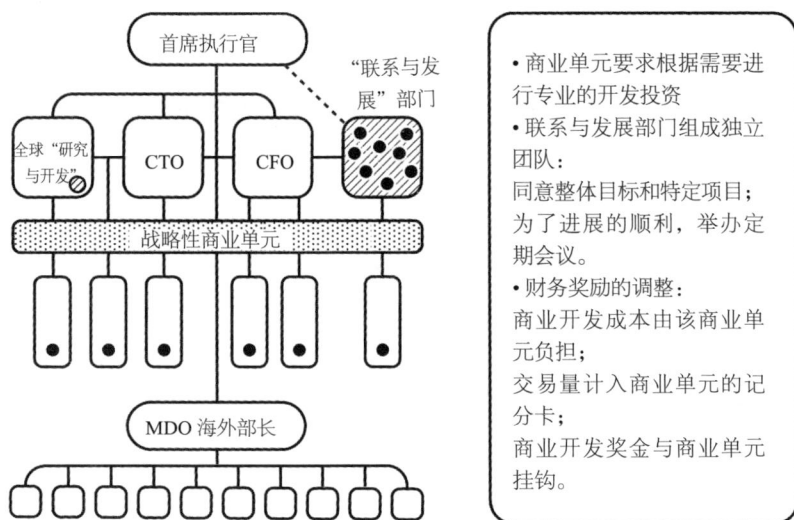

图 4-18 宝洁事业开发体系

而且，宝洁的"联系与发展"模式作为"开放式创新"的成功事例广为人知。

不过，切撒布鲁夫教授本身却对此模式持怀疑态度。他说："开放式创新对于相互之间的交流要求很高，交流程度决定了成功与否。但是并不是过分依赖外部，而是要对自己能够提供的东西精益求精。"

切撒布鲁夫教授对宝洁公司的"发展与联系"模式能成为开放式创新的代表性例子表示非常迷惑不解。

◎引进"联系与发展"模式导致悲剧的 LG 电子公司

实际上，就像切撒布鲁夫教授预见的那样，"联系与发展"模式风靡一时之后，显露了巨大的负面效果。

我要讲一个我在麦肯锡工作时遭遇的悲剧事件。

2007 年，南镛先生就任韩国 LG 电子的首席执行官，他上任之后雇用了麦肯锡团队。我和南镛先生很早以前就认识，那时候他还是 LG 公司的主管，但是由于 2007 年我在三星工作就没能加入这个团队。

进入 LG 公司的麦肯锡团队向南镛先生大肆宣传宝洁的"联系与发展"模式，于是南镛先生也被洗脑了，并将这种模式引进到 LG 公司，而且还从宝洁公司物色了几名人才。总之就是麦肯锡团队和原宝洁员工将"联系 & 发展"模式引进到了 LG 公司，并试图改变 LG。

结果，最初运转不错的公司，在引进了这种模式后，业绩开始急速下降。

三星如果想在技术上压倒其他公司，就会彻底的贯彻"独立经营主义"和"支配化"。而相比较来说，引进了"联系 & 发展"模式的 LG 却利用其他公司的技术，试图以商品开发速度取胜。但是这种模式在大众消费品方面还算适用，可如果用于电子公司，其带来的影响是伤筋动骨的。

之后就迎来了雷曼危机，2010 年，南镛先生辞职，麦肯锡团队解散，从宝洁公司招聘的人才也离开了。LG 电子公司失控后上任的是创业者出身的具本俊副董事长，他是使 LG 重新回到以技术立足的大变革者，但是也还没能拉平与三星电子公司的差距。

LG 的失败好像暗示了什么，不久后宝洁也失控了。

◎**雷富礼的再次登场**

雷富礼不仅是宝洁公司的首席执行官，更是现代有名的管理者。2009 年，他在退休后出版了《游戏颠覆者》这本书，描述了"宝洁的成功秘诀"，并且开始了他从容地演讲之旅。

◎**新首席执行官领导下股价下降的原因**

接任雷富礼出任首席执行官的是麦睿博。雷富礼是战略家，而麦睿博是出身于陆军士官学校的"诚实先生"，是个非常具有诚意的人。

麦睿博一出任宝洁的新首席执行官，宝洁的 EPS（每股盈余）就开始下降。一直到 2012 年每股盈余都处于下降的状态（图 4-19），2013 年，麦睿博辞去了宝洁首席执行官一职。

宝洁经营不利的直接原因是雷曼危机后的经济低迷。而且麦睿博对在雷富礼时代落后的新兴国家投资过快，导致业绩急速下降。但是宝洁失控的真正原因中还有其他因素。

在麦睿博时代之前，宝洁就对其研究分开发急速削减（图 4-20）。也就是说，本来以研究开发为强项的宝洁公司采取了"联系与发展"模式之后完全成了普通公司。

为什么会陷入这种状况呢？原因很简单。

因为公司外部存在无限智慧，对于事业部门来说，相比于依靠本公司的研究开发部门，依靠外部的方法能够更快速地完成商品开发。但是依靠外力的副作用就使自己的研究开发部门的职能弱化了。

而且，在这之后，宝洁与其他公司的关系也变得越来越奇怪。

在其他公司看来，宝洁确实有着世界性的销售渠道。但是仅仅这样的话，宝洁与批发公司便是大同小异了。如果除去中间的差价，直接作

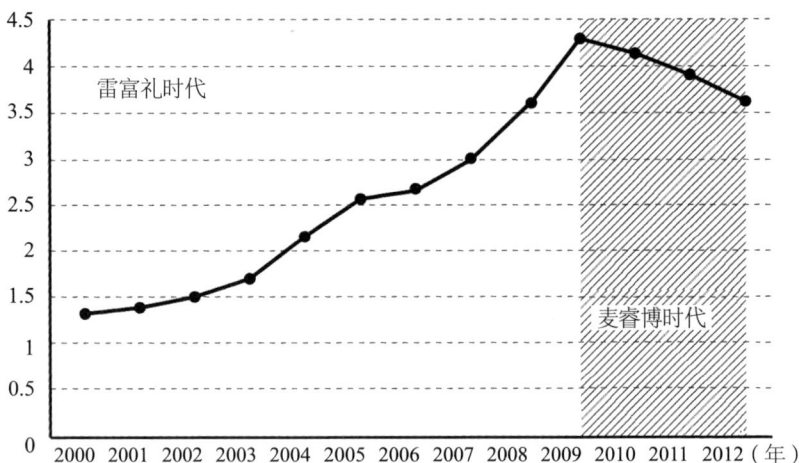

图 4-19 宝洁的 EPS（每股盈余）

出处：宝洁年度报告

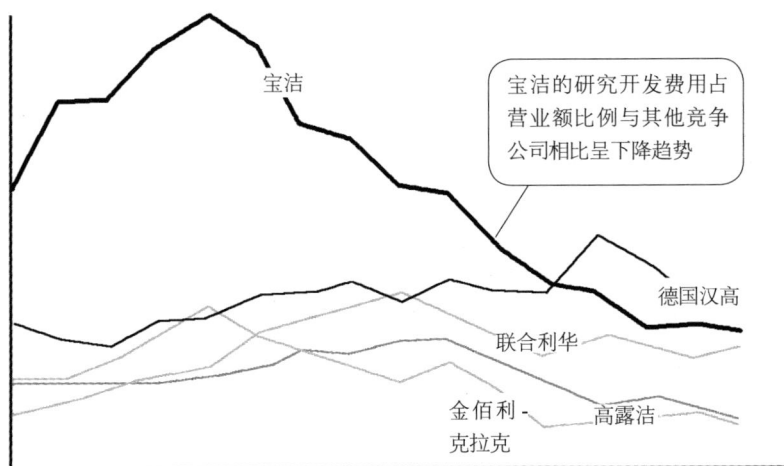

图 4-20　宝洁急速压缩研究开发（各公司研究开发费用占营业额比例）

为像沃尔玛和好市多这样的私人品牌进行销售的话，不管是对成本竞争力还是销售能力都具有压倒性的益处。

总之，既然宝洁无法提供技术水平上的支持，那么与宝洁合作也就没有了附加值。

就是这样，宝洁内部的开发能力趋于枯竭，公司外部也没有比较好的想法，自然开发不出新的产品。

◎宝洁能复活吗？

正如亨利·切撒布鲁夫教授鸣响的警钟那样，如果对于开放式创新不慎重的话，"联系与发展"模式就会成为缩短公司寿命的毒药。LG 和宝洁的失败都毫无意外地证明了这一点。

在麦睿博的领导下，宝洁营业额增长速度低于股东们的预期，这遭到了部分股东的不满，他们要求该公司尽快采取措施改善业绩，包括进行管理层的调整。多方压力下，麦睿博被迫辞职。2013 年，过着悠闲生活的雷富礼不得不再次出任首席执行官职位。

雷富礼曾经在日本待过一段时间。而且他被提拔为首席执行官，也是因为他是销售宝洁子公司蜜丝佛陀旗下产品 SK-II 的核心人物。宝洁日本公司发现了酿酒的酒糟中的成分具有美容的功效，于是雷富礼将这一发现塑造成了畅销全球的热销商品。

总之，雷富礼可以说是创新达人。但是非常讽刺的是，由于过于追求增长，他将组织整体引向了依靠外力的容易创新的模式。

回归后的雷富礼致力于重新树立公司的根基。他削减了 60% 的品牌，坚决实行转型，改善体制。2015 年 11 月，雷富礼开始将工作交接给进入公司 35 年的老员工大卫·泰勒，他本人暂时担任执行董事长以帮助领导层顺利过渡。

不过，美元升值也成了宝洁复活的阻力，2015 年 6 月的纯利润减少了四成，而且宝洁也没有提出恢复利润增长的具体方案。当时有两家公司被戏称为兔子（宝洁）和乌龟（花王）。其中从花王同时期的最高收益有所恢复的情况看，相比之下宝洁也感受到了没有品质的全球化成长的危机。

现阶段看宝洁能否复活还是个未知数。如果再次成长失败的话，那么就可以确认宝洁一定会从 100 家公司的排名中消失。

虽然我们不希望一个优秀公司就这样消失，但关键还是看宝洁自己今后将何去何从吧！

CSV 经营的领跑者

排名第八十九位 | 雀巢

同属于大众消费品行业的雀巢可比宝洁稳固多了。虽然这次的排名中雀巢位于宝洁之后，但是我给雀巢的评价却很高，雀巢是可以长期存活的公司。

雀巢比宝洁有优势的一个原因是雀巢是欧洲的企业。欧洲企业不会像美国企业那样有来自投资者的督促，所以它们可按照自己的节奏进行管理。当然它们也是以成长为目标的，但是因为是追求品质的持续性成长，所以不会被强迫短期内实现成长。

埋头研究 3 个社会课题

雀巢以深入挖掘各国市场的地区战略稳坐世界食品行业的第一把交椅。但是进入 21 世纪，由于世界整体陷于经济衰退的状况，雀巢的业绩也失控了。

于是，雀巢开始将一部分职能集中到由各国分公司统帅的地区公司，向更加注重地域性、追求规模经济的"全球地区战略"转型。

在这个过程中，雀巢开始减弱以总部为中心的管理主轴的尝试。当时，雀巢董事长包必达采取的是 CSV 经营方式。CSV 理念是因为哈佛商学院的迈克尔·波特教授的论文而一跃成名的。5 年多的时间，雀巢一直采取这种经营方式。

打开雀巢的网页一看，全是有关 CSV 的话题。

明确地说：雀巢是在解决 3 个领域的社会课题中成长的。3 个领域分别是①营养；②水资源；③农业及地域开发。

①"营养"相当于雀巢事业的根基。雀巢将自己的本行重新定义为"食品是方式，营养是目的"。

②"水资源"是雀巢价值链中最重要的部分。水资源枯竭是全球性的大课题，而且对于以水为加工原料的雀巢来说，水资源是关乎雀巢存亡的。

③"农业及地域开发"的目标是为价值链上的生态系统发展做贡献。雀巢不是单纯的榨取地域中的水资源，而是同该地域构建持续双赢的关系。

波特教授列举了 3 个实现 CSV 战略的杠杆。

①通过产品贡献社会

②提高整体价值链的生产性

③通过让地域成长以促进经济成长

你可能惊讶地发现，雀巢关注的 3 个领域就是波特教授提出的 3 个杠杆理论。如果你知道了波特教授其实是雀巢 CSV 经营的建议者，就非常容易理解了。

雀巢的目标是以 CSV 宣言为根本，在解决 3 个社会课题的同时，扩大其经济价值。

图 4-21 展示了雀巢整体的经营模式。

最上面的是"创造共享价值"，这是 CSV 本身；第二个是"可持续性"；最下面的是"合规"（符合规范）。这个金字塔是以经营为主轴的。

本书的核心信息就是要思考"公司对社会能做什么，并以此为中心"，雀巢在 CSV 经营中极其明确地阐明了这一理念。

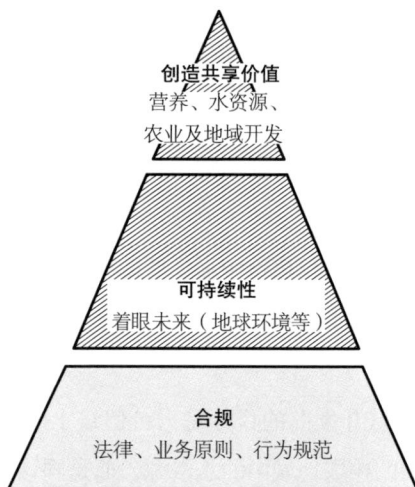

创造共享价值
营养、水资源、
农业及地域开发

可持续性
着眼未来（地球环境等）

合规
法律、业务原则、行为规范

图 4-21　雀巢——CSV 整体经营图

◎让 CSV 融入管理中

雀巢不仅把 CSV 理念挂在嘴边，还把实行 CSV 的两个组织融入了管理结构中（图 4-22）。

第一个就是"雀巢社会董事会"，保罗·伯克担任董事长，并组成了公司内部董事。此董事会每个季度举办一次会议，属于内部监察组织，主要考察全体事业是否是按照 CSV 的形式实施的。

还有一个就是"CSV 咨询委员会"。该委员会一年举办一次会议，主要是对董事长、首席执行官还有 CSV 问题设定等提出建议，由 12 名外部的有识之士组成。

成员不仅包括"三重底线"的提倡者约翰·埃尔金顿、联合国儿童基金会执行主任安·维尼曼，还包括一些公共卫生、营养学和农业开发领域的专家。而且迈克尔·波特教授也参与其中了。

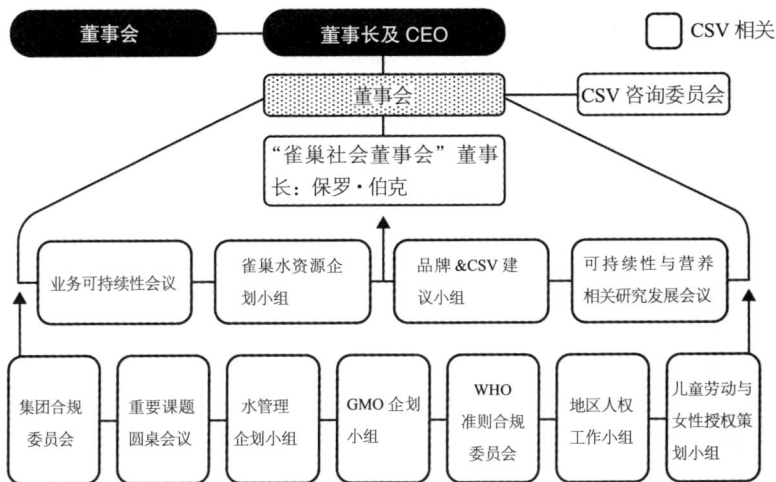

图 4-22　雀巢的 CSV 管理结构

雀巢给利益相关者提供的价值

说到雀巢，我认为它最优秀的地方就是图 4-23 显示的给利益相关者提供的价值。

图中纵轴是 6 个利益相关者（消费者、供应商和销售代理店、其他同行公司、员工、社区和政府、股东），横轴表示如何从 3 个视角（经济价值、知识价值、社会价值）出发创造价值。

◎创新带来的增益

波特教授的 CSV 是以"经济价值"和"社会价值"这两方面为目标的，雀巢还在框架中加了一个"知识价值"。

雀巢的 CSV 负责人对于为什么在中间加一个"知识价值"这一问题的回答很简单。

他说："经济价值和社会价值只是两部分现有价值，如果想创造新的价值，就必须在中间加上'知识价值'，这非常重要。"

给利益相关者提供的价值		经济价值	知识价值	社会价值
	消费者	给消费者一种"实惠"的感觉。	提供营养和健康相关知识。	提供精益管理产品。
	供应商和销售代理店	为原料和包装业者提供经济价值。	向农民提供知识，改善食品的价值链。	完善稳定的作物管理和家畜健康管理等的可持续发展流程。
	其他同行公司	通过价格和成本削减压力，提高其他同行公司的生产积极性。	通过模仿和竞争传播知识，提高食品行业整体效率。	改善劳动和环境基准。
	员工	确保员工及其家庭的工作和收入。	实施员工培训。	保证公共事务和职场安心、安全和健康。
	社区和政府	纳税、建设基础设施等。	提供儿童健康等相关的社区培训。	地区开发和资源的可持续利用。
	股东	提高股东价值。	通过提高对生态系统整体价值相关的资本市场的理解来提高股东价值。	提高重视养老基金等 ESG 的股东价值。

图 4-23　雀巢：给利益相关者提供的价值

经济学者托马斯·皮凯蒂在他的《21 世纪资本论》中提到了"财富的分配理论",从而受到世界的瞩目。但是雀巢思考的却是在分配之前如何创造财富。这种想法是把知识价值作为催化剂,从而诱发创新,从零和转换为增益。

雀巢的 CSV 以创造共享社会价值为目标,但它并不只是一种善行。在各个 CSV 活动中,15% 以上具有创造 ROI(投资回报率)的义务。如果要跨越这个难关,就要谋求以知识价值为基础的创新。

这个框架非常具有参考价值。而且我曾经建议很多公司使用这个框架重新调整自己公司的价值创造活动。

◎巴西的最后 1 公里

关于雀巢的 CSV 模式,我们来看下巴西的两个案例。

一个是名为"雀巢为你而来"的项目。雀巢让村子里的贫困学生从事雀巢产品配送工作,雀巢负责资助他们的学费。这就是雀巢版的"报纸奖学金"。

建立直达顾客最难的部分就是"最后一公里",但是这个项目不仅创造了社会价值,还成功建立了雀巢专用的销路。

之前我在某个企业进修的时候讲了这个案例,当时有一位来自巴西的员工举手说他就是这些贫困学生中的一员,他说他能走到今天多亏了雀巢的这个项目,他非常感激。

第二个是"漂浮的超市"。亚马逊河流下游有很多城镇,但是上游是热带雨林。因此交通非常不便,所以雀巢就在船上销售产品。

"把货物配送到亚马逊网却无法配送到的亚马逊内地",这句像笑话一样的话确实是真的。

这个案例也是针对生活在金字塔底层的人们建立的"最后 1 公里"的销路。这是非常优秀的事业,但是很遗憾,它只销售雀巢的产品。如果还经营强生和宝洁的产品的话,雀巢将成为更能提供价值的企业吧!

CSV 的彻底程度

雀巢的 CSV 特征就是连店面的活动水平都做得非常精心。

图 4-24 首先是从"创造共享价值"这个基本想法出发的。然后将此分为 5 个职责领域，针对这 5 个职责领域设定完成目标。在此基础上，决定每个部门的"责任概要"，然后制定店面活动的具体行动目标。

这种彻底的贯彻方式，连迈克尔·波特教授本人也会赞不绝口吧！雀巢是"CSV 最好的实践"。雀巢不是将 CSV 理念挂在嘴上，而是切实地去行动，且每个季度监测一次，看看接下来还能进行怎样的改善以严格执行 PDCA 循环吧！

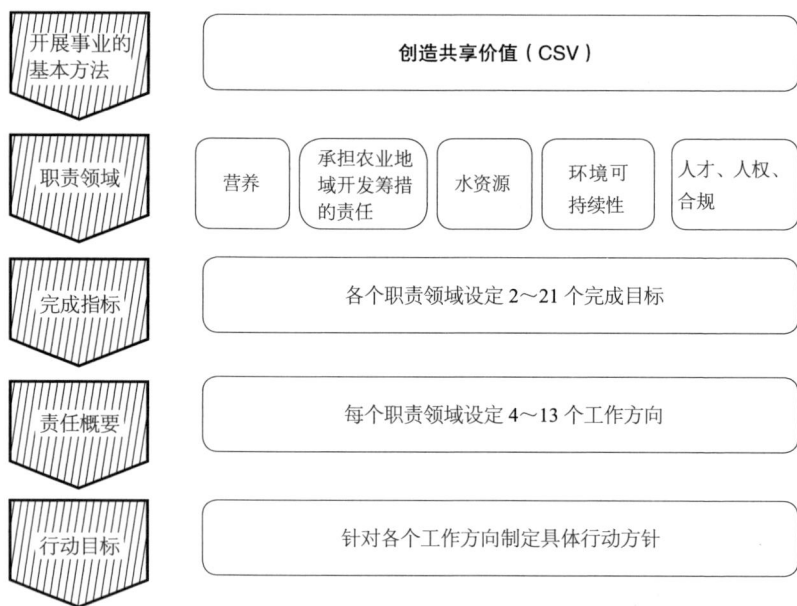

开展事业的基本方法	创造共享价值（CSV）				
职责领域	营养	承担农业地域开发筹措的责任	水资源	环境可持续性	人才、人权、合规
完成指标	各个职责领域设定 2~21 个完成目标				
责任概要	每个职责领域设定 4~13 个工作方向				
行动目标	针对各个工作方向制定具体行动方针				

图 4-24　雀巢：CSV 的整体经营图

来源：BCG 制作

此外，就连在什么地方应该进行怎样的改善都向人们解释得很详细，能将 CSV 贯彻到这种程度，这是其他任何公司都无法做到的。

◎雀巢更"肥胖"了？！

雀巢之所以这么彻底地实行 CSV 理念，有几个原因。

一个是"抵制雀巢"，也就是"雀巢的敌人"，世界上存在一个抵制雀巢的群体。尤其是在巴西和墨西哥，10 个儿童中就有一个体型肥胖，作为导致这种状况的主谋——雀巢成了受攻击的对象。

问题不仅是肥胖。很多批判是说雀巢在奶制品中添加了非天然原料，一旦依赖这种奶制品就会对身体有害。

因此，雀巢也一直在向世界展示它是对社会有益的。从防守到进攻，CSV 对于雀巢的世界战略来说从来都是不可或缺的。

◎ BOP（金字塔底层）的王牌

雀巢采用 CSV 理念的另一个原因就是围绕着食品行业的环境问题。

2015 年，卡夫（美国大型食品公司）和亨氏（番茄酱很有名）合并。在这种背景下，食品行业必须直面成长的壁垒。

不少发达国家的人口在减少，因此需求不可能扩大。所以只有在新兴国家才有成长的余地，因此雀巢加速了向新兴国家的进军。因为是以公司成长为目的才进军新兴国家，所以并没有采取向社会价值一边倒的 CSR 理念，而是采取了也同时追求共享价值的 CSV 理念。

处于这种背景下，雀巢针对 BOP（金字塔底层）展开了 CSV 活动。波特教授提倡的 CSV 经营一般也是以 BOP 为对象的，而且他列举的事例也基本上是关于 BOP 的。

如果只以经济价值为目的进军新兴国家，会被批判为利益的掠夺者；如果只以社会价值为目的的话，事业也不能长久持续。而能够同时兼顾这两者的 CSV 有望成为 BOP 的王牌。

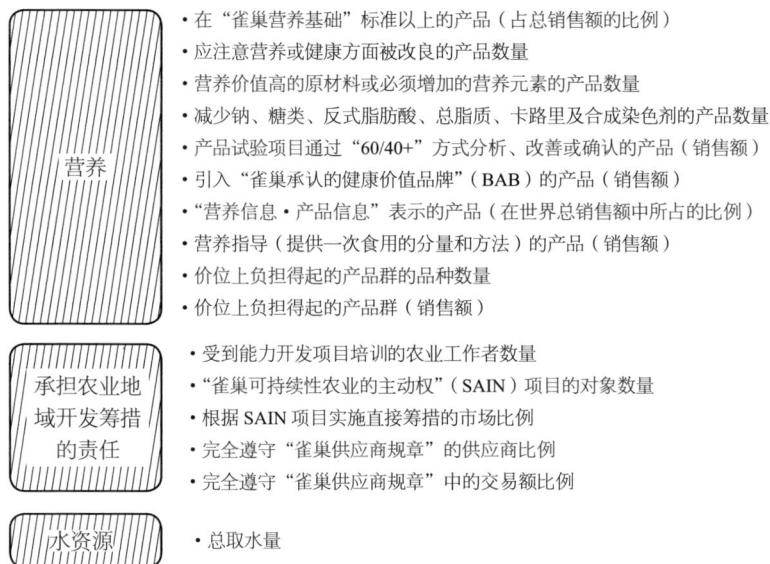

营养

- 在"雀巢营养基础"标准以上的产品（占总销售额的比例）
- 应注意营养或健康方面被改良的产品数量
- 营养价值高的原材料或必须增加的营养元素的产品数量
- 减少钠、糖类、反式脂肪酸、总脂肪、卡路里及合成色剂的产品数量
- 产品试验项目通过"60/40+"方式分析、改善或确认的产品（销售额）
- 引入"雀巢承认的健康价值品牌"（BAB）的产品（销售额）
- "营养信息·产品信息"表示的产品（在世界总销售额中所占的比例）
- 营养指导（提供一次食用的分量和方法）的产品（销售额）
- 价位上负担得起的产品群的品种数量
- 价位上负担得起的产品群（销售额）

承担农业地域开发筹措的责任

- 受到能力开发项目培训的农业工作者数量
- "雀巢可持续性农业的主动权"（SAIN）项目的对象数量
- 根据 SAIN 项目实施直接筹措的市场比例
- 完全遵守"雀巢供应商规章"的供应商比例
- 完全遵守"雀巢供应商规章"中的交易额比例

水资源

- 总取水量

图 4-25 雀巢——CSV 经营的主要 KPI 事例

来源："创造共享价值"与 2013 年的责任履行状况（雀巢日本、2013）。BCG 制作

面向 CSV2.0

CSV 在发达国家解决社会课题的基础上，也成了有力的抓手。

比如说，伊藤园通过日本茶叶将健康的饮食文化传播到了欧美。而且因为支持日本的茶叶产地从而形成了坚固的上层价值链。

伊藤园在 2013 年获得了波特奖。同时波特教授还夸奖该公司在先进国家开展了 CSV 事业。

◎目标是超越雀巢的味之素

日本的味之素公司在学习雀巢的同时还想超越雀巢。它们实行的不是 CSV，而是 ASV（Ajinonoto Group Shared Value，味之素集团的共享价值）。

其实我是味之素公司的外部董事，为实现 ASV 也尽了绵薄之力。

该公司在 2015 年发表了以 ASV 为基轴的可持续性报告，现在正致力于制定更综合的报告。

最大的问题就是如何定量化。如果好好看雀巢的 KPI 的话，关于为什么这是社会价值的疑问也不少（图 4-25）。而且对于社会价值是如何与经济价值联系起来的这个逻辑问题，雀巢也几乎没有着手解决。

祈祷味之素能够实现凌驾于雀巢之上的 CSV2.0。

◎ 从日本走向世界 J–CSV 的活动

雀巢日本公司也在积极开展下个时代的 CSV 活动。

比如 KIT KAT（雀巢旗下日本公司）与邮局合作发起的"一定会成功"的为考生加油的宣传活动，这次活动非常成功，在那之后，部分地区的 KIT KAT 公司也开始承担地方创生的部分责任。

此外，KIT KAT 的专卖店"Chocolatory"因为是直接销售巧克力给顾客，所以重新定义了价值创造和价值传递的过程，这是非常创新的组合。

另外，向公司出借咖啡机，向会员销售咖啡的"雀巢咖啡大使"项目现在在日本国内的会员数已经增加到了 17 万人。这不是"最后 1 公里"，而是"最后 1 英尺"，是一种极其创新的方式。

这种让顾客参入其中的直接销售模式向办公室生活传达了精益管理的价值，并且提高了价值链整体的效率，这实现了高水平的 CSV 理念。

2015 年，雀巢启动了提供综合健康帮助服务的"雀巢健康俱乐部"项目实验。在咖啡机专用的抹茶胶囊中加入顾客缺乏的营养物质，并且进行定期配送。

雀巢还分发测量运动量的腕表型测量仪和测量体重和体脂的测量仪，根据收集的数据，雀巢的营养管理师会给出运动建议。

为了预防老年痴呆症，雀巢还在网络上提供提高大脑活性的训练。同时提供简易血液检测工具箱，每半年观察一次健康状态。

今后，我希望雀巢在日本实行的活动能够扩展到全球。事实上，"KIT KAT Chocolatory"专卖店和"雀巢咖啡大使"活动已经出现在悉尼和墨尔本了，而且还将在亚洲各地大范围开展。

雀巢日本实行的 CSV（J-CSV）已经渐渐被其他发达国家接受。今后将会有更多企业以发达国家日本为起点，在全球开展下个时代的 CSV 活动，我对此非常期待。

GLOBAL

GROWTH

GIANTS

5

第5章

七家公司
领跑日本

本次成长企业中，有10家日本企业。这些日本企业中有一些相同点。

第一个相同点就是大部分都处于100家企业排名的下半段。除了排名第20位的迅销公司，其他公司都在第50位之后，而且，有6家公司排名在90名左右。

第二个相同点是集中在特定的行业。包含小松和普利司通公司在内，10家公司中有5家是机械设备领域的，如果再算上排名第101的日产公司，就超过半数了。除此之外，有两家啤酒公司，1家制药公司，1家耐用品公司，1家服装公司。

此外，2000年以后进行首次公开募股（IPO）的公司没有作为排名对象，但是其中也有成长非常迅速的。其中，日本瑞可利公司是在2014年上市，但是如果从它的成长曲线看，它相当于本次排名的第30位。在日本企业中，它的成长速度仅次于迅销公司。

本章我将详细介绍这10家公司中的6家和日本瑞可利公司。我对这7家公司的内情非常了解，所以我的介绍也是非常符合实际的。

精益管理战略的旗手

排名第二十位 | 迅销公司

迅销公司是唯一一家进入前20名的日本企业。它拥有21世纪成长企业的特征，我认为它是体现精益管理理念的日本企业代表。

不追求流行，只追求实用性

所谓的高级品牌的决胜关键都是高质感。但是另一方面，日常服装取胜的关键又是低价，所以，不管怎么做都是"低价低品质"。

而精益管理就是追求"高品质低价格"的战略，也可以说"优品廉价"。迅销公司因为超越了品质与价格的二律背反理论，所以在服装行业便产生了创新。

迅销公司一般被认为是与 H&M 和 ZARA 同类型的公司，但其实完全不同。迅销与 H&M 和 ZARA 不同在于它不追求流行，而是追求实用性，集中生产基础性的单品。

总之迅销公司的特征就是"不生产流行与过时的产品"，这与追求流行的 H&M 和 ZARA 完全相反。

从开放式创新到创业公司

迅销公司的经营方式也非常精简。ZARA 有自己的工厂，而迅销是没有工厂的制造商。

迅销向中国和东南亚的合作工厂派遣被称为"匠人"的技术工人，以此来保证品质。

◎与东丽集团结成紧密的关系

迅销为了开发实用性高的产品，与世界上水平领先的原料生产厂合作。最典型的案例就是迅销与东丽的合作开发出了"保暖衣"和"超轻羽绒服"等热销品。

合作之后，事实上"保暖衣"的研发花了 5 年的时间。在这期间，两家公司结为一体，持续而专注的追求高品质和低价格。通过合作，优衣库（迅销旗下品牌）提供商品的策划案，东丽提供符合策划案要求的生产技术，两家公司建立了紧密地合作关系。

◎**开放式创新是什么？！**

我曾经对柳井正先生说："这就是典型的开放式创新的例子"。然后柳井正先生说："所以学者感到有点儿困惑。"

他又说："开放式创新就像自由恋爱一样，如果双方没感觉也就没有下文了。但是东丽和优衣库成了结成一体的创业公司，可以说是就像结婚那样的关系。"

实际上，"优衣库中的东丽部队"和"东丽中的优衣库部队"比一般公司各个部门之间的关系还要亲密。但不是那种表面的"关系好"。它们之间的关系是即使产生了误会、发生了争执，也会像结婚了那样信赖对方，想方设法地满足对方的期待。

两公司因为"联姻"生产出来的保暖衣每年都会提出一个新的主题，如"除臭功能""提高发热能力""穿着舒适""保持湿润"等，并且还在不断优化中。

对于东丽来说，迅销提出的主题全是一些无理取闹的技术要求，它应该也想对迅销大喊："你一点都不了解纤维，真是胡闹！"但是迅销那边一对它说："如果实现了一定会畅销的！"东丽就非常有干劲儿，即便是脱离常识的订单也会答应下来。

正是在这种舌战中，研发出了空气感内衣和超轻羽绒服等热销产品。东丽与优衣库建立的关系与开放式创新差异很大，它们的关系更严格、信赖感更强，因此也产生了一连串的创新。

格莱珉优衣库的挑战

格莱珉优衣库这种实验性的组合也引起了人们的热议。孟加拉国的格莱珉银行和优衣库的联合形成了日本首个社会化商业组织。

◎目标是建立 3 000 美元的俱乐部

其实这个组织对于迅销来说是史无前例的。因为在人均 GDP 不足 3 000 美元的地方，优衣库产品是没有销售市场的。孟加拉国的人均 GDP 超过了 1 000 美元，但是对于迅销来说远远不够。

在交通工具的市场中，人均 GDP 一旦超过 3 000 美元，就会从二轮车市场变成四轮车市场。对于购买优衣库产品，也需要同样的时机。

最近，印度尼西亚和菲律宾人均 GDP 终于超过了 3 000 美元。其实泰国的人均 GDP 早就超过了 3 000 美元，但是引发了严重的交通堵塞。印度尼西亚从 2014 年开始交通堵塞变得非常严重。而人均 GDP 没有超过 3 000 美元的越南，还是以二轮车为中心。

◎孟加拉国——针对 BOP（金字塔底层）的试金石

为什么优衣库没有进军越南市场，却选择了进军亚洲最贫穷的孟加拉国的市场呢？

最大的原因就是与穆罕默德·尤努斯博世这位最好的合作者的意外相遇。2006 年，"为表彰他们从社会底层推动经济和社会发展的努力"，尤努斯博世与孟加拉乡村银行共同获得诺贝尔和平奖。

尤努斯博士提出了"社会化商业"的概念。社会化商业不是捐助，也不是 NPO（非营利组织），它是指一个组织自觉利用社会化工具、社会化媒体和社会化网络，有计划地整合 web2.0 技术和互联网空间来重塑品牌、消费者的沟通关系及其组织管理和商业运作的模式。

柳井正先生可能觉得与尤努斯博士合作的话，能够在最贫穷的国家建立新的商业模式吧！

还有一个原因就是纤维是孟加拉国的主要产业。当 ZARA、H&M、GAP 等快时尚品牌生产厂从中国转移的时候，大多数都选择转移到孟加拉国。

不过，来孟加拉国只是因为低租金，而不是因为有市场。孟加拉国的劳动条件非常恶劣，两年多以前，某工厂所在的纤维城因为建筑物倒塌导致几百人丧命，这成了非常大的问题。总之，现在的孟加拉国变成了欧美企业榨取的对象。

对此，柳井正先生和尤努斯博士合作，为了加速成长，他们选择了孟加拉国作为孕育市场模式的试验场。如果这个实验顺利的话，就可以进军柬埔寨、缅甸及非洲市场了。并且让人均 GDP 3 000 美元的市场界限下降到 1 000 美元。

实际上，现在孟加拉国的人均 GDP 以每年 8%~9% 的速度快速增长，如果市场这样顺利地成长的话，再过几年人均 GDP 就可以超过3 000 美元了。

◎从格莱珉女性到格莱珉商店

图 5-1 展示了格莱珉优衣库的商业模式。

这跟我之前介绍的全食超市的"幸福之轮"有异曲同工之妙。

格莱珉优衣库通过就地取材、就地生产的销售，形成了利益也是就地循环的自产自销式的循环模式。

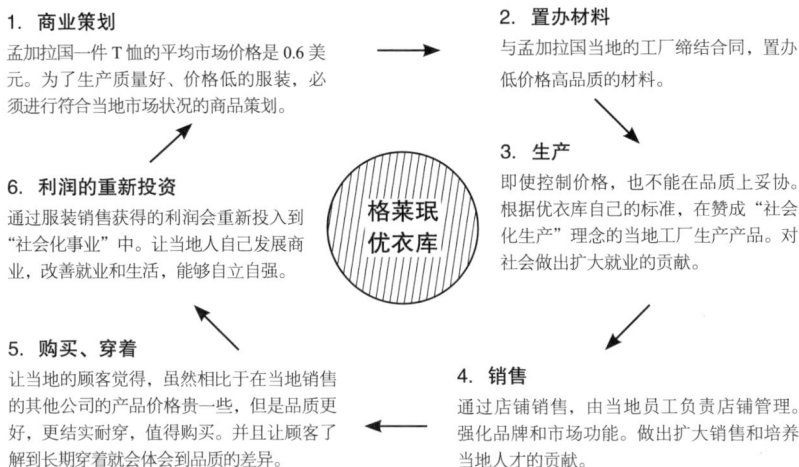

1. 商业策划
孟加拉国一件 T 恤的平均市场价格是 0.6 美元。为了生产质量好、价格低的服装，必须进行符合当地市场状况的商品策划。

2. 置办材料
与孟加拉国当地的工厂缔结合同，置办低价格高品质的材料。

3. 生产
即使控制价格，也不能在品质上妥协。根据优衣库自己的标准，在赞成"社会化生产"理念的当地工厂生产产品。对社会做出扩大就业的贡献。

6. 利润的重新投资
通过服装销售获得的利润会重新投入到"社会化事业"中。让当地人自己发展商业，改善就业和生活，能够自立自强。

格莱珉
优衣库

5. 购买、穿着
让当地的顾客觉得，虽然相比于在当地销售的其他公司的产品价格贵一些，但是品质更好，更结实耐穿，值得购买。并且让顾客了解到长期穿着就会体会到品质的差异。

4. 销售
通过店铺销售，由当地员工负责店铺管理。强化品牌和市场功能。做出扩大销售和培养当地人才的贡献。

图 5-1 格莱珉优衣库的商业流程

当地人得到工资后，于是可自由支配的资金也增加了，这样便会进一步促进消费的增加，从而在经济上形成良性循环。这样的组合在发达国家的纤维行业中还是第一次。

当初的计划是让格莱珉银行的女性通过小贩的模式来销售优衣库的产品的。但是很快就暴露了问题，这种做法效率非常低。因为衣服的颜色和样式非常多，小贩式的销售模式根本行不通。

所以还是必须开店，现在孟加拉国已经有大约 10 家店铺了。我在2014 年的时候去了孟加拉国的首都达卡，亲眼见到格莱珉优衣库的店铺从早到晚人流不断。

◎改变服装、改变世界

因为我是迅销公司的公司外部董事，所以经常和柳井正先生谈论CSV 理念。我们说到格莱珉优衣库的时候，柳井正先生说：“格莱珉优衣库还没有应用 CSV 理念。”

因为如果想实行 CSV 理念的话，在解决社会问题的同时必须创造更大的经济价值。格莱珉优衣库才刚刚起步，还产生不了那么大的影响。

“那么，对于迅销来说 CSV 是什么呢？”柳井正先生回答说：“自己的事业本身就是 CSV。”

“改变服装，改变常识，进而改变世界。”——这就是迅销的企业理念。“改变服装”蕴含的思想就是将保护自己、装饰自己、表现自己的服装变成在生活中可以更加自然穿着的服装。优衣库将“扎根于生活的服装”用“服适人生”来表达。

同时，优衣库还使用了“组合穿着”的概念。它传达的信息就是让优衣库的衣服与其他品牌的衣服自由地组合在一起，混搭穿着。

总之，优衣库的服装宣言就是“成为着装的一部分”。这与非常排他的快时尚品牌正相反。这种不把服装特殊化的想法就是“改变服装，改变常识”的理念。

这与无印良品的价值观非常一致。无印良品一直持续提倡"简单生活，这样就好"的概念，并希望在各方面都能做到简约无华，让消费者享受到具有品味质感的生活形态。

迅销也提出了"服适人生"的概念，以追求返璞归真的价值观。这就是迅销的 CSV，也是柳井正先生的想法。

从"全球第一"到"全球即地区"

柳井正先生以前的经营关键词就是"全球第一"。"全球第一"就是在任何国家都毫无差异，实行相同的价值观，相同的经营模式，在世界上销售相同的产品的统一做法。

但是最近几年，柳井正先生的发言有了轻微变化。可能觉得只强调"全球第一"有点儿太强加于人了。因此，2014 年的年度标语，他提出了"全球即地区，地区即全球"。

因为以前一直按照"全球第一"的概念管理公司的，所以公司的员工基本也是来自全球各地。现在当地员工也在不断增加。

总之，就是在全球共同的基础上，变成根植了当地优势的双重构造。

◎在标准化与规模化的进退维谷中挑战"个店经营"

之前我们在介绍星巴克的时候介绍了它"从连锁店到个店经营"的过程。日本大荣公司的破产说明了席卷 20 世纪的连锁店模式已经不能顺应时代的发展了，因为人们已经厌倦了标准化。但是如果不标准化，就很难扩大规模，这真是左右为难。

针对这种左右为难的状况，柳井正先生坚信"个店经营"的方式。"个店经营"就是针对当地人的需求开设有当地特色的店铺。

实际上也不能使每个店都独具一格。具体方法就是构成店铺的要素相同，通过向乐高玩具那样改变组合方式来表现店铺的个性。比如，儿童用品的摆放位置不同对于店铺来说就会产生很大变化。

这种表现店铺个性的方法对于星巴克从事"创造性路线"的活动也非常重要。

没有创造性的形式马上就会引人厌烦。但是，另一方面，只有创造性就没法规模化。所以应该奖励各个店铺在创意上花费心思，并且把好的创意作为一种新的路线，推广到所有店铺。

生命体中每个细胞的进化会引起组织全体的"共振"，正是这种组织全体的共振也会给整体带来更有活力的进化。将"自己组织化"这种进化流程导入到公司，并把握其关键——这就是"创造性路线"。

迅销就是通过个店经营，将不断进化的结构导入组织全体。

以"日本走出的全球性企业"为目标

最近柳井正先生还说了一个让人莫名其妙的关键词"来自日本的外资"。

这句话的实际含义就是"迅销是日本走出来的全球性公司"。迅销专注的"高品质"和"最尖端的科技水平"都是日本公司才有的优势，但是迅销不满足这样，它想超越"日式"，成为一家拥有全球通用的价值观的公司。按照柳井正先生的想法，如果可以的话，迅销还想实现改变世界的志向。

我认为，很多日本企业应该以柳井正先生的想法为目标。比如，优衣库的关键词是"质感"，这不是简简单单就能表现的东西。在某种程度上，触感和穿着感"愉悦"就是世界共同的价值观。日本消费者对"质感"尤其执着，这也是日本企业在"匠的世界"是不断精益求精的原因。

◎ QoX——日本企业在世界上的新的取胜模式

日本人在衣食住行方面对"质感"的执着是通用于全世界的吧！

如果这种"质感"的价值在全世界传播成功的话，然后继续实行"迅速""零售"理念，就可以成为实现全球化成长的企业。

我把这个模式称为"QoX"（Quality of X）模式。X 可以是生活中的任何场景，让"品质饮食"（Quality of eating）、"品质出行"（Quality of mobility）、"品质意识"（Quality of mind）成为可能。我认为正是这种对质感执着的追求成了日本在世界上的新的取胜模式。

有一种世界标准品质管理方式叫 TQC（Total Quality Control，全面质量管理）。这是日本战后作为统计学者从美国来日本的威廉·爱德华兹·戴明博士提出的管理方式。

当时日本产品是劣品质的代名词，通过学习 TQC，不断磨炼才达到了世界上最好的品质。换句话说，日本人完成了戴明博士提出的 TQC 方法。

品质已经达到如此高的水平的日本企业如果还能从"商品的品质"升华成"经验品质"的话，那么日本企业重新领先世界也就不是梦了。

用精益管理的锁链开辟新市场

非排名对象　相当于第三十四位 ｜ 瑞可利集团

瑞可利集团（以下简称瑞可利）是 2014 年上市的，属于非排名对象。但是 2000 年以后，从其成长的角度来看，它的成长速度相当于排名的第 34 位。

"蝴蝶结"商业模式

瑞可利的商业模式是典型的"蝴蝶结"模式（图 5-2）。简单来说，这也正是创造市场的模式。

创造市场就必须要有"卖家"和"买家"，但是如果不能享受良好的市场平衡的优势的话，"卖方市场"和"买方市场"就会变成秩序紊乱的市场。因此，为了防止这种情况的发生，瑞可利一直非常注重培养

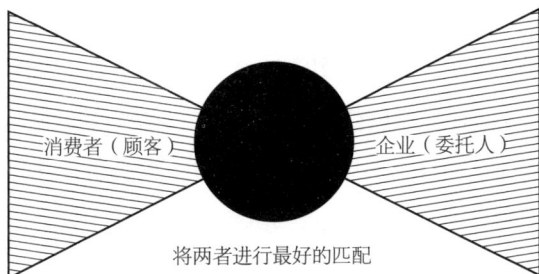

消费者（顾客）　　企业（委托人）

将两者进行最好的匹配

图 5-2　瑞可利的商业模式——蝴蝶结模式

均衡的卖方和买方市场。

◎**农耕民族 VS 狩猎民族**

因此，虽然瑞可利可以被看作是具有代表性的市场模式的例子，但是它和乐天、亚马逊那样的匹配模式还有很大差异。

一般来说，匹配模式是创造相遇的场所，把显性需求和供给有效结合，并以此为基轴；相反，瑞可利是培育现阶段没有的市场。

"培养新的需求，培养合适的支持者"——总之，瑞可利的本质特征就是一心一意地培养蝴蝶结的两端。它的价值观是重视"孕育文化"，而不是"掠夺文化"，这和我之前介绍的阿里巴巴的价值观是一样的。

随着时间的推移，具有农耕民族特征的瑞可利一旦创造市场，就会被具有狩猎民族特征的匹配模式制造商（乐天、亚马逊等）给掠夺过去。

一旦这样，瑞可利就会通过提供品质更高的服务来进行对抗，并且继续开拓新市场——因为它是背负着这样的使命的企业。

精益管理的连锁反应

瑞可利的基本商业模式是"蝴蝶结"模式，除此之外，它还在这种模式的基础上运用精益管理模式。

能持续提出精益策划的企业基本不太关心操作效率。另一方面，操作有优势的企业虽然擅长"改善"却不擅长"革新"。但是，瑞可利既能产生革新的产品，又能保证其拥有更高的效率，它是拥有这两种技能的公司。

瑞可利是把谷歌和丰田混合起来的公司。即拥有谷歌的创造性，又拥有丰田优秀的改善力。

◎精益求精的运作

瑞可利最初是在《就业期刊》《就业信息》《房屋信息》等信息杂志上开展业务的（图5-3）。

互联网的普及使免费发布信息成为可能，于是瑞可利在2000年创办的《红辣椒》（瑞可利的子公司发行的优惠券杂志）上建立了"免费信息杂志"的商业模式。

《红辣椒》被称为"地区狭窄的媒体"，它开辟了新的体裁。它没有在全国范围内开展大众媒体，而是在特定的地区开展特定的广告信息。

渐渐地，这种信息被带到了互联网的。2004年，《R25》创办。针对"不看电视，也不读新闻"的年龄在25～35岁之间的男性提出"短时间了解常识，从此不再感觉羞愧"的概念的"碎片时间信息杂志"非常火，这是瑞可利从未达到过的状况，丰田和松下也采用了这种宣传广告，并且非常成功。

瑞可利一直的做法就是在一块农田不能耕种了的情况下开垦下一块农田。一直进行着"火耕农业"，"火耕农业"的做法有点儿太过悲壮，可能"游牧民"的方式会更好。

曾经，法国的后结构主义先锋吉尔·德勒兹和加塔利合著的《资本主义与精神分裂》中提倡"让知识分子都变成游牧民吧"，可以说，瑞可利就是商业游牧民吧！

使商业游牧民成为可能，这是事业现场的优势。瑞可利拥有"按住

精益管理的模型　　　　　　　　　　　　事业环境

信息杂志

信息杂志

用户
・正确、网状、详细的信息
・便于检索的版面设计
・信息单价便宜

走向新领域

住宅

应届生就业　社会招聘

报纸广告

・利用外部资源
・通过赠送代金券扩大销售

网状的"人生的节点"信息　内容粗浅散乱

提供价值

新闻附带广告　　只有广告的杂志

提供手段

美国的《就业周刊》江副浩正先生创建了学生报纸、招聘广告代理店行业。开拓了新领域

开拓新领域

Hot Pepper

免费报纸
（信息杂志）

用户
・密度高的"生活"信息（25～35 岁女性、饮食）
・免费、优惠券
・信息单价非常低"满足中小企业诉求"

红辣椒

札幌版

生活信息

报纸广告

・全国通用的版式
・雇佣短期工和当地合同工
・轻松的配置和传递分发

有用的"生活"信息　杂乱无用的信息

提供价值

送报上门　　地区狭窄的免费报纸

提供手段

・当地城市居住的人是潜在顾客
・付费信息杂志的延伸烦恼
"人生的节点"——"生活"
互联网——免费
销量小

开拓新领域

R25

用户
・网状知识性信息，可免费短时间获得
・25～35 岁男性（满足国际客户的需求）免费报纸（信息杂志）

应届生就业

杂志

・限定场合和部分的有效促销
・不需要通过现有流通网配送

网状的"社会"信息　特定的、丰富的信息

提供价值

在书店付费销售　　地域广的免费报纸

提供手段

・国际客户的信息（广告费）
空白市场
地域广泛
25～35 岁男性

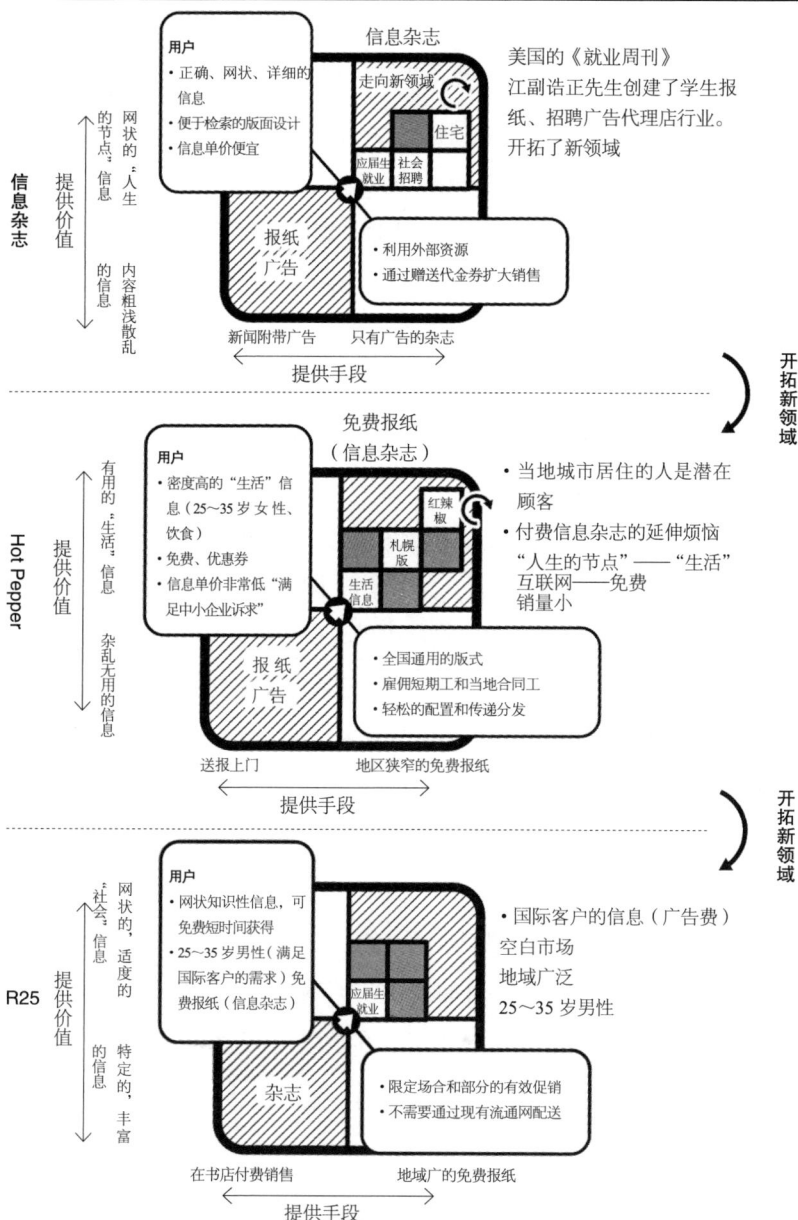

图 5-3　精益管理的游牧民公司——瑞可利

广告商腰腿的强势经营"和"信息连接点"的双重优势。

以"白地市场"为目标的游牧民公司

瑞可利将现在没有的市场称为"白地市场"。从创始人江副浩正的时代开始到现在,"开拓白地市场"的企业 DNA 可谓一脉相承。

持有这种 DNA 再看世界,就能发现"新市场的种子"。而且这种发现的能力就像 DNA 那样深深地根植于每一代瑞可利人的心中。

◎商业大楼的结构——环状委员会

瑞可利的优势不仅在于有眼光,有"彻底实现想法的能力"也是其优势,它为此设立的委员会叫环状委员会,这是"把想法变成事业的孵化装置"。

首先,员工向环状委员会提交想法。如果环状委员会审查后认为有可行性,委员会就会组织人员在某种程度上推动业务开发。因此,这就是一个简单一句"可行",然后就能提供人员和资金的机构。

现在世界上比较流行只提供资金、然后就期待其随意发展的"风险投资"模式,把新事业培养成一定气候的案例几乎没有。而瑞可利却把项目从小做大,其做法充满了智慧。

刚起步的项目是否能够做大还不确定。因此,一般的做法就是先作为副业,让一小部分人慢慢做。

但是,瑞可利是不会把模棱两可的想法变成事业的,而是一旦认为可行的想法就认真去做,并且制定预算。因此,无法培养的项目很快就被终止了。这样严谨的做法使瑞可利在运用人员和资金上更上一层楼,而且形成了足以立足于世的资本。

◎瑞可利的两个 DNA

苹果公司有一静一动两个 DNA,瑞可利也同样有两个 DNA。静的 DNA 就是"蝴蝶结"模式。瑞可利创业以来就有成为"信息的连接点"

的使命感，而且一脉相承。尽管时代在变化，市场在全球化，瑞可利的这两个企业 DNA 还是持续保留着。

动的 DNA 就是开拓下一个"白地市场"，并且拥有建立从中获利的组织的能力。江副浩正先生留下了"自己创造机会，再通过机会改变自己"的企业精神。脱离市场，也脱离自己的优势——正是这种反复的"脱离学习"、沿着枢轴旋转运动的能力，使瑞可利超越了时间和场所，成为持续进化的成长企业。

以"招聘导航器"的差评为契机回到原点

我从 2015 年开始成为瑞可利的 CSR 咨询委员会的成员。其中讨论最多的正是瑞可利的"志向"。

近几年一部分媒体批评瑞可利的"招聘导航器"是导致现在的就业战线扭曲的主谋。从企业方面看，所有的学生都穿着瑞可利的套装，面试的时候也像机器人那样回答相同的答案。从学生方面看，他们写很多的书面材料，面试很多公司，但是却迟迟不被录用。所以企业也好，学生也好，都批判造成这种无发展的就业市场的正是"招聘导航器"。

瑞可利是为了企业与学生开辟的新的就业市场，这竟然遭到了批判，真是出人意料。

但是瑞可利意识到应该对招致此事的原因进行深入思考，现在不是考虑满足当下的需求，而要清楚现有的就业是什么。而且瑞可利认为要着眼于"今后真正需要的"和"有益于社会的"来创造新的市场。

比如，今后越来越需要女性在社会上活跃起来。瑞可利在女性换工作还很少见的时代就发行了名为《工作》的杂志，意在创造新的工作市场。现在，瑞可利正致力于在公司内外协调创造能够让女性一边带孩子一边工作的社会。

"地方复活"也是一个比较大的社会问题，在外国人入境旅游还没成为热议话题之前，瑞可利就通过日本航空公司重新发掘地方魅力，把来到日本的游客带到地方上去。现在，瑞可利还联手地方的自治体和大学，动员有工作的中年人群和想扎根当地的学生等投身于重新振兴当地的工作之中。

朝着实现 CSV 的本质课题努力

在认真落实以"解决社会课题"为目标的 CSV 时，瑞可利再次发现了蝴蝶结模式的本质。

无论是少子化、老龄化问题，还是环境、健康等问题，社会问题都是无尽存在的。但是，针对这个问题，护理也好，教育也好，医疗机构也好，其供给市场都足远远不够。

理由很明确。如果不能解决温饱问题，企业是不会像对待事业那样认真对待社会问题的。

CSV 的本质不是发现社会问题，而是探讨转变经济价值的事业模式是如何产生的。而且，构建这种事业模式的能力成了瑞可利的本质优势。

瑞可利在 2014 年正式上市。瑞可利获得了大量的资金，并以全球化和 IT 这两个关键词为切入口，为未来能实现持续性的成长而努力。

另一方面，对瑞可利作为"社会公共机关"的责任的诉求也呼声渐高。因此，牢牢地把握枢轴非常重要，不仅要关注全球化，也要关注日本；不仅要注重互联网中心虚拟社会，也要注重现实社会。"通过解决社会问题产生经济价值"的 CSV 经营不仅是瑞可利的志向，也是它的 DNA。

因为瑞可利把冒险的世界和现实的世界连接了起来，并且大力开展下个时代的 CSV 经营，所以它才能作为全球化成长企业从而实现进一步飞跃吧！

大阪的县级工厂全球领先

排名第五十五位 ｜ 大金工业

大金工业（以下简称为大金）于 1924 年在大阪创办，现在，空调专业制造厂总部也在大阪。

现在有专门生产吸尘器这样生产单一产品的制造商戴森，以前，仅凭单一的产品就能做到这种规模简直是不敢想象的。

大部分的家电生产厂都会经营空调，但是没有一家公司能像大金这样从空调事业中获得如此多的利润。大金是家特别的家电制造商。

黏性企业

大金的特征用一个词概括就是"黏性"。大金公司内部也使用这个词来表现"一旦决定了就不离不弃""不动摇也不转移目光，决定了就一干到底"的公司风格。

2014 年，大金公司成立 90 周年。大金在大正时代刚创立的时候叫大阪金属工业所，主要生产飞机部件和内燃机。第二次世界大战时期时开始着手制造潜水艇的空调设备。最初，大金并不是专业生产空调的，而是典型的县级工厂；战争结束后，才成为空调专业制造厂。

◎黏性经营

大金"黏性"的典型例子就是被称为"黏性经营"的经营风格。简单来说就是日本企业的看家本领——沟板营业。日本的传统优秀企业处处都在运用沟板营业。

大金的独特之处在于业务客户。一般空调制造商常规的业务客户应该是大楼的施工方和总承包人等决策者，但是大金"黏性的业务客户"是设计事务所。

设计事务所是没有权力决定安装哪个制造商生产的空调的。因为设计事务所是接受了施工方和总承包人的委托进行设计的，不过是转包而已，但是大金还是在设计事务所上下了很多功夫。

大金的经营方式是把大金的 CAD（计算机辅助设计）导入设计事务所，其免费向设计事务所提供能更简便的设计有大楼规格明细的空调系统和管道的 CAD，并且还会提供技术培训。因为设计事务所是使用大金提供的 CAD 设计的招标图纸，所以在招标的时候对大金更有利。

大金通过"黏性"设计事务所的经营方式，首先奠定了国内的商用空调的市场。

跳上中国最后的巴士

大金在中国也开展了在日本取得了成功的"黏性经营"模式。而且大金现在席卷了中国的空调市场。

大金是在 1996 年正式进军中国的。而松下电器是在 1979 年进军中国的，大金比它晚了 20 年。在三菱电机和日立等家电制造厂大举进军中国市场的时候，大金跳上了"中国最后的巴士"。

◎在中国的快速进击

虽然上车晚，但从那时起大金就在商用空调市场上开始了猛烈的追击。

在中国 1996 年左右即将北京举办奥林匹克奥运会和上海世博会。正值其城市建设大楼的高峰期，新大楼的空调渐渐使用了大金制造的产品。其中的秘诀就是"黏性经营"。大金把一些销售高手不断地从日本派到中国，然后通过翻译人员在中国代理店传授大金的"黏性经营"。

中国的代理店也采用了这种提高业务胜率的做法。而且，从日本导入的"黏性经营"也逐一进入了中国的设计事务所。

建设高峰时期的设计工作非常非常多，能正确设计空调图的大金系统非常受欢迎，中国也一遍一遍地描画着大金的规格明细设计图纸。

　　大金在日本和中国能占有压倒性的市场份额，不是因为什么革新性的战略和事业模式，而是彻底的开展"正确的沟板经营"。这种"黏性"正是大金的精彩之处。

◎中国大金代理店大会

　　2010 年 9 月，由于钓鱼岛中国渔船突袭事件，中日关系恶化。在那之后半年，我有幸参加了在上海举办的大金代理店大会。

　　当时，中国代理店店主的成功事例一个接一个地出现在视频里。

　　"夫妻努力经营，成了当地获得成功的名人""因为生活富裕了，去了地中海，享受游艇之旅"。这些成功的事例一个接一个的介绍完了之后，所有人一起大声说："大金万岁！"看到这种热闹的场景，我在心里想：中日关系真的恶化了吗？

　　大金在中文中也有"大量金钱"的意思，中国还是非常欢迎能带来"大量金钱"的企业的。

大金内核

　　在中国的商用空调市场上大获成功的大金，却在消费者市场上打了一场硬仗。因为家用空调一般在家电商店里销售，这样攻占设计事务所的"黏性经营"也发挥不了作用了。

　　大金的产品性能优越，但在中国属于高价产品。在中国，"大金的空调和东陶的卫浴都是触不可及的"。

　　大金产品的性能之所以优越是因为其变频器。简单来说，变频器就是指自动调节的开关，使温度能保持适当的装置。有了这个装置，可以大大节约空调的运作成本，减少二氧化碳的排出，保护环境。但是因为购买价格比较高，所以还是"触不可及"的。

　　在中国，大金的竞争对手就是中国本土生产商"格力电器"。大金销售的是高品质的高价商品，而格力以便宜为武器，不仅在中国，在整个世界上的销量也很好。

21 世纪初，在中国市场上品质最高的大金和价格最低的格力电器这两家公司分栖两地，共同生存。但是随着中国"新富裕阶层"势力的扩大，中间地带作为新的大众化产品带急速扩大。就像我们在前面介绍的宝洁的中级产品带"介于大众产品与高级产品中间"一样。

大金从高品质市场降下来，格力从大众市场提高上去，并且两家公司在中间层产生激战吗？对于这个问题大家都在静观其变。

◎大金式合作

但是大金和格力电器却直接踏上了合作的道路。大金提供变频器技术，格力电器负责低价生产大金内核空调，并且由格力电器在全国销售（图 5-4）。

在这里，引人注目的是大金果断地提供变频器技术。变频技术是非常复杂的技术，连欧美企业也做不到，这是日本企业的看家本领。而大

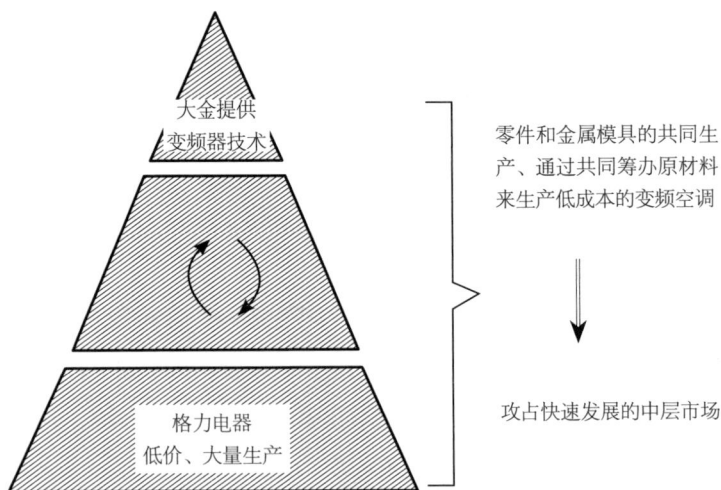

图 5-4　大金格力电器——合作进军中间层

金却将这种技术提供给了拥有中国销售网的格力电器，不过，大金也因为强强联合而实现了高品质低价格的经营。

这种模式伴随着非常大的风险。很有可能因为给对手"雪中送炭"从而导致自己的技术被盗，最后落得"身首异处"的境地。

而且，这在大金内部也出现了大问题。大金的 CTO（首席技术执行官）非常反对，认为不能将技术送给别人。

对此，井上礼之反击说："保护技术不是 CTO 的工作。投资开发的技术应该向广大市场全体普及，并且从中收回投资。CTO 的本职工作就是通过回收的资金开发下个时代的技术。"井上礼之的一声令下，让公司内的反对声音消失了，使得公司能够踏出合作的一步。

大金把自己公司的技术商品化，然后下一步所做之事很像我之前介绍的瑞可利的"火耕农业"。拥有自来水哲学的松下幸之助估计也会比较推荐这样的商品化吧！

在高品质中加入低价的要素，从而创造下个时代的大众化产品，这种祖先们就有的思想在过了半个多世纪的今天依然在大金公司的身上闪闪发光。

◎**大金的世界战略**

但是，我之前写的内容中，还有两个内情。

大金其实只提供变频器，但是不提供技术。把变频器作为完整零件进行供应，这样就无法被盗取技术。变频器的技术非常复杂，只要不提供完整的技术，国外的公司就很难找到相似的替代品。

而且，空调的变频器是利润最高的部件。除此之外，如果零件、成品都由自己制造和销售的话，获得的利润就会下降。因此，大金把中国最稀缺的部件通过拥有数量众多的代理店的格力电器进行广泛销售，不可能不赚钱。

当时，日本独占的变频器技术也因为北美的经验策略而面临着脱离全球化标准的危机，成为典型的"加拉巴哥化技术"的担忧目光已经流露出来了（加拉巴哥化是日本的商业用语，指在孤立的环境独自进行"最适化"会丧失和区域外的互换性）。

因此，大金通过向格力电器提供变频器，给中国市场的变频器设置了实际标准。

在这之后，格力电器为了收买有经验的南美商圈，在南美市场也加速了变频器攻势。2012 年，大金收购了美国家用空调零售制造商古德曼（Goodman Global），大金也要完全改变美国的变频器市场。

大金曾经因为加拉巴哥化而陷入了失控状态而大金通过中国的帮助，开始着与世界标准化的竞争。

因为大金有着"只做变频空调"的迫切感，所以才会如此厉害。像松下那样的综合家电制造商可以因为"空调卖不了了，那就试试别的"而马上转移目光。但是大金只做空调，所以大金必须认真考虑"如何赢得空调天下"，不断变换策略。

黏性共同开发

大金还有一个优势就是活用"黏性"的"黏性共同开发"。

空调中使用的氟碳化合物的基本元素是氟。大金的氟事业仅次于美国杜邦公司，位列世界第二。总之，大金既是机械公司，又是化学公司。

氟元素的耐热性和耐药性都很高，其摩擦系数小，而且涂在牙齿上还能防蛀牙。在智能机的表面涂氟元素也是应用了它的这个特点。

能在保持高透明度和屏幕高灵敏度的同时把氟元素涂在屏幕上需要很高的技术含量。大金是最早开发这种技术的，并且成功独占高级智能手机市场。这是因为大金特有的"黏性共同开发"实现的。

大金在苹果公司的总部附近设立了研究所，进行氟元素表面处理技术的开发，这彻底地"黏住"了苹果公司，直到苹果公司使用它们的技术。针对苹果的方法成功了之后，大金又与三星公司建立了"黏性共同开发中心"。通过这个方法，大金在智能手机市场上从上到下逐个突破。

◎中国的逆向创新

大金接下来想在中国实施"黏性共同开发"。但不限于智能手机，大金正在与各种各样的公司合作共同开发应用氟元素树脂。

大金以中国的工厂为据点，而其输送了大量的骨干人才，这些人正在与当地的工人共同进行"黏性开发"。

中国的技术成本低，而且可大量应用。结果，大金就瞄准了从中国向发达国家的逆进军。这种战略被称为"逆向创新"，这有望成为大金今后世界战略的新优势。

◎保护空气和水

环境污染问题对于发达国家和正在进行工业化的新兴国家来说都是巨大的社会课题。大金把环境问题作为一项长期业务，一直在从正面进行处理。

大金在它的根据地大阪的淀川制造厂进行着净化空气和水循环的绿色计划。萤火虫只能在水干净的地方生存，所以"让萤火虫飞来淀川"就成了它们的目标。

虽然距离实现还很远，但大金的空调和氟元素事业已经席卷了全球。而且，它也把创造共享价值当作目标。大金作为 CSV 先进企业的样子已经跃然浮现在眼前了。

通过"优势管理"复活

排名第八十八位 | 小松制作所

小松制作所（以下简称小松）是世界第二的建筑机械制造厂，从

19 世纪 20 年代开始，它的经营开始走向多样化。2001 年，坂根正弘就任董事长，他通过结构改革来革新经营，重新实行以建设机械为中心的多样化经营。

就像大金因为空调的"稻草人式打击法"（也有人称为"金鸡独立式打击法"）而成功，小松则主要集中在建设机械方面，再次踏上成长轨道的小松大获成功。

小松也使用了三枝匡的著作《逆转胜的经营》一书中提到的模式。在这部分，我们将介绍分析小松复活的主要原因。

生命周期

建设机械的范围非常广，其内部非常深奥。小松不仅销售建设机械，还通过提供从修理、保养到买进的一条龙服务和建设机械"生命周期"管理系统，从而完成了企业的成长（图 5-5）。

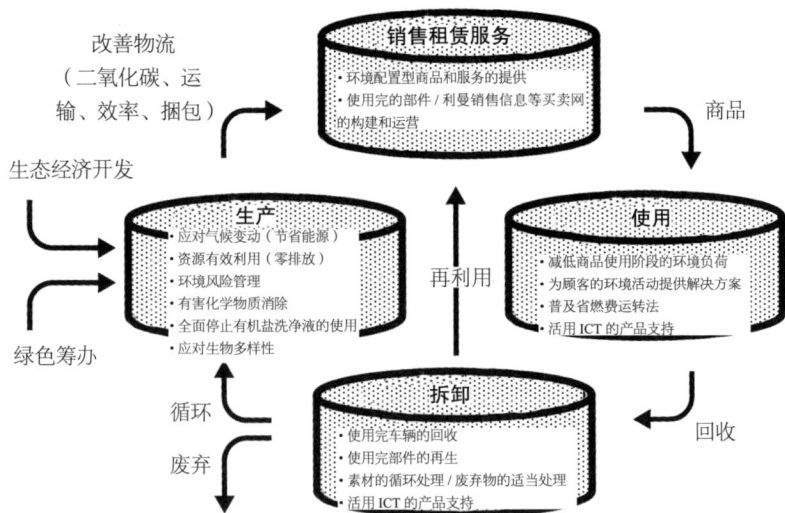

图 5-5　小松——建设机械的"全生命周期"的管理系统

◎秘密武器——康查士（Komtrax）

小松的秘密武器是"康查士"（图 5-6）。这是灵活运用了 GPS 和传感器的可以监控建设机械工作状况的系统。现在 IOT（物联网）非常受人关注，而小松在 20 世纪 90 年代后半期导入康查士的时候，这还是行业内的最新尝试。

小松通过康查士来监控建设机械在何地以何种方式工作。所有的小松产品的关键在于没有改装品，其产品使用的都是标准装备。

处于发展期的中国是小松的主要战场之一。由于小松所有的产品都使用康查士系统进行监控，小松产品被盗的情况很少发生。万一遭遇盗窃，机器被开走了，也可以通过位置信息进行追踪或通过远程操作熄灭引擎。

虽然如此，但是康查士系统的价值并不仅仅在于防盗，它最大的特点是通过监控工作状况，给顾客提供最有效率的使用方法和最适合的保养时机等。

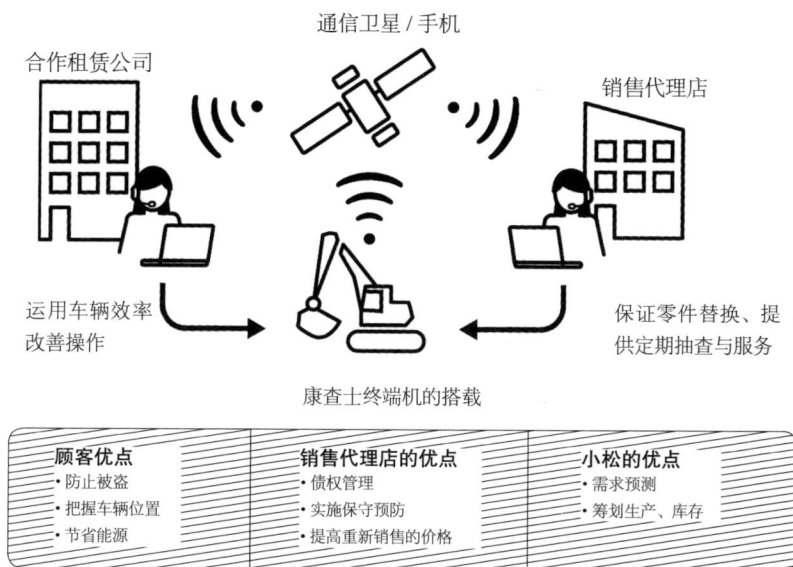

通信卫星 / 手机

合作租赁公司

销售代理店

运用车辆效率
改善操作

保证零件替换、提
供定期抽查与服务

康查士终端机的搭载

顾客优点	销售代理店的优点	小松的优点
·防止被盗	·债权管理	·需求预测
·把握车辆位置	·实施保守预防	·筹划生产、库存
·节省能源	·提高重新销售的价格	

图 5-6　康查士——建设机械车辆的工作管理系统

比如说，当机械开着引擎的时间比作业时间要少时，康查士系统能提供"随时熄灭引擎可以抑制燃料消耗"的建议。这与大金的"黏性"优势很相似——彻底贴近客户，提供帮助。

小松通过康查士系统比世界上任何研究机构都了解中国的资源需求。

"中国感冒了的话，澳大利亚也会得肺炎"，懂得资源需求之前的重要目标是了解中国企业的机能。小松是最能正确把握中国企业机能的公司。

实现"领先经营"的飞跃

2001年，就任董事长的坂根先生提出了"领先经营"的方针。这表明了小松除了做世界第一、不做世界第二的业务和产品的决心。

◎创造世界第一个全球化经营 3.0 时代

一般的日本企业是把在日本开发的产品精益求精，然后再以领先全球为目标。它们的想法是成为"日本籍全球化企业"。

小松此前也是一样的以日本籍为基轴。但是，在开展领先经营这种全球化经营的时候，小松转变成了"从最适合的地方走向全球化"。

比如，超大型无人驾驶矿用卡车——你可能在小松的广告中看到过——这是在南美和澳大利亚的矿山等危险场所借助 GPS 使用的无人驾驶卡车。日本不需要这种产品，所以不是在日本国内制造的。它的主体工厂不在日本，而在美国。

就像这样，每一个商品群都在世界上最适合的地方设置主体工厂，并从那里开展全球化，这是小松可以领先经营的特征。

◎集中在石川县的部件开发

随着领先经营在全球的开展，机械的关键部件开发也渐渐集中了小松的发源地石川县。

制造建设机械的关键部件需要高度的模拟性磨合，所以需要非常优秀的技术人员。

　　考虑到东京的人才流动非常频繁，小松没有选择东京展开合作，而是选择了与本地的高级人才宝库合作，而且小松也与地区大学合作，在石川县培养保持日本领先世界的产品制造能力的人才。

　　其实吉田公司也在相邻的富山县采用了同样的方式。像这种在日本培育人才，然后在世界上广泛生产产品的方式，成了日本企业在全球化成长过程中的制胜模式。

小松模式的传道

　　为了使小松的全球化成功展开，承担着重要责任的是"小松模式的传教活动"（图 5-7）。

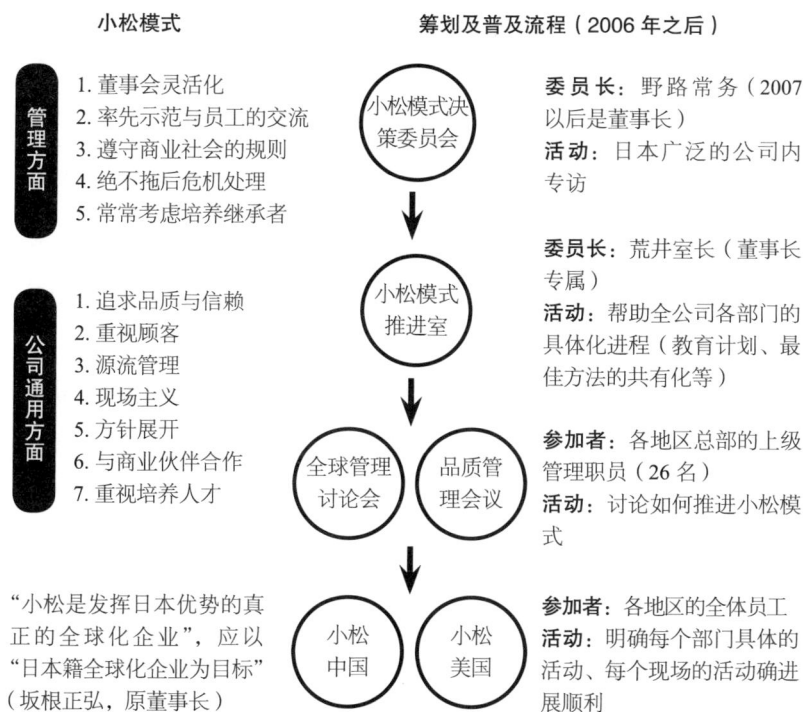

小松模式	筹划及普及流程（2006 年之后）
管理方面 1. 董事会灵活化 2. 率先示范与员工的交流 3. 遵守商业社会的规则 4. 绝不拖后危机处理 5. 常常考虑培养继承者	小松模式决策委员会 **委员长**：野路常务（2007 以后是董事长） **活动**：日本广泛的公司内专访
公司通用方面 1. 追求品质与信赖 2. 重视顾客 3. 源流管理 4. 现场主义 5. 方针展开 6. 与商业伙伴合作 7. 重视培养人才	小松模式推进室 **委员长**：荒井室长（董事长专属） **活动**：帮助全公司各部门的具体化进程（教育计划、最佳方法的共有化等） 全球管理讨论会　品质管理会议 **参加者**：各地区总部的上级管理职员（26 名） **活动**：讨论如何推进小松模式
"小松是发挥日本优势的真正的全球化企业"，应以"日本籍全球化企业为目标"（坂根正弘，原董事长）	小松中国　小松美国 **参加者**：各地区的全体员工 **活动**：明确每个部门具体的活动、每个现场的活动确进展顺利

图 5-7　"小松模式"筹划及普及流程

小松模式的根本是 TQC（综合质量管理）。1981 年，小松获得了戴明奖，戴明奖是授予对综合质量管理有贡献的团体的。获奖之后，通过综合品质管理来提高产品质量成了小松长久坚持的基本理念。

第一个获得戴明奖的是丰田。小松是参考丰田的做法，确立了自己公司精益管理型的品质管理经营手段，其中还添加了小松自己特有的基本理念，从而形成了小松模式。

而且，小松还开展向全世界小松据点传播的组织性的传道活动。小松在发挥地域特性的全球经营活动的同时，还不忘共享自己最根本的理念。

日本的强者　世界的第二方面军

排名第九十三位 ｜ 朝日啤酒集团

在这次的排名中，有几家啤酒公司入围。啤酒是世界上任何一个国家消耗都很大的饮料，而且，啤酒行业在某种程度上是垄断行业。

排名第 4 位的比利时的百威英博啤酒集团占世界啤酒市场的 25%。这是一家通过多次并购包括百威啤酒在内的多家公司组成的公司。

接下来排名第 10 位的是英国的 SABMiller 啤酒公司。SABMiller 于 2015 年实行了收购，其市值总额超过雀巢一跃成为食品行业的大公司。

然后，排名第 38 位的是喜力，第 78 位的是嘉士伯。

日本的朝日啤酒集团（以下简称为朝日）排名第 93 位，日本麒麟啤酒公司（以下简称为麒麟）排名第 95 位。最近上市的三得利公司不是排名对象，但是今后进入排名的可能性非常高。垄断日本啤酒行业的公司分别是朝日、麒麟和三得利，从世界角度看，这 3 家公司也是顶级的成长企业。

接下来我介绍下朝日公司。

深入探究 QCD

朝日的事业横跨酒类、饮料、食品 3 个领域，不只是经营啤酒。在这一点上，麒麟和朝日的做法是一样的。

从 QCD（Quality，Cost，Delivery；质量、成本、物流）的视角看，首先应该提的是质量的优劣。朝日舒波乐啤酒清爽的味道口感独特，是其他产品无法匹敌的。

守护这种美味的是物流。朝日优秀的物流保证了啤酒的鲜度，这也是朝日啤酒在日本市场上保有首席地位的优势源泉。朝日处于世界上"高鲜度啤酒"的领先位置。

啤酒美味的关键就是鲜度。别说啤酒厂里那种啤酒的鲜度，就是能有从啤酒厂直接送到目的地这种鲜度，啤酒就已经非常美味了。朝日就彻底专注于这种物流能力和操作能力，尽量让啤酒的鲜度接近产地直送的新鲜状态。

朝日公司要想与世界强者为伍，不仅要考虑规模，还要在操作能力上取胜。

隐藏的企业并购强者——日果、和光堂、可尔必思的收购

朝日还有一个优势就是非常擅于企业并购。

因为 NHK 的晨间剧《阿政》而大热的日果公司，却很少有人知道该公司在 1954 年就加入朝日（当时还叫朝日麦酒）旗下了。《阿政》播出后，公司也没有向专注生产的生产部门透露，直到 2001 年，才把营业部门转让到朝日公司。

朝日的食品部门还收购了做婴儿食品的和光堂和做冻干食品的天野实业等公司。总之收购的都是在所在领域做得非常不错的企业。

饮料行业有一家公司叫可尔必思。2012 年，朝日收购了可尔必思。2013 年，可尔必思被整合到了朝日的营业部门。岸上克彦从可尔必思的常务被提升为朝日饮料的董事长，这件事引起了公司内外的震惊。2015 年 6 月，朝日发表声明称今后将对之前收购的企业实行整合重组。

食品事业将向新成立的"朝日集团食品股份有限公司"集中，由此便诞生了一家营业额超千亿的食品公司。之后，可尔必思归入饮料事业部的核心企业"朝日饮料"公司。

就这样，朝日把两个不同方向的企业收入旗下，并获得了协同合作的效果，可以说，朝日是非常灵活的公司。朝日的核心公司是 2011 年成立的朝日控股公司。

在泉谷直木的领导下，该公司集中了集团全体的战略制定、企业并购、管理等企业机能。不仅是啤酒行业，设置控股公司的日本企业也越来越多，但是在事业公司上重复建公司的情况也不少。通过少数精锐部队来提高企业价值而获得成功的公司很少。

◎全球的"占椅子游戏"

朝日的海外事业也属于朝日控股公司旗下，但是企业并购却没有在国内时顺利。

比如说朝日在 2011 年以 982 亿日元收购了新西兰的独立酒品公司，2014 年，总计损失了 200 亿日元。然后，朝日得以通过减少折旧的负担和重组大洋洲的物流来提高公司的效率，朝日费尽千辛万苦才使该公司有望获利。

啤酒行业正进行着全球规模的垄断，这呈现出了"占椅子游戏"的状态，可以说，现在值得并购的残留企业几乎没有了。百威英博和 SABMiller 的合并由于触犯了垄断法，可能会出售一部分业务。

我在写这本书的时候，一致传出了朝日将耗资约 3 300 亿日元收购 SABMiller 旗下的 4 家公司的报道。如果实现的话，这对日本啤酒公司来说是最大的海外收购事件。

但是，企业并购后的管理也不简单。朝日急需学习在欧洲这种成熟市场的管理能力。

◎ "恋人"之上"结婚"未满？！

企业并购的艰辛是必然的，另一方面，朝日也在积极与海外企业合作。

印度尼西亚最大的财阀三林集团创立了其核心企业：印度食品和汽水公司。2015 年初，新工厂开始运营。

信仰伊斯兰教的印度尼西亚人几乎不饮酒，所以在印度尼西亚和马来西亚等信仰伊斯兰教的国家开展以汽水为主的事业是非常正确的。如果朝日旗下的可尔必思再带着茶和咖啡进军海外市场话，可能更容易开展全球化战略吧！

现在，朝日向中国的青岛啤酒出资约总资产的 20%，从此利用青岛啤酒的销售网在中国大量销售舒波乐啤酒。

在这次合作中，有一个有趣的小插曲。当初百威英博持有青岛啤酒 27% 的股份，但是由于雷曼危机，资金周转出现困难，决定便售出一部分青岛啤酒公司的股份。因此，2009 年朝日获得了百威英博持有的青岛啤酒公司不到 20% 的股份。在那之后，青岛啤酒公司的董事长金志国在东京说："朝日与青岛啤酒是恋人，朝日和以投资为目的百威英博不同。"

青岛啤酒一方面把朝日称为"恋人"，一方面又"出轨"三得利公司，这一点可以从青岛啤酒发表的与三得利合并的声明看出来。但是，三得利发表声明称将把相同事业卖给青岛啤酒，这样看来，青岛啤酒与朝日的"恋人"关系可能会越来越亲密。

朝日还同中国最大的食品企业康师傅合作开展汽水业务。而且，朝日还向食品、流通大型公司顶新集团出资，旨在扩大食品事业。对中国非常了解的伊藤忠参加了合作，看上去对即将到来的发展形势会非常期待。

百威英博与其说是事业公司，不如说是典型的巧妙操纵投资的机会企业。另一方面，朝日却是专注事业的典型的品质企业。朝日要花一些时间让当地的企业对它做出真实的评价，通过开展多样的合作，从而真正实现向全球性企业的进化。

真实物品带来的日常感动

朝日的企业宣传语是"共同分享感动"。

说实话，我最初觉得"感动"这个词有违和感。如果是三得利公司用这个词还说得过去，但如果是朝日的话，给人的感觉则是比"感动"更好的形象。就印象来说，三得利可能是"感动是非日常"，朝日可能是"放心是感动"。

但是我对这句话有着更深刻的理解。朝日想表达的与其说是"惊喜"，不如说是"这么美味的产品就在身边"那种"真实物品给生活带来的感动"吧！

朝日把"这个好"换成"就这个好"的良品计划思想贯穿始终。让顾客在平平淡淡的生活中也能体会到真实存在的瞬间——让寻求满足的"青鸟"出现在自己家中吧！朝日所说的"感动"不是表层含义，而是蕴含着更深刻的含义。

而且，"共同分享"也是朝日专注的地方。

在与家人和朋友一同度过的美好时光中，让朝日啤酒默默地陪伴左右吧！最近，一个人吃饭和"一个人喝酒"的人越来越多；此时，朝日啤酒入口的瞬间，仿佛让人们回到了与家人和朋友在一起的时光。这就是朝日所谓的"感动"吧！

当然，饮料也很流行，但是朝日带有真实感的产品无法左右那种流行。朝日的产品三矢汽水和威尔金森碳酸饮料等都是可以卖 100 年的经典饮料。

朝日最优秀的地方就在于它对"真实感"的重视和坚持。而且，这也是优秀的日本企业共同的价值观。

现在，日本食品在世界上被认为是健康和安心食物，其中也蕴含了人们对优质生活的向往。"朴素无华，闲寂优雅"是日本文化的根基。朝日就是在世界上宣扬这种价值观的企业。

◎通过"食"来追求生活品质

朝日追求的是生活品质。而"食"就是生活的核心。

"衣食住"中，"衣"和"住"都是起到保护和装饰作用的附属品，只有"食"才是支撑自己身体的，可以说"食"才是生活和生命本身。

朝日生产的酒类、饮料、食品等产品中既有高端产品，也有大众产品。如果想彻底追求品质的话，就必须表现多样的品质生活。

"感动"这个词虽然简单，但是感动的场景却有千万种。如果每一种都想达到的话，就像优衣库的"服适人生"理念那样，朝日也有可能成为提供"饮适人生"和"食适人生"的企业吧！

汽车行业的领跑者

排名第九十七位　|　电装

在世界 100 家企业的排名中，日本汽车行业的强者分别位于末尾。最靠前的是电装公司，然后是丰田和本田汽车并列，还有非常遗憾没有进入排名的第 101 位的日产。

就像我在第四章中介绍的那样，世界汽车行业中有很多排名非常靠前。排名第一的是在印度尼西亚销售日本车的欧宝雅特（Astra）（第 17位），接下来是德国奥迪（第 30 位）和宝马（第 72 位）。韩国现代汽车（第 52 位）排名在宝马之前，由此可以看出盯着世界霸权的海外汽车生产商的成长势头远远要超过日本的汽车生产商。

德国大陆集团（27 位）将目光转向了生产汽车配件。轮胎制造商大陆集团最初是德国西门子公司的汽车配件生产部门，在通过收购大量企业之后一下子成为综合配件生产商。德国博世公司由于没有上市，本次不作为排名对象，但是它有可能超过大陆集团成为汽车配件行业的第一名。

本次排名第 97 位的电装公司正迫切地想要追上这两家公司，踏上向下个时代成长的进程。

从幕后到台前

相对于丰田和本田，知道电装的人比较少，电装是总部位于爱知县刘谷市的汽车配件生产商，电装于 1949 年从丰田分离出去，现在不仅做丰田系列配件，也和很多其他汽车公司合作。

现在，电装面向丰田的业务不足整体营业额的一半。丰田现在在世界汽车市场上大概占 10% 的营业额。电装的配件根据种类不同，大概占世界市场份额的 30% 以上。

比如说，直接喷射式引擎用的是高压注射器。它在 2010 年实现了世界最高水平的喷雾微粒化，日本、美国、欧洲的汽车生产商都使用了这种部件。

电装虎视眈眈地盯着世界上汽车行业的第一把交椅。可以说电装在汽车配件方面比在汽车方面更容易扩大规模。

电装的市值总额表现出了它对成长的期待。2015 年 9 月的市值总额约为 5 兆亿日元，它在日本企业中排名第 12 位，前面有丰田、本田、3 家日产汽车制造商、3 家兆丰银行、3 家大型手机公司、NTT（日本电报电话公司）和 JT（日本烟草公司）。每股收益率是 16 倍，超越丰田的 10 倍。

◎汽车行业的结构转换

曾经，汽车行业的主角可以说是引擎，因为能生产引擎的汽车公司都比较强大。

但是，由于现在环境问题越来越恶劣，电力和混合动力等新的动力逐渐代替引擎成为新的动力。可以说，现在是全球化竞争的3.0时代。

新的汽车上安装的电动机电气系统零件非常重要。因为汽车生产商在电气系统方面不一定很强，所以配件生产商在这方面会比较厉害。

现代汽车还要面对的一个问题是"安全"。这方面如果没有配件生产的话，商业就无法实现。

所以，欧洲汽车产业的技术开发主战场便逐渐从汽车生产商的竞争变成了配件生产商的竞争。

再看日本汽车产业，至今都是汽车生产商在顶点，下面是一些并列的配件生产商结构，并以这种结构为主。

比如说，康奈可公司在美国面临的大问题就是它生产的安全气囊。

在欧美，汽车生产商和配件生产商的上下关系是反的。日本的汽车产业如果想拥有国际竞争力，就必须以电装等配件生产商为中心，创造新的产业结构。新的时代到来了！

◎与丰田并肩的日子

对于丰田来说，电装是非常重要的伙伴。丰田推进的汽车"TNGA"（Toyota New Global Architecture，丰田新全球架构）、汽车空调和引擎燃烧系统的技术等与电装相关领域多有涉及。丰田也表示有一些领域如果电装无法运作了，那丰田就无法进行进一步的开发。

但是考虑到丰田公司整体的发展，则不应该把电装放在丰田汽车的旗下，而应该把电装核心的配件事业作为与汽车事业并列的一个公司支柱。

而且，如果电装与丰田联手，能让与博世公司和大陆集团对抗的配件公司成长的话，这将比汽车事业的成长更重要。因为电装通过对外销售配件比销售给丰田获得的市场份额更大。

在汽车行业有一个专业用语是 Tier 1。意思是第一层级的供应商。电装一直都是丰田汽车巨大供应链上的"长子"，稳居第一层级的供应商的位置。

但是最近几年，电装的目标是"Tier 0.5"。意思是电装作为配件行业的顶点的同时与制造商并肩，这个目标让人感觉非常"自负"。

比如说要想对自动驾驶汽车和互联汽车（Connected Car）等先端技术精益求精，就必须统合整个公司系统。

谷歌开发出无人驾驶汽车时，让汽车行业非常震惊。博世和大陆集团也在以"Tier 0.5"的角色发展下个时代的汽车模式。

美国的"工业互联网"和德国的"工业 4.0"都是以软件生产商和配件生产商为核心的运作。

为了不让日本再滞后，电装应该有牵引整个汽车行业的自负和觉悟以加速成长工作。

挑战现实市场

有一个奇怪的专业术语叫"销售后市场"。维基百科中是这么解释的：售后市场是汽车行业的术语，是以二手车经销商和二手零件商店为主的自定义优化商店、公司外用品商店等非正规的经销商，是指贩卖修理用的零配件市场。

第一次听说这个词的时候，我感觉非常奇怪。但这个词也如实地表达了汽车行业的特殊性。

配件生产商将配件卖给汽车生产商或者汽车经销商的市场是"真实市场"，直接面对消费者的市场是"销售后市场"——这个词真实表达了配件生产商在做面向汽车生产商业务时内心的声音。

对于 B2B 和 B2C 生产商来说，B2C 是"真实市场"，那么 B2B 就是"销售前市场"。原本配件生产商就不是面向汽车生产商的，而是希望直接面对消费者的。为此，就必须树立消费者品牌，以得到消费者的信赖。

与电装存在竞争关系的大陆集团通过销售轮胎成了一般使用者也了解的品牌；博世也通过向一般消费者销售工具而在消费者中树立了品牌形象；但是因为电装一直没有销售针对一般消费者的商品，所以即使在日本，也很少有人知道"电装"这一品牌。

最近，电装开始设立了品牌服务处。不仅在国内与丰田和丰田经销商竞争，还在混乱的美国和汽车生产商服务网还没完善的亚洲率先建立了电装品牌服务处。

电装在亚洲设立的品牌服务处的名称是"Pit & Go"。2014 年 2 月，电装在柬埔寨设立了第一家服务处。

丰田公司的丰田章男董事长在柬埔寨的访问成了一次契机。

丰田章男看着大街上行驶了很多二手丰田车，小声地说："虽说是二手丰田车，但是也是丰田的车，看来这里需要提供优秀服务的工厂"。这样，以电装为中心，联合了爱信精机和丰田通商的"Pit & Go"便创立起来了。

开业一年后，我也去位于金边市的 1 号店考察了一下，店内的生意非常好。由于服务到家，很多不是丰田品牌的车也来店里保养、修理。据说当地的工厂经常把好的配件放起来，用不好的配件顶替，关于这样的传言在金边市和东南亚各国多有流传。但是，因为人们比较信赖日本的服务工厂，所以该工厂才受到当地人的欢迎。

后来，"Pit & go"也将金边的一号店开到了泰国和印度尼西亚。

电装不仅专注于服务，在电装品牌销售商品方面也很努力。不仅销售产品，就连标准装备以外的汽车用品也越来越多。

比如有应用了汽车空调技术的家用热泵和空气净化器，还有一种产品是葡萄酒储存器，这是一种为了防止葡萄酒变味便把葡萄酒瓶里多余的空气抽干，使之保持真空状态的储存器，这样便能防止葡萄酒酸化的产品。这种产品正在亚马逊等购物网站上销售，是一种非常优秀的产品。

今后电装将通过 B2C 销售更多的服务和产品，今后 DENSO（电装）这 5 个字母将在世界的"真实市场"中家喻户晓。

将"生产"做到极致

我从 2014 年开始就一直担任电装公司的外部董事。当站在内部时，让我大吃一惊的是电装一直坚守着生产这一原点。

用丰田生产方式（TPS）这个名字代表的"丰田生产"在世界上广为人知，备受称赞。

但是，丰田是一家从配件公司采购配件，然后组装成产品的公司。让丰田式的生产更胜一筹的是配件生产商，也就是第一层级供应商——电装公司。

实际上，电装创立了"生产大学"，在拼命地坚守着"匠人精神"。这种状态表现了日本企业竞争力的原点。这种技能的传承在日本电子产业中除了金属模具几乎没有了。这与日本电子产业失去竞争力有着密切的关系。

电装不仅坚守着只有日本才有的"匠人精神"这种传统技能，还在努力向世界传播。

世界生产能力竞赛——"国际技能大赛"上，来自日本、泰国、印度尼西亚、越南等国家的电装的年轻员工每年都很活跃。2015 年夏季，在圣保罗举办的第 43 届国际大会上，电装的泰国员工在数控机床领域获得了金牌。

　　泰国电装的员工是在日本培训过的当地员工，现在亚洲技能中心也承担着培训柬埔寨、越南、印度等当地员工的责任。我在考察柬埔寨的新组装成产线时看到了从印度派过来的女性生产线管理者，她给柬埔寨的新员工指导的场景给我留下了深刻印象。

良性循环模式

　　电装在谈到长期方针时称："到 2020 年，电装要得到所有利益相关者的信赖，与其共同创造成长、发展的良性循环。"我认为电装要想调动社会，创造新的价值，得到持续性的成长与发展，就必须与广大利益相关者拥有相同的价值观，共同合作。

　　图 5-8 中展示了对六类利益相关者提供的价值。

　　这跟我之前介绍的雀巢和全食的想法是相同的，很容易理解。

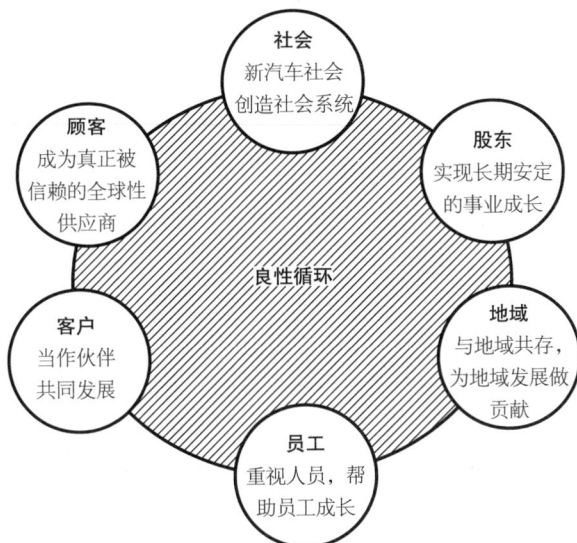

图 5-8　电装的良性循环模式

来源：电装官方网站

电装此前一直作为第一层级供应商，开展面向汽车生产商的配件销售。因此，图中的"顾客"是指汽车生产商。

今后，电装将直面各种社会问题并积极寻求解决方案。同时，电装还表达了对客户提供价值的强烈意识，从而让这种良性循环模式得到进化。

◎从安全到安心

电装想要提供的价值之一是"安心"。

"安全、安心"可以用一句话来总结，但是其实两者的差别很大。安全用英语单词 Security 和 Safety 来表示也说得通，但是安心却找不到匹配的英语单词。

也许三和快门公司的广告歌曲中唱的 Peace of mind（平静的心）才是最合适的表达。总之，安全仅仅是指物理上的状态，而安心是一种心理状态。

汽车的"安全"是指在有危险的时候能停下来，防止事故发生。但是安心是让那种危险的场面几乎不发生。

"安全"是汽车理所当然的目标，但是"安心"对赢得信赖非常重要。

电装和丰田的目标是让顾客说，"它们的汽车不会发生危险"，这样便能建立让顾客信赖的品牌。如果实现了这一点，就会成为顾客"指名购买"的品牌。

就像之前我介绍的柬埔寨的服务中心"Pit & Go"那样，"安心"就是赢得了顾客的信赖，顾客觉得在那里买的商品没有次品，而且肯定能把汽车修好，正是如此，信赖是加深与顾客关系的关键。

◎与地域同步

电装进军的地域，产生了大量新产业，增加了就业，使地域社会变得丰富起来。而且为了传授具有深刻意义的"匠人精神"，电装对当地公司和当地供应商的人才培养做出了努力，对地域社会的发展做出了巨大的贡献。

不仅在新兴国家，从 2003 年开始，电装在美国田纳西州雅典市的工厂就在生产注射器等高级配件。从 2016 年开始，为了从事直接喷射式注射器这种模式的生产，电装投资 100 亿日元并增加员工 400 人。当地的管理者非常自豪而兴奋地说："我们是在美国的田野里完成了世界上最尖端的生产。"

电装最大的目标就是与地域社会共存，成为地域无法割舍的伙伴。

超越汽车

电装对"汽车社会的存在方式"和"将来的流动性社会"等社会系统也提出了自己的建议（图 5-9）。

电装现在关注 3 个主题，"环境""便利、畅快舒适"和"安心、安全"。对于"便利、畅快舒适"，电装不像苹果和谷歌那样提出新的建议。比如说身边就存在着"新鲜的空气"，但是几乎感觉不到事物带来的畅快舒适感。这也是迅销、大金、朝日等其他日本企业共同的价值观。

电装的目光里不是只有汽车。

比如，它还提出了"通过农业和生鲜食品的物流能做什么"。

在印度和中国，被称为"低温运输系统"的运送生鲜食品和冷冻食品的物流系统还没有建立起来。因此，如何在新兴国家构建"低温运输系统"是必须要面对的社会课题。

在医疗方面，协助医生手术的机器人已经在销售了。手术是以体力定成败的，尤其累人。因此便开发了手部有肌肉、而且指尖活动灵活的机器人。

现在可以做到的产品开发是汽车的空调系统和工厂的工作机器。一直以来都做汽车行业的电装将目光看向农业和医疗，并发现可以支

环境
低碳社会 环境保护
资源循环

便利
畅快舒适
多样的生活方式
实现普适社会

安心 安全
健康的生活
避免容易发生事故、
犯罪灾害的地区

信息解答　　　支援农业

生物技术　　　低温运输系统　　　医疗护理

微型栅极　　　安全

电动协助

汽车配件
电动机 传感器
制动 热管理等

汽车

汽车
周围

非机动车
（关联核心
技术）

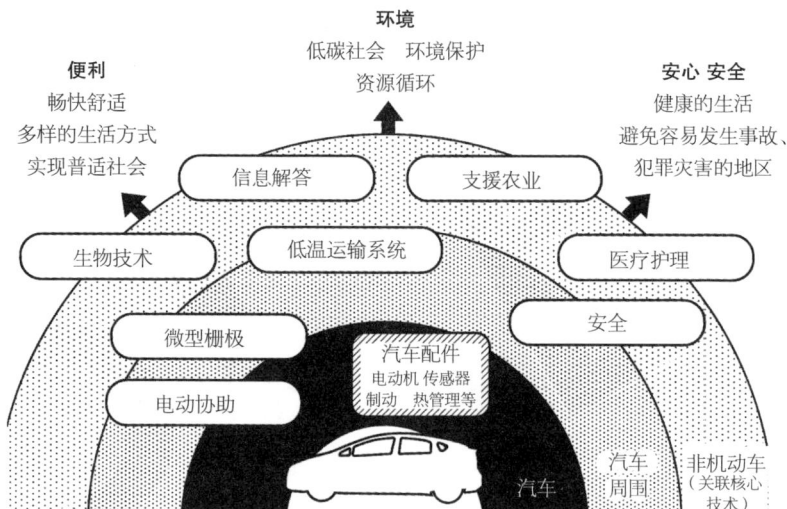

图 5-9　超越汽车：给社会系统的提议

持这些行业，这样便会产生新的产品和新的服务。

◎**提升"移动品质"**

电装现在将自己的工作定义为"移动品质"。

可以说，汽车是 20 世纪最大的移动工具。但是为了解决环境和交通拥堵等社会问题，今后有必要有超越汽车的移动手段。

电装拥有"对移动的洞察力"和"支援移动的能力"的企业 DNA。在成品车生产厂，除了四轮车和两轮车以外，很难表现出电装的 DNA。但是作为汽车配件生产商的电装可以更加自由地发现体现其 DNA 的场所。

要从 A 地点移动到 B 地点，除了汽车，将公共交通和自行车组合的方法也很有效。这是一种"转换运输方式"的思考方式。

比如说，通用和日立制造所这种开展社会基础设施事业建设的公司可以提供"控制全体人员移动的机制"。电装如果和这种公司合作的话，可以提高移动的品质，并且制造出新的配件和系统。

这样的话，就可以向超越汽车、支持全体人员移动的企业进化。

转换运输方式的工作在欧洲和美国正在进行。但是"匠人精神"带来的高品质生产却是日本企业的看家本领。作为这方面的冠军，电装正在跨越汽车行业，持续成长。

丰田也没必要一直是一家只生产汽车的公司。如果丰田开始其他经营，电装就作为丰田的转轴企业与丰田合作，从而为创造新的移动工具做出贡献。

极尽改善

排名第九十九位 | 丰田汽车公司

丰田汽车（以下简称丰田）勉勉强强排名第 99 位。本次排名是以成长率为基准进行评判的，所以像丰田这么大的公司能够进入排名非常不容易。

丰田最擅长的就是"改善"。但是像丰田这样做得这么彻底、全公司员工都如此投入"改善"的公司至今没有。

实际上，很多企业都在学习和模仿丰田的生产方式，但是没有真正像丰田那样做得彻底的公司。对于丰田来说，一般的改善是其他公司做不到的。

丰田的两个 DNA

最初，我尝试解读丰田的 DNA，但是现在有很多版本的"丰田DNA"，所以我在这里另辟蹊径，找了一个全新的切入口。

◎静的 DNA——构建组织的能力

我在麦肯锡担任丰田顾问时，"丰田的 DNA"项目在每 3 个月就实施一次，这样在丰田内部便聚集了很多优秀的员工。

项目刚开始的时候，丰田的员工非常不满地抱怨："为什么要做这个啊，丰田的 DNA 是由生产的 DNA 决定的。"

我当时站在麦肯锡的角度说："自己公司做的只是引擎吧！丰田难道不是一家配件组装公司吗？"我的话让丰田的人非常生气。

实际上，70% 的汽车配件都是来自配件公司的。不过丰田的厉害之处也正是在此：能让所有筹集来的配件全部按照丰田的方式生产。

不管是多么优秀的公司，都有不能让别人支配的"本公司的生产方式"，即使买回来也无法将之融入自己公司的灵魂和思想。

但是丰田不仅生产自己的产品，还让其他公司也生产带有自己公司风格的产品。这种"构建组织的能力"正是丰田的优势、丰田的DNA——展开了这样的讨论之后，丰田的员工也最终理解了。

乍一看丰田的"系列"，看上去就像闭锁系系统。但是，汽车行业的范围很广，如果在想学习丰田的人身上印上"丰田式生产"，就会加入新的生态系统成员。

那时的方法论就是"丰田生产方式"（TPS）。因为传授 TPS，丰田以外的企业也都和丰田生产一样的产品，从而使系统整体的产品形式得到统一。

在日本三河地区（相当于日本爱知县中、东部）形成了以丰田为中心的完善的生态系统。有人嘲讽说"这不过就是三河殿下的城关镇"，但是这种不喜欢的组织力量被压倒了。而且，丰田还在进军泰国、美国肯塔基州、中国天津等海外市场时，也建立了同样的"城关镇"。

虽然这很耗时，但是一旦完成就是非常坚固的组织。农耕民族的腰杆子一旦硬了，就会孕育文化，这也是日本瑞可利公司等优秀日本企业的终极做法。

丰田的强大之处不仅体现在生产产品的能力上，而且在于"使产品产生的能力"。这种实现"根据垂直统合进行的磨合型生产"的"组织能力"正是丰田静的 DNA。

◎动的 DNA——5Why 分析法（5 问法）

如果把丰田的员工和本田的员工聚在一起，你一定会感觉到非常大的差异。本田的人大多非常喜欢汽车。本田退出 F1 车队让很多本田员工感觉很遗憾，一些员工觉得不能生产喜欢的汽车，这让他们非常沮丧。

然而，丰田的员工是根本不喜欢汽车。就连自己乘坐的汽车种类都不知道，完全不感兴趣的员工也有不少。

但是如果去了拉面店或者银行，你就会发现丰田的员工可以清晰地了解"回头客的人数是多少""能产生多少利润""哪个环节是多余的"。对于"组织"的敏锐洞察力和内省力是丰田动的 DNA。

丰田动的 DNA 的象征就是 5Why 分析法（5 问法）。这是对一个问题连续用 5 个"为什么"来自问，以追究根本原因。这是丰田的风格。

比如说，有个生产线出现了问题。一般来说，要尽快着手解决问题。但是在丰田，"这个生产线安排在这里有没有错？""最好取消这个工程吗"都是要像这样追问问题，然后从根本上解决问题。

丰田式的做法叫"改善"，但是这个词让人想到的不是"改良"，而是"改革"这种彻底地追究方式。这种"追根究底的能力"就是丰田的DNA。

之前我介绍的"丰田 DNA"项目，当我站在麦肯锡的角度，讨论员工提出的问题"DNA 是什么？定义是什么？"时，在种种带有禅意的问答中，我感觉到已惊人地接近了事物的本质。

"品牌战略"和"市场的高度化"等项目在工作中也是一样的。如果不彻底追问"品牌有什么用""市场到底是怎么一回事"就无法进行，从"理解"到"弄清楚"只用了一个月的时间。

虽然面对丰田来势凶猛的"问题攻势"，我也有哑口无言的时候，

但是我觉得自己收获了很多。给花钱的人烙上丰田的风格，这已经有
了世界级遗产般的感染力。丰田那种追求事物本质的能力就是丰田动的
DNA。

商业改革——全公司变革的常态化

就像我之前说的那样，丰田的本质优势是"构建组织"（静的
DNA）和彻底改变的"变革能力"（动的DNA）。那种驱动组织全体的
推进力被称为"企业改革"。"构建为变革准备的组织"也可以说是"超
组织"。

"改善"还不被人熟知，但是我认为这仍然是"丰田优势的本质"。

◎与日产的戈恩改革的本质区别

2000年，为了重整日产公司，雷诺－日产盟的掌门人卡洛斯·戈恩
开展了CFT（跨功能小组），这件事非常出名。

戈恩为了打破开发、生产、销售等各个"组织的章鱼穴化"，建立
了一个着眼于"如何生产销量好的汽车"和"如何提高资金周转率"这
些问题本质的横向连接组织。这种部门组织的有效性在戈恩改革的5年
前就被丰田证明过。

陷入危机的日产，向丰田学习建立CFT紧急项目的改革实践是非
常成功的。但是与丰田不同，日产在成功之后就停止了CFT。它只是把
CFT作为一种规避危机的活动一带而过，却没有让这种横向连接组织扎根。

丰田的企业改革与一时应急的日产完全不同。但是出发点是相同
的。泡沫破灭之后，当时的董事长奥田硕又感受到了"组织的章鱼穴
化"危机，于是重新建立了横向连接组织。

当时，我作为麦肯锡的领导参加了丰田的整体变革项目。我们最初
大概有80多个主题，但是后来由于太多就缩减成了10个，把剩下的都
交给了各个部门的"企业改革小组"。

◎企业改革小组的认真度水平不一

企业改革的期限一般是 1 年。企业改革的优秀之处在于，企业改革的工作者是脱离生产线 1 年的员工。一般的公司都是兼任企业改革小组成员，有一些优秀的人会兼任数个项目，他们经常不知道自己在做什么，但是丰田的企业改革工作者是脱离之前岗位的专职员工。

因为员工们被告诫"至今的企业改革没有失败过，如果你们小组失败了，你们就是第一个案例"，可想而知其压力有多大。

有一个企业改革成员对家人说"我觉得我会消失 1 年"，其实，他是经常在公司的车中过夜。

成功人士都是这样，为了从后面赶上来，他们都是在职场飞跃期拿出破釜沉舟地劲头来工作的。

总之，丰田的企业改革与一般公司的项目和日常的 CFT 相比，在认真度上具有很大差别。

◎ 80% 的人员调动工作

更残酷的是采用顶尖优秀人才进行企业改革的部门竟没有人员补充。对于这些部门来说，一个人做几倍的工作是很平常的，这对那个部门的工作人员来说打击很大。

我听过比较过分的说是可以通过这种方法使企业实现裁员的效果。但是实际上，就算没有顶尖人才也会有人调动工作，而且别人也有可能一下子就成长为下一个顶尖人才了。企业改革的对象中，有 20% 是企业改革的专职人员，80% 的人员是调动的。

丰田的企业改革从 1993 年开始每年都在持续。过了 20 年，20% 的力量持续给公司带来了新的优势，这是个让人害怕的企业，同时这个企业还在进行不断地改善。

企业改革不是像日产的 CFT 那样浅尝辄止就可以的，而是一种持续长久的活动。我不清楚还有没有做到这么彻底的公司。对于丰田来说，公司改革不是应对紧急危机的避难政策，而是一种日常进行的工作而已。丰田带有一种像"改善之鬼"那样可怕而强大的感染力。

打倒丰田！

通过之前的介绍，你肯定已经感受到了丰田组织改革的强大之处，但是现在还没结束，接下来是更厉害的地方！

在企业改革项目启动几年以后，我曾经与奥田硕董事长有过一次30分钟的会面。

我想给奥田硕董事长带个礼物，于是我把当时进行福特改革的杰克·纳赛尔总裁与奥田硕先生做了对比，制作了一个对比分析表，而且我还费尽千辛万苦地把奥田硕先生的成绩整理成了信息记录，我把它叫作《奥田董事长的信息记录本》。

我与奥田硕董事长会面结束的时候，他好像没什么兴趣，说了句："啊，结束了？那再见。"然后就把信息记录本随手放到了口袋里。

我觉得自己把奥田硕董事长惹生气了，所以有些灰心丧气地走了。但是第二天丰田的很多部门都给我打了电话。原来，奥田硕董事长第二天早上召开了紧急会议，他召集全体人员并指出："我们被麦肯锡说得如此一文不值，一定要充分利用这个分析表。"

在那之后，奥田硕董事长就在公司内部发起了"打倒丰田"的活动。当时，丰田具有非常高的评价，被人们认为是第一名，那时奥田硕董事长就认为丰田有些骄傲，他有危机感。而且他应该会认为"这份非常好的资料能让丰田发奋"吧！

普锐斯和威尔

在那之后，我为奥田先生关心的"威尔计划"提供了帮助。这个项目是丰田 VVC（Virtual Venture Company，丰田旗下新公司）在公司内进行的第一个项目。现在 VVC 公司在台场建立的丰田汽车大型展示馆已经成了那里有名的汽车主题公园。

VVC 是丰田公司建立的为期 3 年的公司内部独立组织。它的使命就是"做一些不像丰田风格的事"。其主管负责人是奥田硕先生的心腹清水顺三部长（之后担任过丰田通商董事长，现在担任该公司顾问）；而且，当时还选了丰田公司几个非常优秀的员工。因为在水道桥的丰田东京总部无法产生新的想法，于是就把 VCC 的办公室设在了三轩茶屋时尚的大楼里。

VCC 的气氛与丰田总部完全不同，这是一家非常不可思议的公司。清水先生手下只有 5 个丰田员工。其他员工有电通、麦肯锡以及有"时代观察员"头衔的与众不同的人。

其中，诞生的一个新的尝试就是"威尔计划"。威尔是由丰田与优秀消费品生产商共同建立的一个为期 3 年的品牌。其中有 7 家公司加盟，分别是花王、朝日啤酒、松下电器、国誉、近畿日本国际旅行社和江崎格力高公司。

丰田公司也进入到威尔汽车的紧急开发中。"生产全员都反对的汽车"是奥田硕先生提出的唯一条件。

因此，"威尔计划"最初生产的汽车是 Will Vi，这是像灰姑娘的南瓜马车一样古怪的汽车。看到 Will Vi 的策划时，所有人都大跌眼镜，而且最反对的应该就是奥田先生本人。看到这个策划的清水先生一下子就笑了，好像在说："奥田，你是想生产这个吧！"奥田硕先生也对自己最初的决定后悔莫及，不过这是后话了。

"不是丰田的风格"的汽车成了热议话题，但是实际上完全没有卖出去。之后，丰田还推出了两辆 Will 计划的汽车，但是几乎都卖出去。

◎威尔计划的真正成果

3 年的威尔计划没有留下显著的商业成果，而是像预想的那样溃不成军。

但是，在那之后却意外地产生了一些成果。丰田的主力工程师开发出了"不像丰田风格的有趣的汽车"。丰田 bB 和丰田 FunCargo 这两款汽车非常受人欢迎。

丰田的工程师受到了威尔计划的刺激，下定决心做出打破常识的、更好的汽车，最终，他们设计出了非常具有个性的汽车。

总工程师们表示："那些超出人类常识的汽车固然很好，但我们制造的汽车更厉害，我们设计的汽车极具个性化。"

一直以来，丰田主要着眼于生产完成度高、安全畅销的汽车，且避免生产富有个性化或容易引起争议的汽车，奥田硕先生认为这是丰田汽车越来越无法令人满意的原因。

为改变公司内部现状，丰田启动了 VVC 计划。该计划的意图就在于通过将公司内部员工外派来挑战"丰田的固有认知"，从而推动公司内部发展。

说起题外话，奥田先生当初极力反对推出 WiLL Vi，但他后来却对其极为中意，时常悄悄开着该车兜风。就此开玩笑的，俨然是奥田硕先生。曾有这样一段趣闻，由于奥田硕先生平时出行是乘坐"皇冠"公务车，并配有司机，因而宾馆员工能立刻发现奥田硕先生并上前迎接，但奥田硕先生有时会自己开 WiLL Vi，因此宾馆服务员完全没注意到是奥田先生的车，事后服务员会被经理大骂一顿。

超越"创新者的困境"

哈佛大学商学院克雷顿·克里斯滕森教授所著的《创新者的窘境》掀起了经营前线的一场风波，他用理论与实例明示了"往日的成绩会成为创新的绊脚石"这一现象。大概奥田硕先生也是通过这本书，再次见识到了"自以为是"有多么恐怖。

克里斯滕森教授在其后的第 3 本著作《创新者的解答》中揭示了战胜该困境的方法论，图 5-10 为其主要框架。

纵轴为"工序的整合性"，横轴为"价值观的整合性"，也可将"工序"置换成"有形资产"，"价值观"置换成"无形资产"。

奥田硕先生率领的丰田，喊着"打倒丰田"的口号，向框架中的 4 个象限所示的"创新者的窘境"进行挑战。

◎ 4 象限"打倒丰田"

图 5-10 中的"类型 1"象限代表"过程的整合性"与"价值观的整合性"均高，即该公司生产的产品符合该公司的价值目标（照常运营），其代表性案例为丰田小型车"威驰"（外国名字"雅力士"）的开发。

丰田一直以来都将小型车的开发交给大发公司，由新兴国家生产的燃料消耗率低的小型车在日本也有很高的人气。

因此，丰田致力于"以丰田的进程制造丰田小型车"，其成果便是威驰。

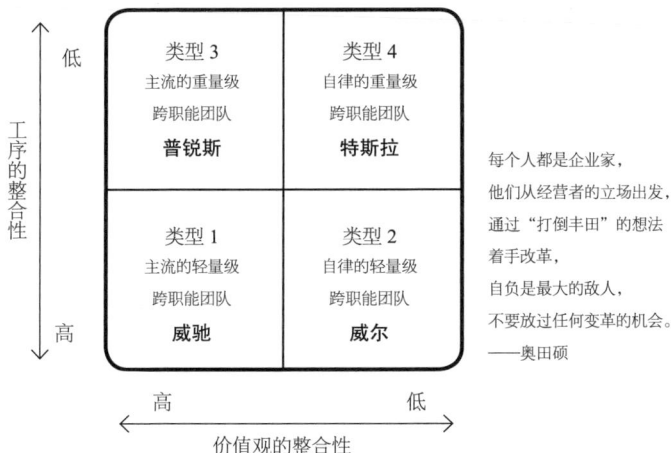

图 5-10 改变"创新者的窘境"

来源：克雷顿·克里斯滕森所著《创新者的解答》适用于丰田

通过少数精锐及顶级总工程师的努力，丰田成功推出了大受欢迎的汽车。

"类型 2"则是前面所提到的威尔。制造"不像丰田风格的汽车"，这可以说是价值观未整合；但由于丰田依旧采用汽油发动机，所以可使用原制造工序。因此可保证少数非主流派精锐人才的活动环境。

"类型 3"是下一代的主打产品。其"价值观的整合性"高，是继承了丰田 DNA，但如果用原工序生产的话则无法制造出来的产品。

丰田赌上公司的命运将"混合动力汽车"投入生产。而混合车型需要的是马达，而不是丰田最引以为傲的引擎技术。于是在奥田硕的指挥下，以主力总工程师内由田竹志为首，集中全公司的资产制造"混合动力汽车"，其成果是于 1997 年诞生的"第一代普锐斯"。正如其广告宣传语"赶在 20 世纪的末尾"所言，普锐斯是丰田迈向 21 世纪的新开始。

"类型 4"是最难处理的，因为其工序与价值观均未整合，电动汽车就属于这一类型。电动汽车无须发动机，仅需电池便可以进行制造。对于丰田来说，本就没有兴趣制造、像玩具一样的汽车。

在这里引人注目的是美国的特斯拉，在向该公司出资的同时，丰田还向和 GM 共同建造的工厂旧址进行招商。但那之后，由于中止了向特斯拉出资，电动汽车至今仍未采取任何有力的对策。

就这样，丰田将类型 4 的制造委托给与丰田有着不同 DNA 的外部人员。不得不说，正因为存在着太多不同性质的东西，成功的可能性才如此低。

不论什么企业，能否实现下一代创新完全取决于"类型 3"能做到何种程度。奥田硕先生也因为推出了普锐斯将丰田从"创新者的困境"中解救出来，而被评为知名经营者。

但奥田硕先生最大的功劳莫过于喊着"打倒丰田"的口号，通过着手 VVC、威尔等"类型 2"的问题使得公司固有的观念受到冲击。"类型 2"在不知不觉中延续了"类型 1"的做法，这使得原有的狭隘价值观发生了变化。

奥田硕硬是对向心力极强的丰田施加了离心力，这使丰田的中心部分得到了改进。

以"企业道德"为核心的经营管理

我认为在丰田历年的经营者中，最具有人情味、最优秀的莫过于奥田硕的后任张富士夫。与具有卓越本领的奥田硕相比，"人品好"的张富士夫成为董事长使周围的人感到极其困惑。我发现张富士夫的优秀是源于一件轶闻。

张富士夫当时还是副董事长，他在邀请哈佛商学院的荣誉教授迈克尔·詹森访日时，适逢我也到丰田参观。詹森教授是新管理工具——平衡计分卡方面的权威，就连在奥田硕经营丰田时，也曾对平衡计分卡进行过研究。

在会谈中，张富士夫在听了詹森教授的讲话后，提出这样一个问题："企业道德应该放到计分卡的什么位置呢？"

詹森教授刚开始没有明白问题的意思而发愣，随即反驳道："这里不存在那种东西，如果一直拘泥于那种模棱两可的事情，日本企业就要倒闭了。"

张富士夫听完后愣住了，然后再没提出任何问题。大概是由于詹森教授没有将企业道德计入其中，因而便没有必要再谈下去了，最后丰田也并没有采用平衡计分卡。

◎企业道德是核心竞争力

张富士夫认为："企业道德是核心竞争力，没有道德底线的公司无论干什么都不会成功的。"当时的我只顾着在麦肯锡公司积累客户，并未理解张富士夫这样考虑的真正含义。但后来，我渐渐明白他的确是对的。

后来我又从张富士夫那听到一件令人感动的逸闻，那正是他在美国的肯塔基工厂担任厂长时候的事。

由于美国南部是个很闭塞的地方，基本没有日本人，因而张富士夫被当作外人对待，他当时应该过得很辛苦。某一天，肯塔基下雪了，为确保通勤没有阻碍，以张富士夫为首的日本人开始除雪，然后冷漠的当地人也逐渐加入到除雪队伍中。那是他第一次感到与当地人的心意相通。

我从这件事中感受到的正是张富士夫的信念："若没有诚意，人便不会为之所动"。在那之后，他也一直坚持这个信念，最终使肯塔基的丰田公司变成了一个充满爱的公司。

现如今丰田的企业理念也依然将张的这一信念置于最高点。"成为一个让人尊敬的公司"才是丰田企业精神的本质。

2010 年，美国发生大规模罢免行为，丰田遭到了强烈抨击。董事长丰田章男的公开致歉说明会在美国、英国也进行了实况转播，并引起强烈骚动。但肯塔基州州长却一致表示："丰田是最值得称赞的企业"。

之后，丰田又成功的重新站了起来，并于 2014 年成为能赚 2.7 亿日元的公司。一般来讲，即使再次出现类似"再多让利于顾客和职工"的强烈谴责，也不稀奇；但丰田为其长远利益着想，能经常解决环境、安全等社会课题，因此并未出现上述批判。

这才是一个公司应有的姿态，张富士夫将其称为企业道德。我们可以看出丰田是一个可以让周围的人幸福的公司，由此意识到以"企业道德"为核心的经营可让企业进入良性循环。

◎有敢于停歇的勇气

目前，在汽车销售量方面，丰田与大众都在竞争世界第一，但丰田章男却宣布丰田需要休息，暂时中止公司的发展。因此，2015 年上半年大众成为第一名。即使被竞争对手超越，丰田也勇于打好扎实的基础，这也证实了丰田的强大。

　　柴油机方面的问题使得大众遭到算计，大众究竟何时会以怎样的方式复兴还是个未知数，但丰田不会利用失去对手的绝佳时机打入市场。丰田以 2050 年为目标，描绘了一幅持续发展的蓝图，以适合丰田的步伐不断向前发展。

　　丰田不放过任何机会，一直重视品质，并制定了长期的发展目标——成了首屈一指的大企业。成为大企业后，丰田仍不断发展与壮大自身，这鲜明地展现了身为成长企业所拥有的精神与觉悟。

第 6 章

那些公司为何落榜？

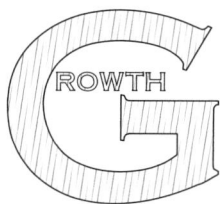

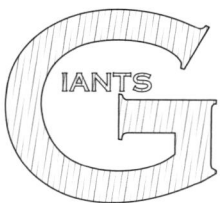

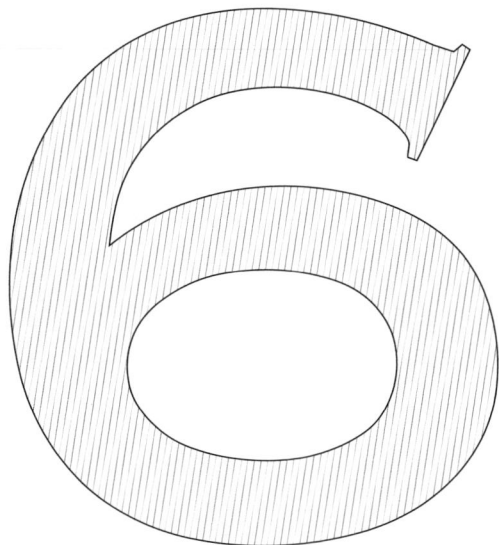

《财富》"世界 500 强"是最有名的世界企业排名之一（表 6-1）。沃尔玛在 2014 的排名中重登榜首，但该公司却未被列入本书的百强名单内。此外，由于考虑到财富排名的第 2～第 7 位和第 10 位企业为石油能源类企业，易被权力或市场状况所影响，因此也未被列入排名对象名单内；排名第 8 位的大众也不在本书排名范围内。《财富》排名的前 10 名企业中，进入本书百强企业排名的只有丰田汽车。

　　本书与《财富》排名的企业名单不同，是因为选定的标准不同。《财富》"世界 500 强"是以公司的营业总额为指标，而本书的选定标准则是公司的成长率。

　　企业若想在提高营业总额的同时，又要提高企业成长率，是极其困难的。例如以营业总额世界第一自诩的沃尔玛，假设其营业额提高 10%，那么光其提高的营业额部分就能达到约 5 亿日元，相当于像三菱商事、东京电力、7&I 控股这样的大企业一年的营业额。不仅是沃尔玛，基本上当企业越做越大时，便很难再继续成长。

　　被认为理所当然能进本书排名的企业，却未被列入排名内，这是因为选定的标准不仅仅是规模和成长性。本书第 2 章通过 LEAP 模式对本书的百大顶尖企业的共同特征进行了说明。未被列入排名对象名单的公司是因为并未满足 LEAP 的必要条件，这些公司无法保证"智能的同时保持高效率""坚持思想不变的同时继续不断地发展"（或者，这些企业由于规模逐渐增大而迷失了自己）。其中的原因各不相同，但它们有一个共同点，即无法同时满足"静的要素：规模"和"动的要素：成长"这两个必要条件。

本章将以美国 4 家代表性企业和日本高科技企业群为例，具体阐述上述问题。

表 6-1 《财富》世界 500 强 TOP10（2014）

	企业名称	国家	产业	营业额（亿美元）
1	沃尔玛	美国	零售	4 763
2	皇家壳牌公司	荷兰	石油	4 596
3	中国石油化工集团	中国	石油	4 572
4	中国石油天然气集团	中国	石油	4 320
5	埃克森美孚公司	美国	石油	4 077
6	英国石油公司	英国	石油	3 962
7	国家电网公司	中国	电力配送	3 334
8	大众汽车	德国	汽车	2 615
9	丰田汽车	日本	汽车	2 565
10	嘉能可斯特拉塔公司	瑞士	商品交易	2 327

追求价格低廉的全球最大企业——沃尔玛

从智能高效的角度来看，沃尔玛可以说是一个极其高效率的公司。沃尔玛的目标是："省钱、追求更好"（即节约，追求更高的生活品质），大概也很少有像沃尔玛这样，拥有如此简单易懂目标的企业。但大多数顾客买东西不仅仅是期待其价格低廉，如果忘记"高价值"，而只倾向于"低成本"，那么企业就会在成长道路上碰壁。

廉价出售的王者

沃尔玛的商业模式极其简单。

正如 EDLP（Every Day Law Price，天天低价）所言，沃尔玛每天以低价出售所有的商品项目。沃尔玛与日本的超市一样，不派发商品特卖的传单，因为其所有商品每天都是低价，无须进行特卖活动。"何时来都能放心购买最低价的商品"正是 EDLP 的优势。

要达到 EDLP（Every Day Low Price，天天低价）就需要 EDLC（Every Day Low Cost，天天低成本），而成本控制环节最重要的部分就是采购，因此和供应商合理的谈判，并用各种方法降低商品在流通中所产生的费用就是沃尔玛最重要的工作，而并非收取进场费。他们追求"大量低价购入，大量低价卖出"的 20 世纪零售的典型盈利模式。

◎以山姆·沃尔顿为中心的经营

事实上，沃尔玛在创业之初，并不只是以追求低价为目标。

沃尔玛创始人山姆·沃尔顿在其自传《从小处着手沃尔玛经商》中提倡"以人为本的经营理念"，同时，他一直坚持着"只有在做事时考虑每个人的自尊心，才能做到他人无法做到的事"这一信念。为使商品低廉而压榨员工这一类事情，本就违背了沃尔玛的经营理念。

山姆·沃尔顿其实是迅销公司董事长柳井正极为尊敬的经营者之一。柳井正将山姆·沃尔顿的自传规定为公司员工的必读书目，并宣扬其"全员经营"的理念，以作为迅销公司在经营方面的参考。

沃尔玛的公司总部位于美国阿肯色州的本顿维尔市。在其股东大会上，通常会聚集很多沃尔玛的股东支持者，正像庆祝节日一样热闹。在美国边境诞生的沃尔玛已在全球称霸了半个世纪，这已成为美国人最喜爱的关于成功的故事。

1992 年，沃尔玛创始人山姆·沃尔顿去世。从那以后，经营者也换了好几任。

由于经营者更替，"失速"现象在零售行业时有发生，但沃尔玛凭借着低价这一压倒性的优势走到了今天。

◎**追求精益管理的企业**

图 6-1 的"目标管理 × 精益管理"通过所示框架对零售企业进行了分析，并对美国零售企业进行了市场定位。

沃尔玛以终极精益管理为目标，只追求价格方面的优势，但如果只追求商品的价格，竞争中心就会变得过于单一，这样便容易被卷入激烈的价格战争中。事实上，沃尔玛也同样有"重视低价"的成本管理趋势。

沃尔玛的另一个强劲对手为塔吉特公司，该公司与沃尔玛最大的不同就在于，塔吉特既注重"目标管理"，又注重"精益管理"，并倡导"期待更多，花费更少"的经营理念，与宜得利的"高品质"、无印良品的"物美价廉"的理念更为相似。

比较沃尔玛和塔吉特的门店价格，我们可以发现其商品价格基本相同，但同价格的商品中，塔吉特的商品质量更好。

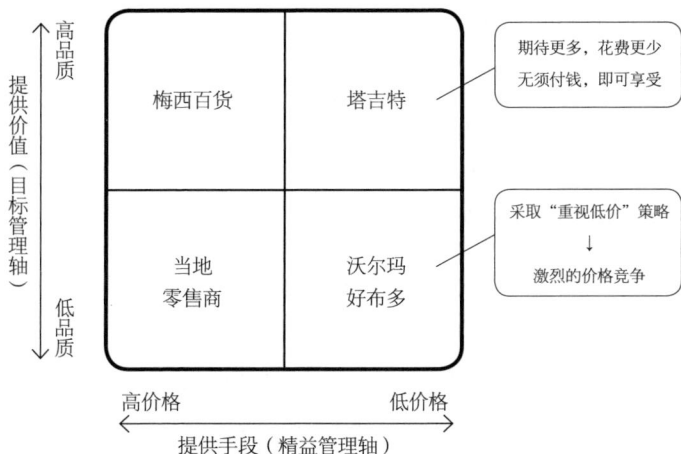

图 6-1　以"目标管理 × 精益管理"为基准

此外，在购物体验上，塔吉特也优于沃尔玛，我们这样理解：去塔吉特购物的人会穿外出穿的衣服，而去沃尔玛的人穿的是睡衣。实际上，只要踏入这两家门店，就可以发现塔吉特无论是在店内氛围还是顾客阶层方面都明显优于沃尔玛，并且从塔吉特与星巴克合作，而沃尔玛与麦当劳合作也可以看出两家公司的差异。

◎经济通缩苦战中的优胜者

沃尔玛本在激烈的零售业竞争中处于劣势，但由于 2008 年的雷曼事件，形势发生逆转，在这一年的"圣诞商战"中，只有沃尔玛和麦当劳挤满了人。

对美国零售企业进行市场定位

本以为塔吉特与沃尔玛竞争，结果一定是"沃尔玛胜"，但 2010 年塔吉特重回成长轨道，沃尔玛仍按照自己的步伐成长。经历过通货紧缩后，我们可以发现仅靠"精益管理"将无法满足顾客的价值诉求，如果沃尔玛无法同时顺利引进目标管理和精益管理，恐怕日后的经营形势也会很严峻。

其实沃尔玛也尝试过与塔吉特相似的营业形态，但由于一直以来其超低的价格已经深入人心，所以当沃尔玛超市摆放的商品只要价格稍高一点，就会受到消费者强烈反抗，因而总是无法转变新的营业形态。

全球化的成功与失败

被列入本书排名的企业，其共同点为均具有"全球性成长"这一关键点，而沃尔玛的全球性战略则受到阻碍。

沃尔玛自 1991 年以来，不断向世界各地扩张。沃尔玛最初选择的扩张地点为墨西哥，并与当地企业成立了合资企业，获得了极大的成功，但该合资企业在本次排名却位居 59 位。

此外，沃尔玛在英国收购了当地的阿斯达，从而进入全国 5 强，彰显了其存在感，但沃尔玛也只在这两个国家的发展还算顺利。

虽然沃尔玛也与其他国家的当地企业进行了合作，但结果却不尽如人意。沃尔玛在中国的扩张停滞不前，并且已经撤出韩国；虽然收购了日本的西友，但这十多年却几乎没有任何发展；沃尔玛无法进军印度的零售业，在印度只能做批发。

沃尔玛之所以无法顺利在海外进行扩张，其原因之一是沃尔玛在美国采购的商品，在其他国家没有受众群，由于不同的国家对日用品及食品的需求各不相同，因此沃尔玛在全球的发展极为困难。

沃尔玛能够顺利地在英国和墨西哥发展，似乎也是因为英国和墨西哥的消费者需求与美国相似。长期苦战于极具发展前景的亚洲市场，也已经到了沃尔玛全球性战略的极限。

◎西友沃尔玛的借鉴之处

2002 年，沃尔玛向西武百货收购了西友，刚开始进行的一点也不顺利，其最大的原因就是沃尔玛将自己的想法强加给西友。

如上所述，沃尔玛的"低价"是靠 EDLC 这一彻底性的成本管理所支撑，而对于收购的西友，沃尔玛也进行了大规模裁员、追求效益最大化而降低成本，就连店内的日光灯也由原来的每列安装改为隔列安装。

这样做的确是节约了成本，但沃尔玛顾客却日益减少，门店也越来越冷清。

之后，沃尔玛改变经营方针，开始更多地从消费者角度考虑问题。

沃尔玛最先锁定的目标群体为有孩子的家庭主妇，设立了婴儿用品专柜。

沃尔玛的货架是按照商品的种类进行分类摆放的，因此奶粉、婴儿车、尿不湿等都分别摆在卖场的不同位置。主妇光抱着婴儿购物就已经很辛苦了，更何况逛西友沃尔玛这样不同的专柜设在不同的楼层的超市，就更艰辛了。

于是，当时一位名为中村真纪的女性购销员（现为执行董事、若菜分公司总经理）提出从顾客角度出发，将婴儿必需品全部集中到一处。就这样，沃尔玛又重新赢回了顾客。

◎由岗位责任制转向多重任务处理制

除上述外，还有沃尔玛想从日本进军世界的事例。

沃尔玛的分工模式是按照传统对所负责业务进行分工，即负责上货、理货、收银等的人只需专心做好自己分内的事，其模式与泰勒式工厂管理、卓别林的"摩登时代"相似，沃尔玛认为这样明确的分工可以提高效率。

但西友的川野泉却决定废除岗位责任制，提倡多重任务处理制，员工应对其所在楼层的所有事务进行分担，包括现场交易。

多重任务处理制的优点为员工（西友沃尔玛称为合同工）可以根据顾客的需求更好地为顾客服务。合同工中大多为女性，她们能够感觉到顾客的需求，通过站在她们认为可能会有需求的专柜附近，从而为顾客提供更好的服务；并且，当越来越多的员工能够灵活的发挥自己的主体意识时，其工作效率也会提高，卖场柜台的氛围也会更加活跃。

回想起来，这也正是沃尔玛的创始人山姆·沃尔顿最为重视的"以人为本的经营理念"，同时也是沃尔玛创立的出发点，但沃尔玛却在一味追求低价的过程中，不知不觉忘记了初心。

沃尔玛想沿用西友式的营业形态，于是到日本进行考察，但其全球性的发展着实不易。因为欧美通常是按照岗位录用员工，所以沃尔玛若在欧美实行西友式的营业形态，大概他们会想："我明明负责收银，为什么还要去做像上货这样的苦役。"即使让美国人去看日本打工女性的工作情况，让他们自主的根据顾客需求工作，美国人也不会接受。沃尔玛首先需要做的便是回到最初的原点，重新确立自己的经营理念。

◎**对沃尔玛的批判**

沃尔玛之所以无法顺利进入全球性的成长轨道，还有一个原因是各国普遍批判沃尔玛的进军。由于沃尔玛的进军会给当地的商店造成冲击，因此，各国普遍把沃尔玛当作"巨大的万恶资本"。

不仅是国外，国内对沃尔玛的批判声也此起彼伏。引发"沃尔玛联合抵制运动""低薪员工的罢工""沃尔玛是女性之敌"等运动，甚至还有告发"沃尔玛收取买方贿赂"的，沃尔玛在解决这些问题上已手忙脚乱。

在沃尔玛被严厉批判的背景下，在"为消费者而追求超低价"的状态中，员工、供应商逐渐产生了牺牲意识。因此，沃尔玛在经营中不应只考虑股东及顾客的利益，也应充分考虑当地社会、员工、供应商的利益。

正如在第 4 章所介绍的全食有机食品一样，以员工的幸福为出发点，奉行"幸福之轮"的经营理念，竭尽所能让相关的企业利害关系人都幸福。这才是其他全球性成长企业与沃尔玛的根本不同点。

◎**向 21 世纪企业发起挑战**

2014 年，沃尔玛的新任 CEO（首席执行官）董明伦的经历，在某种程度上让人们对"沃尔玛能够回归原点"抱有期待。

1984 年，董明伦作为临时工开始就职于沃尔玛，并受到创始人山姆·沃尔顿的熏陶和培养，在历经 30 年后最终成为首席执行官。在他成为沃尔玛国际部的董事长之际，国内外都非常关注沃尔玛今后的发展动向。

对如此庞大的企业进行经济改革，这将会异常艰辛，正因为其"低价"的观念已深入人心，所以很难再去改变其原有的价值观念。面向回归原点这一广泛的社会课题，如何发展成为 21 世纪兼具目标管理与精益管理的经营形态，将成为沃尔玛接下来最大的挑战。

网络时代的革命者——亚马逊

目前一直将沃尔玛与好市多、塔吉特这样与其有着相同企业形态的企业做比较，但沃尔玛真正的竞争对手是亚马逊。2015 年，亚马逊与沃尔玛的年营业总额相差约 5 倍，虽然现在预测其未来的发展动向为时尚早，但预计 2023 年，亚马逊将超过沃尔玛成为世界最大的零售企业。

无论怎样，亚马逊的营业额成长率都远远高于沃尔玛，亚马逊成为世界最大的零售企业也只是时间的问题。

通过比较亚马逊与沃尔玛两家公司的股票价格即可发现，亚马逊的股价呈急剧上升趋势，并于 2015 年 7 月已经超过沃尔玛。

若用一句话来概括亚马逊的经营特征，即贯彻顾客至上主义。其企业所宣扬的理念也为"发展成为地球上最为顾客至上的企业"。

我们不能忽视其"顾客至上"的理念，这在某种程度上可以当作亚马逊的保护符。亚马逊对待出版行业的态度极其蛮横，但他们对此却一本正经地说道："为了能让顾客高兴，有什么不好的呢？"支持保护消费者是亚马逊最大的优势，但与此同时也可以说这是一个肉眼无法辨别的陷阱。

奇人杰夫·贝索斯

我们一起来看看亚马逊的创始人杰夫·贝索斯的那些有意思的想法。

杰夫·贝索斯说："我的机会取决于你们的利润。"这句话未免让供应商不寒而栗，我不禁想起软银集团的董事长孙正义。我曾问过他关于软银集团企业模型的相关问题，他当即回答道："从 NTT（日本电报电话公司）、东京电力等巨大的资本中夺取利益。"

不管怎么说，上述话语都明确表达了杰夫·贝索斯的真正想法。

贝索斯以"顾客至上"这一宣传语作为其挡箭牌，对现有的势力进行攻击反驳。

杰夫·贝索斯认为"能够在何种程度上满足顾客的需求才是胜负的关键""做生意最怕的事情就是停滞不前"。贝索斯充分利用互联网的优势，在获取顾客个人信息的同时，通过扩大生产规模，使经济效益增加。

亚马逊乘着"互联网经济"发展的浪潮，迅速成长为行业的领先企业。

◎写在餐巾上的商业模式

图 6-2 所示的亚马逊的商业模式是杰夫·贝索斯在饭店吃饭时灵光一现记录在餐巾上的简画。

这就是亚马逊商业模式的出发点。

图中首先映入眼帘的是图中央的"成长"，这也证实了亚马逊是以成长为目的、历经千锤百炼的成长型企业。

贝索斯所指的"成长"并不是指"利润方面的增长"，而是指销售规模的扩大。我们在分析亚马逊时绝不能忽略非常重要的一点，即亚马

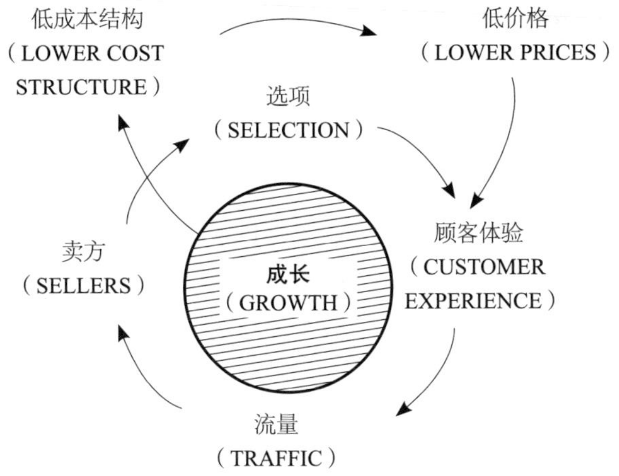

图 6-2　亚马逊的商业模式

来源：依据杰夫·贝索斯于创业之初画的原图而制成

逊至今已创立 20 多年，但其仍然是不以利润为目标的企业。

正如本书一开始所述，本书是按照"营业额的成长率""企业价值的成长率""利益的成长率"这 3 点作为评判企业的标准，而亚马逊并未创造利润，因此未被列入企业排名内。

杰夫·贝索斯认为："公司在成长阶段，无需产生利润。"

成长需要经历如下阶段：完全控制成本、彻底控制价格、增强顾客的良好购物体验、顾客增加、卖方增多、商品的选项增多，如此进行良性循环即可做到商品超低价。

仔细观察上图可以发现，图中存在两个循环。外侧的循环为"结构成本下调，价格下降"，这与沃尔玛以 EDLC 为基础的 EDLP 结构（每日低价）极为相似；另一个循环在内侧，"顾客增加导致卖方增多"，这与沃尔玛完全相同，但不同点在于"商品选项"的增加以及"客户体验"这两处。

◎引入体验经济

"选项"（Selection）的相关内容，具体请参见下一页专栏。此外，另一个与亚马逊相似的特点为"客户体验"。

关于沃尔玛的客户体验很差这一点已经在前面讲过了；而其竞争对手塔吉特的客户体验也仅仅是相对好一点。这种在实体店铺无法给顾客提供的体验，却可以通过互联网提供给顾客，即互联网"拟人化"的功能。

实体店无法根据每个人的需求为其提供相应的购物体验，但如果在网络，便能够为每个顾客提供专有接口（例如画面）、商品目录（比如准备各种丰富的商品，使顾客能随时买到想买的东西，并随时推出新的商品）。

除此之外，亚马逊拥有非常强大的推荐功能。当你订购书时，系统会很巧妙的给你推荐你可能感兴趣的、与其相关的其他书目，连我也总会不知不觉比预计多买几本书。

今后通过 AI（人工智能）进行数据挖掘，当顾客在网络上的体验越来越多时，便可能做到提前找到该顾客可能会想要的商品，并在系统中推荐给该顾客。如此一来，"体验经济"便会飞速发展起来。

SPECIAL COLUMN ━━━━━━━━ 专栏

尾巴凌驾于头部之上

大家听说过"长尾理论"吗？请看图 6-3，横轴为商品种类，纵轴为营业额，将畅销品按照营业额从大到小依次在左侧排开，将滞销品在右侧依次排开，形成低的条柱延绵不绝排列下去的状态。

图中左侧的畅销品极少，而右侧的滞销品却几乎占了商品的全部。

若将该图比作恐龙，则可以将位于左侧的畅销商品看作是恐龙的头，而右侧剩下的部分可以看作是恐龙的尾巴。

我们都知道，在传统的市场营销中"前 20% 的总和占据全体的 80%"这一经验规则，即"二八法则"。因此，我们可以认为仅保留"头部"的这 20% 商品才是费用与成果匹配的高效率市场营销。

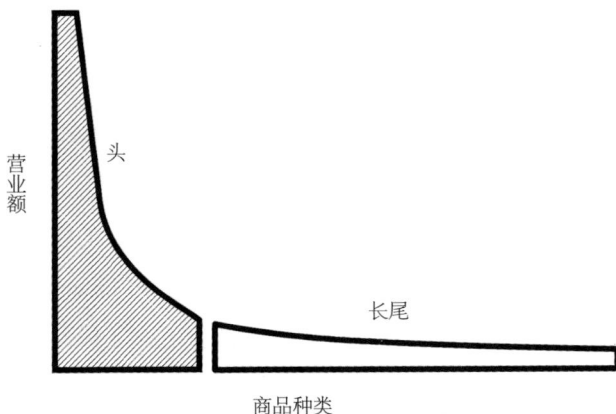

图 6-3　长尾（Long Tail）

但当在核算网上购物的营业额时，所有滞销商品的营业总额又占有不容忽视的比例，如此一来，在计算为数不多的畅销商品的营业总额时，其占全部商品营业总额的比例就会很小。

以上为 2014 年 10 月美国《连线》杂志主编克里斯·安德森在"长尾"（The Long Tail）中所主张的法则。

而亚马逊的市场情况恰好验证了这一长尾法则。

说起选择的多样性是只有网络业者才具有的独特优势。实体店铺能摆放的商品种类实在有限，而互联网却可以无限备货。

此外，亚马逊利用信息技术引入库存一元化及制造商代发货，将物流成本降到最低。向顾客提供一年基本只能卖出一个甚至卖不出去的商品，正是将这种不可能事件变为可能才是其成功之道。"将最适合您的商品以最低廉的价格推荐给您"——这种使"选项""客户体验"与"低价"形成良性循环的模式，可以说是亚马逊的基本商业模式。

超越网络，向现实进军

亚马逊虽说是"互联网时代的产物"，但实际上，亚马逊的发展已不仅局限于互联网这一范围，而是开始转向现实世界。

亚马逊最先转变的是互联网，将 EC 商业模式扩展为平台商业模式，并取得了极大成功。具体来说，亚马逊云计算服务以 Web 服务的形式向企业提供 IT 基础设施服务，现在通常称为云计算。亚马逊拥有容量极大的服务器，于是便形成了"服务器空间出借给企业"的模式，这给 IBM（国际商业机器公司）、HPE 公司（Hewlett Packard Enterprise 在 2015 年 11 月从惠普公司拆分出来）等既有的 IT 经销商造成了极大威胁。

此外，亚马逊正在研发通过无人驾驶飞机进行商品配送的系统"无人机"，由于美国方面对此的相关管制极为严格，尚未确定实现的

期限，但预计日本将于 2017 年开始将放宽限制。这可以说是对 DHL
（敦豪航空货运公司）、联邦快递等物流公司发起的挑战。

亚马逊也终于建立了自己的实体店。2015 年 11 月，该公司于西雅
图成立了"亚马逊书城"1 号店，以网上评价很高或者前景很好的图书
为主，店里存放约 5 000 本书，同时也将购买者的评价及感想公布在旁
边。店内热闹非凡，但也有人说"亚马逊是导致现有的大多数书店停业
的原因之一，而其现在又要开实体书店，真是讽刺啊。"

就这样，贝索斯在现实世界中也践行着他所说的："我的机会取决
于你们的利润幅度。"如果以日本企业打比方的话，亚马逊正在转变为
乐天、大和运输、富士通以及茑屋书店的企业合体。

不管是虚拟网络还是现实，亚马逊只要发现机会就会紧紧把握住，
力争在所有方面取得成功。从这个角度可以说亚马逊是机会企业（O 企
业）的代表性企业了。

"顾客的伙伴"是"世界的敌人"？

贝索斯发表"都是为了顾客"而贯彻顾客至上主义。而这种市场营
销实际上是 20 世纪的营销模式，已无法适应时代的发展，这大概是他
们的极限了。

21 世纪初，现代营销学之父菲利普·科特勒提出了"营销 3.0 时代"
这一概念，并且认为"顾客至上"这一想法已过时。我们不应当只关注考
虑顾客，应当把目光放在社会全体商，否则企业是不会被社会所接受的。

贝索斯身为开创了新时代互联网界的宠儿，却仍只抱有 20 世纪的
"顾客至上"想法继续向前，不得不让人产生一种时代错愕感。

亚马逊展开以"一切都是为了顾客"为核心的商业模式，只顾及顾
客与亚马逊的利益，具有极强的排他性，或许亚马逊已经达到极限了。

亚马逊的商业模式正如贝索斯画在餐巾上的图所示，是以超低价格

为出发点，增加商品的模式。因此亚马逊贯彻"只要为了顾客，什么都可以做"的营销方针，使其发展成为一个巨大的零售企业。

但是，一旦顾客产生"一分钱一分货"的想法，再也不在亚马逊购物时，贝索斯所创建的商业模式就会产生恶性连锁反应。其关键就在于，将"客户体验"加强到何种程度。

◎摆脱恶性连锁反应

目前，日本的 Cosme 这一化妆品销售网站有要超越乐天的势头，因为其满足了消费者想要购买适合自己的化妆品的需求。

虽说亚马逊的推荐功能的确很强大，但其却缺少"感受性"与"顾客共鸣"。也就是说，虽然亚马逊宣扬顾客至上主义，但其却正在慢慢变成远离顾客的网站，这样一来，顾客极有可能去其他地方购买称心如意的商品。

换言之，我推测亚马逊已经走到了极限。沃尔玛由于一味追求低成本而走到了企业成长的尽头，而亚马逊与沃尔玛一样，仅通过低成本与选项、单一的检索内容为其顾客提供客户体验，似乎也走到了亚马逊的极限。

致力于成为真正创造价值的企业

亚马逊的检索功能只能看到人们已经买的或是正在买的商品，但这仅是人们想买的一部分东西，因此亚马逊今后有必要引入高端引擎技术，以更好地看清人心变化的微妙之处。

亚马逊既然坚持顾客至上主义，就有必要以人的角度重新看待顾客。此外，必须建立让周围利益相关者也受益的模式，否则亚马逊总有一天会被淘汰。

贝索斯贯彻投资主义，不以产生利润为目的，并将盈利投资给仓库及物流。正是由于其不断成长，现有的商业模式才得以成立，因此贝索斯无法放弃原有的成长主义，一旦企业停止成长，将不得不被迫淘汰。

事实上，股东们对于其商业模式颇为不满，并提出"该让利给股东了"，这样下去，亚马逊便可能无法再继续成长。

如果亚马逊一旦使个人信息泄漏，那么其可能将被迅速淘汰。当企业越做越大时，总有一天会触及《禁止垄断法》，而也正因为企业过于庞大，才更有可能遭到顾客、供应商的背离。

亚马逊应该向 21 世纪经营模式转变，应广泛的考虑利益相关者的利益，为此有必要在明确企业目的基础上，摸索新的道路。"成长"并非目的，它只是为达成志向的必经之路。

巨象还能再次跳起来吗？——IBM

也许有人会想："IBM（国际商业机器公司）近年来不太兴盛，所以未被列入百强企业也无可厚非。"但 IBM 却与通用（通用电气公司）长年被评为优质蓝筹股。

汤姆·彼得斯所著的《优秀的企业》及吉姆·柯林斯所著的《前瞻性企业》均将 IBM 与通用公司排在优秀企业的首位，但这两家公司为何没被列入此次排名，接下来让我们一起来探讨下。

IBM 成为优秀企业的原因

哈佛大学商学院的名誉教授之一罗莎贝斯·莫斯·坎特曾于2011年写过一篇名为《优秀企业的经营理论》的论文。该论文获得《哈佛商业评论》杂志"麦肯锡奖"银奖，是非常优秀的论文。同一年，迈克尔·波特发表了 CSV 的相关论文，但由于出版的时机不是很好，与金奖失之交臂，想必很遗憾吧。

该论文将上文所提到的宝洁公司、IBM 以及欧姆龙等企业作为优秀企业的范例进行了介绍。坎特将"优秀企业的必备条件"归纳为以下6点，并结合 IBM 所采取的政策分别进行了说明。

条件1：共同目的

IBM 曾采取十分有名的对策"管理文化创新"，该对策是将 IBM 公司的价值观与即兴创新大讨论相融合，具体相关内容后面会详细说明。

条件2：将于目光放长远

2011年，IBM 迎来了成立100周年的纪念日，并在这一天，该公司基于100年这一长远视角，又制定了下一个100年计划。

条件3：职工积极向上的工作态度

1993年，IBM 前首席执行官路易斯·郭士纳接手濒临破产的 IBM 公司，他受命于危难以弥补其前任给 IBM 留下的空前的亏损纪录，并重振了该公司的经济。另一方面，郭士纳通过削减部门、裁员、调整结构等一系列改革，导致员工身心俱疲。

郭士纳的下任首席执行官彭明盛则以"人人都是主角"为信条，使员工再次恢复了积极向上的工作态度。

条件4：与公共机构进行合作

此条件是指与政府、医院、学校等公共机构进行合作。2008年雷曼危机过后，美国政府旨在通过公共投资恢复经济。

当时，IBM 公司也极力响应政府号召，配合政府采取行动，从而成功转型为社会公共企业。

条件5：创新

IBM 在进行创新时的关键为 Smarter Planet（智慧星球），它不单单是指提高效率，而是以实现善待地球、构建更美好的社会为目标进行技术革新。

条件6：自组织化

自组织化指通过员工主动工作，从而激发全体组织活力的理论。这与 20 世纪按照上级下达指示，像军队一样有条不紊的工作组织是完全不同的工作模式。而 IBM 公司采取的对策则是让 40% 的员工进行远距离工作。

"巨象也能跳起来"——郭士纳经营的本质

20 世纪，路易斯·郭士纳重振 IBM 后，出版了世界畅销著作《谁说大象不能跳舞》，回顾了自己的对 IBM 的经营改革。

我们可以认为郭士纳的经营改革是"以屈求伸"这一企业重生方法的典型案例。首先让企业彻底萎缩，然后将组织发展为精益型，再让其进行新一轮的成长，通过上述顺序，企业便能够实现彻底性的改革。

图 6-4 向我们展示了 IBM 的改革过程，横轴为"资产总和"，表示

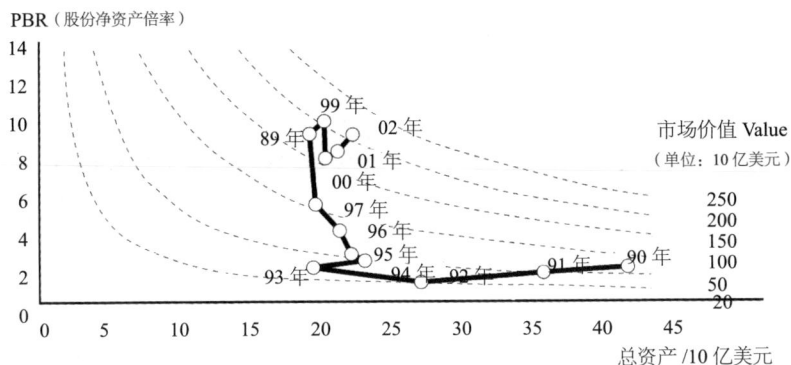

图 6-4　郭士纳对 IBM 的经营改革——以屈求伸

1990 年：打字机、键盘、打印机行业的销售。
1993 年：创纪录的 80 亿美元赤字。
1995 年：战略性集中于网络计算机行业。
1996 年：收购路特斯。
1998 年：将全球网络企业给 AT&T（美国电话电报公司）。
1999 年：将机器网络企业卖给思科系统公司。
2000 年：整合服务器产品与 linux 操作系统，
　　　　　全球服务行业（电子商务业、咨询）达到 330 亿美元（1990 年为 40 亿美元）。

企业规模；纵轴为 PRB（股价净资产率），表示每份资产的股价；该图中等高线上的数值为等价。

我们可以看到，郭士纳最初将 IBM 的企业规模缩小为原来的一半以下，然后制定由硬件服务转向软件服务的流程，使企业规模缩小的同时，企业价值增长为原来的 5 倍。

◎郭士纳改革的本质

在我们看来，"以屈求伸"这一方法的确很厉害，但我们看到的不过是个结果。事实上郭士纳在改革过程中采用的并不是"以屈求伸"，完全是别的方法。

请看图 6-5 所示的 IBM 创新投资计划。横轴为"取得成果所需时间"，纵轴为其相应的风险，但也并不代表风险低就一定好。首先，我们对企业风险的相关内容进行详细说明。

·低风险（Familiar）企业——安于现状、有自知之明的企业。

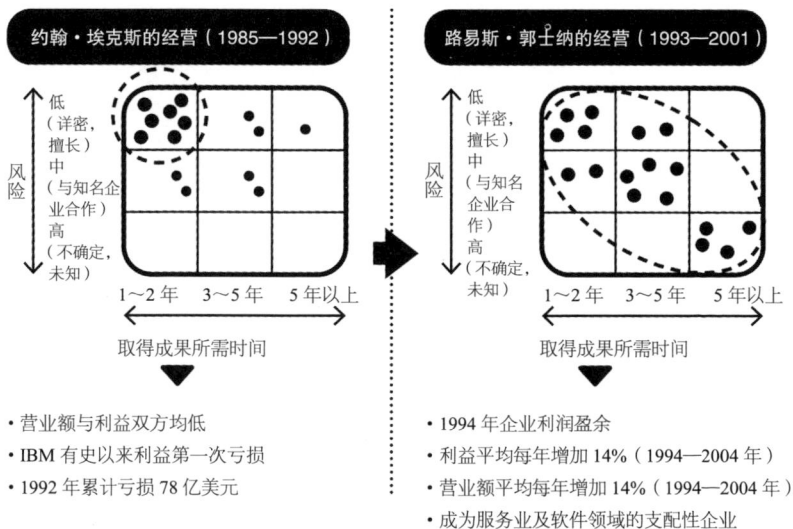

约翰·埃克斯的经营（1985—1992）	路易斯·郭士纳的经营（1993—2001）

·营业额与利益双方均低
·IBM 有史以来利益第一次亏损
·1992 年累计亏损 78 亿美元

·1994 年企业利润盈余
·利益平均每年增加 14%（1994—2004 年）
·营业额平均每年增加 14%（1994—2004 年）
·成为服务业及软件领域的支配性企业

图 6-5　IBM 创新的投资计划（POI）

·中等风险（Unfamiliar）企业——即使未来的发展为未知数，但通过与其业内知名企业合作，以降低风险的企业。

·高风险（Uncertain）企业——无论是对于本企业还是别家企业来说，"前途未卜"的未知企业。

IBM 已陷入严重危机，其创业元老约翰·埃克斯采取保守性战略，集中精力生产 IBM 最引以为傲的通用计算机，即所谓的"低风险企业"，贯彻保护 IBM 现有资产的理念，并依据理论采取了正确的战略决策。

但结果却失败了。当时是由大型计算机向客户服务器这一分布式计算机系统转型的时代，由于 IBM 并未与时俱进，仍坚持将注意力放在已过时的主力行业上，这使公司加速走向灭亡。

继约翰·埃克斯后的新任首席执行官为路易斯·郭士纳，他主张针对风险不同的 3 个领域分别采取对策。

首先是"低风险企业"，彻底削减以通用计算机为中心的硬件事业，从而提高效率。

其次为"中等风险企业"，这里是指软件事业。郭士纳主张，与其本公司从头开始做起，不如收购已有成就的独立软件企业。其代表案例为 Lotus Notes，他们称其软件的保存期限为 10 年以上（事实也证明的确如此），IBM 将其作为公司内部使用的群件反复使用了 10 年，并在中期投资时说道："真是开发了个好东西啊！"

最后是"高风险企业"，这里指的是服务事业郭士纳对此提出的电子商务。当时的网络尚未商业化，而郭士纳却预见般的采取了"web 服务"。

如此一来，郭士纳对以上 3 个方面均采取了有效对策，成功缩小了 IBM 的资产规模，并实现了软件事业及电子商务领域企业价值的增长。

该框架图主要说明的是：当时代改变时，不应将注意力仍继续放在得心应手的领域，而是应该走在时代的前沿，采取 M&A（企业并购）等新的对策。

◎经营应具备学习优势

实际上这个框架是由麦肯锡研究出来的，然后，麦肯锡将其赠送给郭士纳以作为经营改革的指导方针。据说郭士纳时常拿着这个框架图边走边研究。

此外，该框架图的内容每年都会更新。处于未知领域的中等风险、高风险事业一旦受挫，就会向低风险事业转型，然后又再次展开新的中等风险或高风险事业，如此往复，才能让企业的证券组合不断升值。

我们通过"学习"可以获取未知的信息，从而获得新的优势。我将这种基于学习的发展成为"学习优势"，具体详细内容请看我的拙著《学习优势的经营法》。

不管怎么说，该框架图既成就了郭士纳，也让 IBM 起死回生。

帕尔米萨诺的宁静变革

继通过经营变革获得极大成功的郭士纳后，山姆·帕尔米萨诺于 2002 年成为新一任首席执行官。

与天才郭士纳相比，帕尔米萨诺则更像是专心为 IBM 工作的职工。事实上，在帕尔米萨诺上任的 10 多年间，IBM 的企业价值再未像郭士纳时代一样急剧增长过。

帕尔米萨诺唯一当选过一次商业杂志《财富》的封面人物，还是在他就任首席执行官的时候，当时封面配的文字是："这个男人究竟能否再次让 IBM 成为伟大的优秀企业"，且旁边画了个大大的问号。

帕尔米萨诺虽然很普通，但社会还是给予了他高度的评价：帕尔米萨诺牢牢巩固了 IBM 进入 21 世纪的根基。

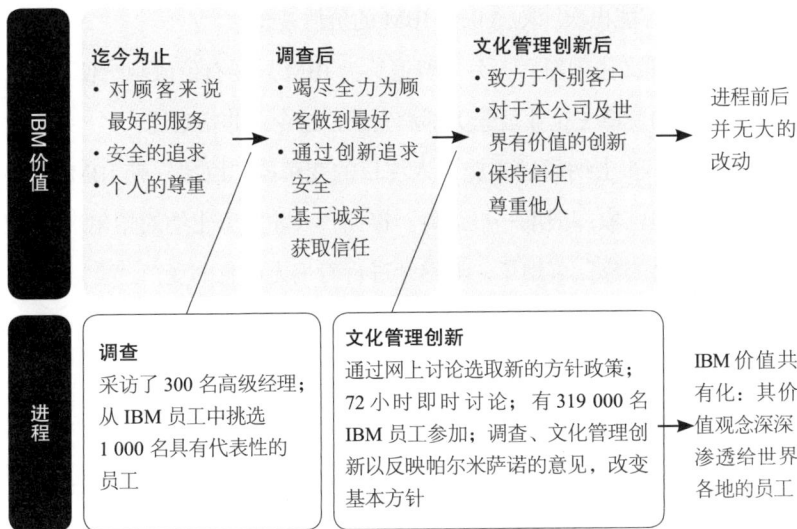

图 6-6　IBM 的管理文化创新

◎ **全球规模的即兴创新讨论**

帕尔米萨诺是一位想法很现实的经营者。他刚就任首席执行官时曾想过这样的问题："应该如何让分散在 165 个国家的 31 万员工团结起来呢？"实际上，分散在世界各国的 IBM 员工中有一半为印度人，大概 IBM 已无法称之为是美国的公司。

根据上述现状，帕尔米萨诺为 IBM 带来了新的价值观念，即"管理文化创新"，这使全球范围内的员工都能参与其中。

所谓管理文化创新，是指为改变从创始人托马斯·沃森时代开始从未变过的价值观念，让员工在网络上分别提出自己的见解，展开即兴创新大讨论。世界各地的员工中有一半都参加了讨论，使 IBM 形成了新的价值观念。

通过即兴创新讨论形成的新的价值观念，与自创业形成的价值观并无很大出入，但正因为这样，采取该种形式才具有价值，由此世界各地的 IBM 员工都能再次深刻意识到 IBM 的价值观念。

实行管理文化创新后，公司普遍认为 IBM 只要有价值观念便足够，甚至连企业的使命（企业理念）都消失了，这令人非常吃惊。

路易斯·郭士纳通过实施引人注目的变革剧"巨象"使 IBM 瞬间活跃起来，但巨象却很难一直跳舞。接任"天才"郭士纳的帕尔米萨诺再次让"跳舞的象"落地了，他继续进行着悄无声息的变革"全球规模的即兴创新讨论"。

受奥马哈智者所敬佩的实用企业

帕尔米萨诺在担任 IBM 首席执行官期间，尽管未做出出色的成绩，但其"宁静的改革"却被给予高度评价。尤其是沃伦·巴菲特极其认同帕尔米萨诺的做法，并给 IBM 投资。

众所周知，巴菲特虽为投资商，但他从不投资高科技企业，因为技术变革的速度实在太快，无法预测哪一个企业能够长期取胜。但巴菲特却给拥有高科技股票的 IBM 公司投资了，对此，当时有两个看法。

一种观点是"巴菲特也终于对高技术产生了兴趣"，但更为可能的应该是另外一种观点，即"IBM 已不再持有高科技股票。"

巴菲特极为喜欢投资实用企业（公益企业），因为电气、燃气、铁路等公益事业是绝对不会倒闭的。有人认为，巴菲特之所以选择投资 IBM，也是因为 IBM 被评为社会公共企业。

也就是说，巴菲特认为："100 年后 IBM 也不会倒闭，不管科技如何变化，IBM 也会牢牢抓住企业的生命线。"因此，他才投资给 IBM。

◎巴菲特所购入的两家高科技股

题外话是，巴菲特购买的企业高科技股票实际上并不是只有 IBM，我也来介绍一下巴菲特所投资的另外两家企业。

其中一家企业是名为比亚迪股份有限公司的中国电动汽车厂商，由于巴菲特的投资而使其成为知名企业。但电动汽车怎么也振兴不起来，车的性能至今仍处于苦战中，因此，被称为"股神"的巴菲特还遭到辱骂。

另一家企业为日本的泰珂洛。泰珂洛原本为东芝旗下的公司，后来从东芝分离出来成为独立企业。泰珂洛是一家生产世界一流刀具的公司。巴菲特认为："泰珂洛的超硬工具不论是对于宇宙开发还是海底探索都是必备品，今后该公司的价值将会越来越高。"

泰珂洛的工厂位于福岛。在日本大地震后，不怎么来日本的巴菲特还特意来到日本支援福岛。

◎新首席执行官吉尼亚·罗梅蒂注重股东经营

2012 年，IBM 的首席执行官山姆·帕尔米萨诺向新任首席执行官吉尼亚·罗梅蒂交接工作。吉尼亚·罗梅蒂接手后，将目光投向了包括巴菲特在内的投资商。

从帕尔萨米诺时代开始，IBM 就以每股盈利 20 美元为目标，吉尼亚·罗梅蒂的经营目标被此局限，于是 IBM 开始朝不正常的方向发展。

日本的企业近来偏向把 ROE（净资产收益率）作为经营指标，拘泥于短期的股东利益，但此类经营最后都会失常。罗梅蒂的经营方式就是其典型案例。

IBM 在罗梅蒂的经营下，收益持续负增长，但通过买回本公司股票的方式，抬高了每股股票的收益。换言之，通过耍小聪明，让企业看似是在成长，但却无法真正获得实质性的成长。

既然有资金能够买回自家公司的股票，为何不像亚马逊的杰夫·贝索斯学习，将资金投入基础设施物流呢？为了未来的成长而投资有价值的事物才是成长型企业的原则。

相反，一般情况是，只有已经没有成长可能性的企业才会购买自家公司的股票，因为他们认为"不管把钱投资到哪里，企业也无法起死回生了"。也就是说，当一个企业开始购买本公司的股票时，就等于宣布该企业已经停止成长了。

企业价值、股票价格只是一个结果，但如果把它作为目标，目光就会变得短浅，企业的经营便会失常。罗梅蒂终于意识到 ROE 经营的局限性，并于 2014 年宣布舍弃"每股盈利 20 美元"这一目标。IBM 开始转向新的成长道路。

罗梅蒂——致力于用智慧开发地球

我们来分析一下在罗梅蒂的带领下，2012 年 IBM 的成绩表"IBM 的成长战略"。

第一，"智慧星球"正以利润率 20% 的速度顺利地成长。"智慧星球"原本就是 IBM 的事业，其金融业、零售业的信息技术都在迅速地成长着。

第二，"新兴国家市场"的利润率亏损 15%，其利润一直为负增长。如何改变这一现状将成为 IBM 的重要课题之一。

第三，"云事业"的发展情况正在逐渐好转，但该领域内亚马逊的云服务依旧领先。IBM 在市场日益扩大的情况下，应采取什么方法才能追上亚马逊已成为其今后所要研究的课题。

第四为商业分析。大数据分析事业增长了 8%，独立的软件公司及服务企业乱立于大数据市场中，该领域原本曾是 IBM 最强的领域。IBM 应如何在当今世界种夺回原有的竞争力呢，这同样是其重要课题之一。

预感 IBM 时代将再次到来

目前，IBM 正在开发名为"沃森"的人工智能软件，并将能让沃森学习理解自然语言，理解人们意识的系统定义为"认知计算机系统"。

这类似于我很喜欢的一部名为《2001 太空漫游记》的电影中出现的 HAL9000。

如果"沃森"在现实世界普及，他应该拥有"可瞬间分析过去的事情，解决咨询中心收到的问题"、"观察工厂、办公室人们的工作情况并给出有效建议"的能力。

2015 年 10 月，乘人工智能热潮，IBM 建立起以沃森为核心的新的事业部门"认知事业对策中心"，其目标为建立 2 万亿日元规模的事业。

目前，IBM 重新定义了企业的业务核心，包括云计算、大数据分析、移动、社交、安全 5 个部分，合称"CAMSS"。其中，大数据分析被放在了前所未有的重要位置上，"沃森"作为王牌，能否夺回属于 IBM 的胜利，让我们拭目以待。

虽然 IBM 暂时仍停滞不前，但几年后，他极有可能进入全球成长型企业 100 强。

通用——社会基础设施之王

美国通用电气公司（General Electric KCompany，以下简称通用）与 IBM 都被认为是美国优良企业的代名词。通用由于营业额与利益均没有成长，所以未进入全球成长型企业 100 强。

通用可以称得上是"社会公共基础设施之王"，接下来我想谈一下通用的两个方面：伟大与极限。

伟大的发明家爱迪生创办的大企业

通用是由伟大的发明家托马斯·爱迪生创办的"爱迪生联合电气公司"发展而来的公司。

很多人都认为一生中发明了 1 300 种东西的爱迪生是个狂热的发明家，但实际上他并不是所谓的御宅族。

爱迪生对于自己的发明，说道"首先找出世界需要的东西，然后发明它。"世上有很多热衷发明的人，爱迪生与他们的不同之处就在于，爱迪生关注的是"这世上需要的东西"，然后发明能给社会带来改变的东西。当今 21 世纪备受瞩目的 CSV 与爱迪生的想法不谋而合。

◎特斯拉 vs 爱迪生

19 世纪后半叶，爱迪生创立了爱迪生联合电气公司，当时正值美国的电流之争。一方是主张直流电的爱迪生阵营；另一方是主张交流电的尼古拉·特斯拉阵营。特斯拉虽然是爱迪生的部下，但却与爱迪生对立，主张交流电，并离开了爱迪生。

特斯拉与松下合作推出电动汽车（EV），并以尼古拉·特斯拉的名字命名。埃隆·马斯克在成立电气汽车公司时，表示："正确的是特斯拉，而不是爱迪生。"并将特斯拉当作公司的名字。

我们在这里不去讨论爱迪生与特斯拉谁对谁错，但爱迪生后来确实影响了电子文明，展现了极强的领导者风范。

从杰克·韦尔奇到杰夫·伊梅尔特

通用的历代经营者中，最有名的莫过于 1981—2001 年间担任首席执行官的杰克·韦尔奇了。与 IBM 的路易斯·郭士纳被并称为知名企业家。

杰克·韦尔奇能够成为知名企业家是有几个原因的。其中最具代表性的理由为，他采取"我们必须成为业界第一，或第二"的营销策略。

但韦尔奇似乎表示："只要能够成为第一，什么行业都可以"，于是接连收购了环球影城、NBC（全国广播公司）。

韦尔奇就这样通过收购以促进通用的成长。

实际上，在通用内，韦尔奇最重视的是工程技术部与负责企业并购的财政部门。

韦尔奇的领导方式为命令型。其实我与韦尔奇的儿子是哈佛大学的同级生，在哈佛大学时曾听过韦尔奇的演讲，由于其演讲内容过于无趣，实在是很厌烦。

韦尔奇虽是知名企业家，但他似乎却不被周围人所爱戴，有人称他为"高傲的大叔"。但有目共睹的是他的经营手腕的确很厉害，在事业上获得了极大成就。

◎杰夫·伊梅尔特与韦尔奇的经营道路截然不同

2001 年，韦尔奇退任。新上任的是与我同年代的年轻经营者杰夫·伊梅尔特。伊梅尔特与韦尔奇的经营方式截然不同。

韦尔奇主张："必须成为第一、第二位"，而伊梅尔特则认为首先应确定事业方向，以"不变的潮流"作为企业经营理念。

于是，通用整理出了 100 多个事业方向，然后从中筛选出"能够使通用给业界造成强烈冲击"的事业方向。最终决定将大体事业发展方向确定为环境与健康这两个领域。

与韦尔奇主张的"若能成为第一或第二，什么都可以做"的经营理念相反，伊梅尔特则认为："通用应做出能够为社会做出贡献、有价值的产品"。伊梅尔特的这一想法与上述托马斯·爱迪生对 CSV 的价值观念不谋而合。

伊梅尔特按照既定的方针，只留下了环境与健康事业，塑料、保险、家电等其他事业全部被卖掉了。

棘手的是通用金融部门的资产问题。由于这些资产与其最初的价值相比严重下跌，若将其卖掉，则会估损 1 万亿日元，但伊梅尔特基于"不应让未来负债"这一观点，就算赤字也决定将这些资产处理掉。

由此在伊梅尔特的经营下，通用的股价严重下跌，对此，伊梅尔特大概也预测到了。杰克·韦尔奇追求企业股价的上涨，而伊梅尔特则追求合理经营。

韦尔奇与伊梅尔特是两个完全不同风格的经营者。

韦尔奇注重生产率，而伊梅尔特注重创造力。

韦尔奇通过企业并购的方式，使企业进入"非连续性成长"的模式。而伊梅尔特一直致力于通过自己的力量将通用打造成成长型企业。

同时，韦尔奇以工程技术和金融技术作为企业的核心竞争力，而伊梅尔特将企业的重点放在科学技术和营销技术上。

韦尔奇基本一直待在公司内，采取强硬的命令式管理，伊梅尔特则更多地把精力花在公司外，实行思想相对自由、人人都有发言权的经营模式。

从某种意义上来说，韦尔奇坚持贯彻机遇型企业（O 企业）的道路，伊梅尔特则使通用向品质企业（Q 企业）方向发展。

通用强大经营模式的本质

前面已经对韦尔奇和伊梅尔特之间的不同点进行了说明，但其经营核心是相同的。

比如韦尔奇和伊梅尔特均实行以六西格玛（Six Sigma）为代表的精益管理，拥有将计划付诸实践的企业文化，并承担培养下一代领导人的义务。

多年来，通用一直沿袭其独特的人才评价体系。简单来说，如图 6-7 所示，主要按照"行为表现"与"通用价值"这两点来评价人才。

"行为表现"一般是看其是否为企业做出贡献；"通用价值"是指其对通用企业信念的认同程度。据此，将通用的人才分为以下 4 种，并且针对这 4 种人才，分别拟定了不同的方针政策。

1. "低表现" × "低价值"

该象限内的人为裁员对象。

2. "高表现" × "低价值"

该象限内的人均为企业做出过奉献，但他们无视通用的企业信念，

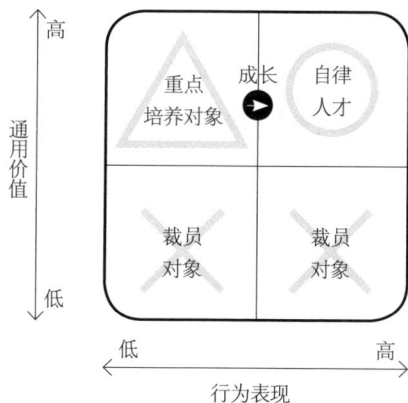

图 6-7　通用的人才评价

认为只要获得利润就可以了。因此该象限内的人也成为裁员对象，只有工作成绩，对其他事情都不闻不问的人是没办法留在通用的。

3. "低表现" × "高价值"

通用花费最多精力培养的人就是此象限内的人。通用在培养人才方面最重要的课题便是：提高第三象限内人的工业表现，使其成长为第四象限的人才。为此，通用建立了世界上第一家公司内部的商学院——克劳顿培训中心（现称约翰·韦尔奇领导力发展中心）。

4. "高表现" × "高价值"

该象限内的人，能够主动去做该做的事，且其工作成绩突出。伊梅尔特说道："无须对第一象限的人才做任何培训，任其自由成长就可以了。"

通用的人才评价方式极为简单明了，但会让人觉得这不过是在说漂亮话罢了。对于一般的公司来说，大概是不会辞退第二象限内的人的，毕竟他们能够为公司创造价值。

实际上，通用的某干部曾听说过一件非常有意思的事。他的部下是一位非常优秀的员工，签下过很多大合同，如果没有他，该部门的营业额将有很大亏空。但总有关于他的一些不好的传言,他为此很是烦恼。

于是,他向韦尔奇倾诉了他的烦恼。

然而韦尔奇却回答道:"你的工作由你自己决定,我不会插手,也不会说三道四,但如果你不与她断绝关系,我将会开除你,因为这才是我的工作。"

无论一个人能为企业带来多大利益,但若其不符合通用的价值,那么他将被逐出通用,这就是通用无法动摇的企业原则。

杰克·韦尔奇虽然看似是一个追求效率的"业绩高手",但通过上述事件可以看出他也是一个继承了"通用价值"的经营者。

◎伊梅尔特的时间分配

韦尔奇与伊梅尔特在时间上的分配,如实展现了它们的相异之处。据伊梅尔特介绍,通用花费时间最多的 4 项内容如下:

1. 改变企业证券组合,这是指收购或出售事业。韦尔奇把将近一半的时间都用于此,而伊梅尔特却只在此花费了 10% 的时间。

2. 推进最具优势的商业成长。韦尔奇几乎未在这上面花费时间,但与此相对,伊梅尔特却一直推进企业依靠自己的力量成长,并在此花费了一半的时间。

3. 事业监管。通用引入 PDCA 循环以不断改善事业质量,韦尔奇与伊梅尔特均在此花费了 10% 的时间。

4. 培养领导人。正如前文所述,企业最高领导人需承担培养下一代领导人的义务。韦尔奇大概花费了 40% 的时间,伊梅尔特在此花费 30% 的时间。

我们可以很清楚地看到,伊梅尔特在挑选出可成长的领域后,并没有把负责各个领域事业的事情全权委托给他人,而是自己花费相当多的时间精力去处理此事。例如,在负责的部门提交企业成长计划书后,虽然当时进展得很不顺利,就算增加预算,也未必能扩展事业,但伊梅尔特没有犹豫，将投资预算增加到 2 倍，从而推进了企业的成长。

东芝事件过后，企业关于"挑战"的口号掀起一阵潮流，日本企业普遍提出"必达目标""扩张目标"等类似的口号。但是，日本首相却只命令企业成长，而不给企业支援任何人力、物力、财力。对此，伊梅尔特却给企业提供了重要的资源，从而强有力地推进了企业的成长。

伊梅尔特的两个成长战略

伊梅尔特于 2001 年 9 月 7 日就任首席执行官。在上任后的第 4 天，美国同时发生多起恐怖事件，其后，世界的股票价格就陷入了混乱。

通用旗下经营的航空、保险事业，由于受恐怖事件影响，股价开始低迷，通用股价下跌指数要远远低于标准普尔 500 指数。

由于韦尔奇时代的股价急剧上涨，而现在的股价却暴跌，这导致资本市场对于伊梅尔特极为不满。在这种情况下，伊梅尔特制定了两个成长战略。

◎ 1．X 想象战略

伊梅尔特坚持贯彻以环境和健康领域为主的经营方针。一方面，伊梅尔特不采取收购企业的方式，而是通过自己的力量使企业成长，并以展开创造力的形式促进企业成长。

因此，通用对环境与健康领域的事业进行创新，即"生态环境创造力"和"健康创造力"，这极大地推进了通用的事业发展。

◎ 2．反向创新战略

新兴国家市场是伊梅尔特时代的另一个成长支柱，对此，伊梅尔特实行反向创新战略。

达特茅斯大学 TAC 商学院的维杰伊·戈文达拉扬等教授在所著的《逆向创新》一书中，就列举了伊梅尔特为在世界市场中取胜而倾尽全力打开印度和中国市场的事例。

印度的小型心电图描记器已成为成功的典型案例。如果在出诊时携带小型心电图描记器，即使是在问诊人的家里，也能够测量心电图。

虽然与医院的最新款心电图描记器相比，小型心电图描记器性能较低且功能也少，但在一次诊断中足够发挥作用了。

该产品是由以通用的印度员工为中心的当地研发小组研究开发出来的。由于欧美并没有对此类产品的需求，因此一直以来并未进行商品开发，但通用决定在印度从零开始开发新产品、从零开始建设本土增长团队。

便携型心电图描记器的价格仅为普通产品的一半，因此其一上市就大卖。这种心电图描记器出乎意料的成为畅销商品，就连欧美国家也开始进口便携型心电图描记器，将之放于急救车或床边，使用起来极为便利。

所谓"逆向创新"是指在新兴国家研究开发功能少但价格低廉的产品，该产品在新兴国家上市的同时，再输入发达国家，从而挖掘潜在市场。实行"产品创新"战略以适应新兴国家的需求，再用在新兴市场上成功研发出的产品反哺发达国家，它是一种"全球化"加"本土化"相反的商业创新模式。

◎巴菲特挽救下的通用

通过上述伊梅尔特所实施的两个新方法，通用似乎正在慢慢踏入成长的轨道。但是与韦尔奇收购企业的攻势相比，伊梅尔特所期待的"靠自己的力量实现企业成长"似乎需要相当长的时间才能验证其是否正确。

然而在尚未验证伊梅尔特的做法是否正确时，雷曼事件就再次席卷了通用，韦尔奇时代庞大的通用逐渐衰落，濒临破产。

就在通用生死存亡的关键时刻，沃伦·巴菲特向通用伸出了援助之手。伊梅尔特打电话向巴菲特寻求帮助，巴菲特应允，买入通用股票的10%。之所以购买通用的股票，是因为巴菲特确信"虽然短期内通用将非常艰辛，但通用绝对不会倒闭，一定会重新站起来的"。

最终，巴菲特当初以最低价买入的股票，使他大赚了一笔，同时也将伊梅尔特与通用从危难中解救出来。

◎对伊梅尔特发出的质疑

倘若不怀好意地去评论伊梅尔特业绩的话，大概会说："伊梅尔特只会让庞大的公司规模缩小"类似的话。因为伊梅尔特虽然上任 10 多年了，但通用并未取得极大的成长，所以资本市场对伊梅尔特的经营手法产生了质疑。

与不断进行企业并购使得通用迅猛发展的韦尔奇相比，资本市场认为伊梅尔特则把通用改革成了普通公司，因而对伊梅尔特的批判声此起彼伏，甚至有传言说"伊梅尔特将辞职，一位年轻的新经营者将接手通用"。

就在此时，伊梅尔特决心进行大规模企业并购，收购法国阿尔斯通的能源部门。另一方面，伊梅尔特决定偿还通用的负债，清除最后的积弊——12 000 亿日元的赤字。

◎工业网

近一两年，伊梅尔特新开发的事业是"工业网"。"工业网"是指将物联网引进通用，将通用的产品接入传感网，通过分析收集到的大数据，从而进行产品的补修、检查和保护，甚至能够将其有效应用于社会所有基础设施的一种新系统。

现介绍最有特征的 3 个。

◎快速行动（Fast Works）

通用所属的机械行业，其商品开发的周期长达数月、数年都不足为奇。为保证产品的性能及质量毫无漏洞，比起关注速度，该行业更注重商品本身是否完美无误。

一方面，对于 IT 业来说，早就习惯了每周进行新的产品开发，因为技术革新速度极快，顾客的喜好也变得多样。这种硅谷式的产品开发方法记录在《精益创业》一书中，不仅是在 IT 行业，"精益创业"近来在其他行业内也备受关注。

所谓"精益创业"是指，先在市场中投入一个极简的原型产品，然后通过不断学习及分析有价值的用户反馈，对产品进行快速优化，以适应市场。最初投入市场信息的极简的原型产品被称为 MVP（最小化可行产品），它是指以最低成本展现核心概念的产品策略，即是指用最快、最简明的方式建立一个可用的产品原型。按照以往的做法，完成该产品大概需要花费 3 年的时间，但通过，该产品只需 3 个月即可发售。

伊梅尔特邀请《精益创业》的作者 Eric Ries 来到通用进行演讲，并开始着手硅谷式的事业开发。虽然很难迅速缩短软件开发的时间，但柴油机的研发时间却缩短了 30%，这时开始显示出精益创业的成果。

伊梅尔特将上述发展命名为"快速行动"，这加快了通用整个公司的发展速度。

◎向软件企业转型

伊梅尔特表示："今后，必须将制造业全部变为软件公司"。为加速其发展进程，2012 年，伊梅尔特将本公司位于康涅狄格州的软件开发团队事务所搬到旧金山海湾沿岸地区，并在当地雇用了 1 200 名软件高手担任工业网的核心骨干进行软件开发。

关于向软件企业的转型，伊梅尔特的想法如下：

通用正在向数字工业公司变革转型，通用数字能够在我们为顾客提供最佳解决方案及解决现实课题时，为我们提供软件技术支持。2015 年，通用引入数字技术后，其营业额规模达到了 60 亿美元，并争取能于 2020 年前成为进入业界 10 强的软件公司，以此推进通用在软件与数据分析领域内的成长。

2015 年 5 月 10 日，通用成立"通用电气数字部门"，把内部的所有数字职能都整合到一个部门。并且，一直以来负责软件部的副总裁比尔将就任新部门的领导人以及通用的数字部门主任。

副总裁比尔对于工业网的前景如下所述："目前的工业网如同一个新生婴儿，各方面还不是很健全，但 10 年、20 年后，软件、人工智能让我们用更有效率地交流，我们终将会迎来一个人工智能的时代。此外，这种智能迟早也会被应用到燃气轮机、发电站等地方。我能够想象未来是一个人与机器共同生存的世界，互帮互助，大家携手为人类社会的未来共同努力。"

通用在由硬件事业向软件、服务企业转型的同时，为解决社会课题以及创造经济价值引入了 CSA 的经营思想，通用一直在强有力地寻找着生存方式。

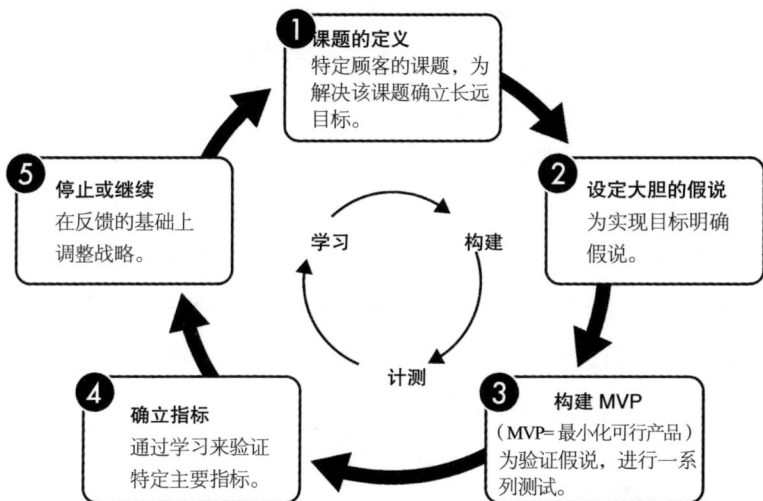

❶ 课题的定义
特定顾客的课题，为解决该课题确立长远目标。

❷ 设定大胆的假说
为实现目标明确假说。

学习　构建

计测

❸ 构建 MVP
（MVP＝最小化可行产品）
为验证假说，进行一系列测试。

❹ 确立指标
通过学习来验证特定主要指标。

❺ 停止或继续
在反馈的基础上调整战略。

图 6-8　通用"快速行动"的框架图

◎ 以 Predix 云为核心称霸世界

"Predix 云"是通用创建工业网所需的基础工具。一直以来，Predix 是通用为提供软件、服务等而设立的公司内部平台。2016 年，通用宣布 Predix 将对外开放。

在云市场中，亚马逊率先创立了亚马逊云服务，其次谷歌、微软、IBM 也相继推出云服务，从而产生了激烈的竞争。但是，这些企业的云服务是以业务用的软件或者服务为对象的。

一方面，通用的 Predix 云是专门为工业数据及分析而设计的面向机械行业的云解决方案。Predix 云能够在高度安全的工业级云环境中捕捉和分析海量高速运行、类型多样的各种机器产生的数据。通用通过引入 Predix，削减了每年数十亿美元的成本。

伊梅尔特表示："云计算已经在消费领域实现了令人难以置信的创新。通过 Predix 云，通用公司将为工业领域提供更高水平的服务，创造更多的成果数字化程度越高的医院意味着更好、更高效的医疗服务；数字化程度越高的制造企业意味着更快速地生产更多的产品；数字化程度越高的石油公司意味着每个油井的资产管理更高效，生产力也更高。我们期待着与客户共同开发出能帮助企业进行业务转型的解决方案。"

Predix 云将推动工业互联网的下一阶段增长，这可以帮助开发者为行业快速开发、部署和管理应用与服务。各国合作伙伴也纷纷引入 Predix 云，比如日本东芝也宣布其公司的产品将采用 Predix 云。

通用通过将各方合作伙伴拉入 Predix，对未来 15 年基础设施建设的投资预计将高达 60 万亿美元，联网设备的数量也将持续暴涨，从而生成空前巨大的数据量和分析需求。

从价值观到信念

最后介绍一下通用现在正在进行的变革活动，即 2014 年开始着手与价值观相关问题的对策。

价值是通用的基本理念。正如前面所说的一样，业绩的评价标准有两个："行为表现"和"通用价值"，并且"通用价值"才是最重要的标准。

但如果一味地强调价值，就容易在无形之中将此理念强加给员工，而不是员工主动性遵从企业理念，因此通用将公司理念中的"价值"变为"信念"，信念是一种内在的意志，它体现在人们的行为举止中。

看起来通用似乎是在玩文字游戏，但通用认真地研究过这两个词的不同点。"信念"可以上升到宗教的高度，伊梅尔特正是基于"要让通用发展为 21 世纪自我成长型企业"这一信念，才能始终坚定不移进行改革创新。

◎旋转——基于轴足的变革

伊梅尔特提到了"旋转"这一关键词，并且在 2014 年年末在向投资商汇报总结工作时的标题时，也使用了这一关键词。

"旋转"是指以轴足为转轴进行的回转。我们可以理解为：固定住篮球的一个点，然后像画圈一样转圈。

韦尔奇可以说是一个没有固定转轴的经营者。他信奉的"数一数二"企业原则决定了他无法固定企业的转轴。

而伊梅尔特则明确地将通用的发展转轴锁定为"制造业"，虽然很难像韦尔奇一样能够在短期内使通用取得飞速发展，但伊梅尔特对通用的制造业结构进行了调整，并以此为转轴，不断向前发展，期待 10 年后能够看到伊梅尔特的成绩。

伊梅尔特就任通用的首席执行官已经 14 年了，由于从机遇型企业发展为品质企业还需要相当长的时间，因此未被列入成长型企业前 100 的排名。但是，通用目前的公司状态良好，并且发展为成长型企业的助跑也已达成，今后极有可能成为全球成长型企业。本书再次出版修订版时，一定会把通用列入本书的企业排名内。

日本高科技企业群——松下、日立、日本电产

我在这里解释下日本企业没有进入排名的原因。

本次排名中，没有一家日本的高科技企业被列入企业排名内。大金被列入企业排名内是因为它是专业空调厂商，算不上是高科技企业。

以"电子立国"的日本究竟遭遇了什么才能沦落至此。我们透过松下、日立、日本电产这 3 家企业看下其中的原因。

J 型经营的局限

在日本的电气机器生产厂家中，目前最活跃的企业为日本电产株式会社，但由于日本电产的营业额低于 1 万亿日元，因而其未进入本次成长型企业排名。但预计 2015 年其营业额将超过 1 万亿日元，所以下次进行全球成长型企业排名时，日本电产应该能被列为排名对象。

世界性电气机器生产厂家松下、日立制作所（以下简称日立）无论是在营业额、利益方面，还是在企业价值方面，均已陷入僵局，因此未被列入成长型企业的排名内。但这两家企业与通用一样，正朝着正确的方向进行经营改革，相信在不久的将来一定会进入全球成长型企业 100 强。

我将日本典型的经营模式称为"J 型经营"，具体内容请参见我的拙著《100 家公司的成功法则——X 经营时代》。

J 型经营的局限之一便是农耕型的经营模式。通过观察通用，我们不难发现，仅依靠自己的力量实现成长需要相当长的一段时间。倘若企业都采用 J 型经营模式，恐怕入榜的 100 家企业也难以实现飞速成长。

虽说如此，本次在 100 家企业排名中，日本却有 10 家企业上榜，并且通过观察这 10 家企业我们可以发现，其共同点为：均采用农耕型的经营模式，并具有不断寻找"新土地"的开拓者精神。也就是说，其关键在于能否发现"新土地"，即使同为农耕型经营的企业，若找不到"新土地"，企业便也无法成长。

换言之，"游牧民"的存在是企业能够发展成为全球成长型企业（G 企业）的必要条件。倘若企业长期只在同一片土地内耕种，也许能够作为品质企业生存下去，但无法期待其能像全球成长型企业一样，实现飞速成长。

松下能否再次重振辉煌？

对于标题的问题，我的回答是："目前来看，还有 30% 的可能性。"

松下目前着手于汽车零部件、飞机的机上娱乐系统等领域，瞄准备受期待的 B2B 市场，踏踏实实地一步步成长。虽无法期待松下再次重振辉煌，但我确信，松下将会牢牢巩固其成长基础。

松下目前面临的问题是：原本松下最擅长的 B2C 模式，在韩国和中国却"不战而败"。

确实，当今世界商品化的发展正不断加快，企业仅凭成本上的优势是无法胜出的。但是，如果企业不与网络终端行业的苹果、谷歌，家用电器行业的戴森、大金、美容或健康家电行业的飞利浦、耐克等企业进行竞争，是很难实现飞速成长的。

松下首席执行官津贺一宏表示："若企业尚未完全恢复就去挑战高风险高收益的行业是极其鲁莽的行为。"他的这番话，我们也不是不能理解，但问题是，为获取接下来的经营阵营，松下必须要突破原有的经营模式，确立新的成功模式，其关键就在于如何建立全球生态系统。

如果只是在汽车公司、航空公司、房地产开发商的背后通过 B2B

这一形式扮演幕后供应商，无论过了多久都将只是他人公司生态系统的参与者。即使成为不了舞台的主角，也应该发挥更大的想象力，能否借此为企业创立新的结构才是决定胜负的关键。

期待那些幕后有才能的人以及生产商能够在下一个时代的松下闪亮登场。若松下下一代的交接工作失败的话，松下恢复到 G 企业的可能性就几乎为 0 了。

松下目前暂时摆脱危机，看起来似乎可以好好歇息了，但恰恰现在才是松下的关键时期。是安于现状，继续做品质企业（Q 企业）；还是采取策略，努力成为全球成长型企业（G 企业）？松下现在可以说是站在关乎其命运的最大分叉口了。

日立能否超越通用？

日立正展开大规模的企业形态改革。它关注于社会创新，将硬件事业转型为包括服务在内的综合事业，并从以日本为中心转向全球化。

其中最具代表性的事业为以面向英国高速铁路为主的汽车事业。日立生产的汽车行驶于铁路发祥地英国的景象，也在一定程度上为日立以及日本企业今后的成长提供了方向。

日立在英国新设立了汽车工厂，日立等同于得到了一项约持续 30 年的稳定事业，英国高铁项目总工程费高达 1 万亿日元了。其高铁车辆订单是日立获得的最大一笔海外铁路订单。

英国之所以同意日立在英国设厂，是源自对日立品质及其性能的绝对信赖。

在具有极高公共性的社会基础设施事业上，日立的经营技术被给予了极高的评价。

日立公司内涌动着传统的"拾落穗的精神"，正如法国画家米勒所画的那样，拾落穗是指在欧美国家收获过的麦田里，在的麦田里拾落穗。日立的企业精神由此转换而来，是指"将事故原因全部列举出来，并探究其根本原因，然后从根本上采取解决该问题的对策"。

可以说，日立与丰田的"5Why"理念相同，拾落穗的精神完美地诠释了日立毅然坚持品质与性能的精神。

不仅仅是日立，对于在操作上极为优秀的日本企业来说，这将成为它们在全球竞争中最大的优势。

◎ 以企业并购为武器 不断调整企业结构

2014 年 4 月，亚利斯塔尔·多尔梅（Alistair Dormer）就任欧洲铁路公司的最高级别领导人。他于 2003 年进入公司，之后一直在英国铁路事业的最前线指挥现场，并于 2014 年 4 月就任日立交通系统业务全球首席执行官，继续进行着大刀阔斧的改革。

企业并购是亚利斯塔尔·多尔梅进行改革的重要武器之一。2015 年 2 月，日立制作所与意大利防卫和航空大型企业芬梅卡尼卡集团（Finmeccanica）就收购该公司旗下的铁路车辆和信号业务达成了基本协议，日立宣布收购安萨尔多·布雷达和安萨尔多公司。

芬梅卡尼卡集团是在航天、国防及安全领域的世界十大公司之一，但其铁路部门的两家子公司的经营却严重恶化，包括中国在内的几个国家均想收购这两家公司，但最终被日立收购了。

安萨尔多·布雷达公司是拥有着 150 年历史的铁路车辆厂商，并在国内持有两个以上的工厂，此外，该公司的自动驾驶地铁系统也受到了极高的评价。安萨尔多公司在信号、防御系统方面也非常有名，并建立了能够理解欧洲复杂信号的系统。

当然，日立还面临很多课题。例如，进行社会创新所必需的，与公司内外进行交流的系统才刚准备就绪，尚未进行进一步的发展。此外，以物联网、人工智能为代表的数字化、软件化等方面的问题，无论是速度还是规模，日立与通用、IBM 等世界领先企业相比，实在相差很多。

只是在 2009 年后，日立变革的势头只增不减。今后将进一步加快变革的步伐，再加上从公司外部汲取的力量会成为推动其发展的一股巨浪，日立将来追上通用也许未必只是梦。

日本电产的"逆转经营"

迄今为止，日本电产共收购了 41 家公司。日本电产给人们的印象是它是通过企业并购成长起来的，但日本电产的企业并购却不仅仅是为了扩大公司规模。

日本电产进行企业并购的最主要原因是为了改变事业领域。日本电产一直以来都是以电脑硬盘、发动机等零部件为主，它是为了将事业扩展到汽车、产业机械等领域，才进行企业并购的。

此外，日本电产进行企业并购的另一个原因是：通过企业并购可以买到其市场。观察他们所收购的企业不难发现，收购的企业大多为联合企业。例如：东芝系列、日立系列和富士通系列的发动机事业。

日本电产的过人之处就在于：能够将那些控股公司二三流的人才变为一流人才。

日本电产首席执行官永守重信表示，在收购公司后他们会对员工说："我们一起让发动机公司成长为一流企业吧""你们才是公司的主角"等，他们听完这些话，就会燃起斗志，并且没有人会辞职，第二年企业开始有盈余。这也是经营者永守重信的过人之处。

永守重信说："用心培养'兵'，使其变成'变金将步'，这就是我的工作。"日本电产将一兵卒的"兵"变成"变金将步"这一想法很有特点。

日本电产向我们证明了——即使是意志消沉的人，只要加以鞭策，其变化将会是多么惊人。

而日本的大多数公司虽然鼓舞了员工的士气，但在经营成绩上却体现不出任何效果，这是因为他们没有像日本电产一样采取"扩张"策略。倘若能准确地错开，才会有效果。所谓"旋转运动"是指固定住一条腿，以其为轴心进行旋转，固定住的"一条腿"发挥其操作能力，而"另一条腿"去探寻新的市场，使其不断发展壮大。归根结底，"旋转运动"才是日本电产成长的原动力。

◎**千锤百炼的操作能力与经营能力**

轴足的操作能力是需要经过千锤百炼的。其基础为 3Q（Quality Worker，Quality Company，Quality products：品质工作者，品质企业，品质产品）与 6S（整理，整顿，清洁，清扫，作法，教育）。日本电产将原来企业强大的原型完好地保存下来，并坚定不移地守护着。

上述来看，日本电产似乎是品质企业，但我们不能忽略的是，日本电产在其基础上贯彻了自己的意志，即"成为优秀的企业"。日本电产的事业方向由汽油转向马达，期待通过省力化作业为社会做出贡献，从而成为令人尊重的企业。我们在这里也能感受到了日本电产作为 CSV 企业的骄傲。

日本电产首席执行官永守重信的经营模式为现场的"操作能力"与优秀的"经营能力"并存。我将这样的经营方式定义为"W 型"经营。通过领导人展现出的强烈成长意志，从而改变员工的意识和行为。从"快做，必须做，做到好"这个公司口号也能感受到让员工付诸实践的强大迫力。

正是这种类似宗教般的洗脑力量，才是永守重信经营管理的精髓。当这种力争上游的超强信念浸透在每个员工的身上时，日本企业就会发挥极其强大的爆发力。创业期的本田、松下电器等企业，正是由于创业者强烈的经营力量与现场的操作能力同步进行，企业才实现了飞速成长。

"W 型"经营之所以能够成功，是因为有强大的领导人。因此，当领导人更换时，便无法保证其企业仍会继续成长。

实际上，这个问题具有普遍性。它并不只存在于日本电产身上。本次被列入排名的日本企业均抱有此问题，目前的天才经营者们卸任后，其企业将会变成什么样子实在令人堪忧。

我将在经营者更替后仍继续成长的企业称为"X型"企业，例如：小松、朝日、电装、丰田等企业。"X型"经营是指将操作能力作为基轴，将创新与市场营销这两个成长引擎不断碰撞交叉的经营模式。确立了该种经营模式的企业，即使领导人更迭，也会继续不断成长下去。

迅销、大金以及日本电产目前面临的课题是：能否从"W型"经营转向可持续性成长的"X型"经营。其关键在于成立培养下一代领导人的机构。从此种意义上来说，我们对于日本电产于2015年成立的"永守塾"将取得的成果抱有很大担待。

在本书的最后，我想针对"为了实现全球化成长，日本企业该怎样做"提几点建议。

我确信本书中介绍的LEAP框架，可以为众多日本企业升级为全球化成长企业提供一些启示。

GLOBAL

GROWTH

GIANTS

7

日本在下一个时代的成长

向名列全球百大的日本企业学习

我们应该向本次入围世界 100 强的日本企业学习些什么呢？首先，让我们依次对这些企业的精髓进行一次回顾。

◎迅销公司（Fast Retailing）（第 20 名）——着眼大局，着手小局

迅销公司柳井正先生的着眼点之大是其公司的一大特征。

在迅销公司销售额达到 500 亿日元时，他声称"要以 5 000 亿日元为目标"；在销售额达到 1 000 亿日元时，就变成"1 亿万日元"；实现 1 万亿后，就是"10 万亿"。

柳井正先生的话似乎给人一种狂妄自大的感觉，但是就是这些话使迅销公司不断成长，这一点是毋庸置疑的。

柳井正先生在言语上发出"着眼大局"的讯息，在实际行动上"着手小局"，他注重踏实稳步的实地工作。

重视现场实地工作是日本企业共有的一项优势，而仅凭这一点是无法提高成长的高度的。柳井正的厉害之处在于，最初很不起眼的小事一点点地加快发展，最终却实现了飞跃般的成长。让成长的度一点点地提高，5 年后就将引起巨大的变化。

兼具这种大局观和认真务实品质的公司，一定能够飞跃地成长。

◎ 瑞可利公司（瑞可利）（未列入排名，相当于第 34 名）——朝"解决社会问题的企业"努力。

瑞可利是一家从 O 型企业蜕变为 G 型企业的公司。瑞可利在先展开各种业务后再回到原点，为的是想要实现对以往的超越。

瑞可利的目标是成为"解决社会问题的企业"。他们的做法是，从众多社会问题中寻找出最能发挥自己实力的领域，再以强大的爆发力开展事业。

一直以来，瑞可利只把眼光投在顾客上。而现在则是"改变原有注重顾客的方向，将目光退回到企业应有的姿态"。这种姿态才是瑞可利转变为 G 型企业的触发器。

◎ 大金工业（Daikin Industries）（第 55 名）——拉近时代的经营

大金是专业的空调机器企业。即只专注于一个领域的企业。而这个"一个"成了当今时代的重要课题。进入 21 世纪，空气、水以及其他重要的珍稀资源成为"其中一个"重要话题。

对大金来说，也许是"时代的脚步在向他们靠近"。但是，他们不安于现状，而是更加能动性地参与并加快解决这一社会课题。例如，大金正面应对因氟利昂而引起的大气污染问题，提出了使用可以高度节能的换流器的诉求。

中国的 PM2.5 问题成为大气污染的社会问题，大金的空气净化器销量实现了爆炸式的飞跃增长。这些商品似乎与大金本职专业的空调机器不太靠边，但是他们的职责是"让空气更清洁"，通过这样的目光"偏差"，大金才开发出这款商品。

大金就是这样顺应时代，它作为时代的伙伴不断成长。在专注于本职工作的同时，向目标转向时代的风口浪尖，这成为 Q 型企业转变为 G 型企业的原动力。

◎小松让事业模式向以社会为起点的方向进化

以往，小松只考虑"如何超越对手公司卡特彼勒公司"。但是，如果小松一直这样考虑，那么它将永远摆脱不了工程机械制造商的头衔。

然而，小松将视角转变为能为社会做些什么，于是小松从单纯的制造商转变为考虑社会全方位解决方案的服务型公司。

在这之前，小松一直仅考虑工程机械的性能与品质，而之后小松将视线投向社会整体，开始正面挑战"如何保证工程现场的效率与安全"和"机械报废后如何循环利用"等问题。

通过使用一种名为康查士的系统，用已知信息为社会问题提供方案是小松升级发展的重要原因。最近物联网成了潮流，而康查士就可以说是物联网的一个先驱性事例。不关注用物联网能够做什么的技术论，而是什么样的问题能用物联网来解决的社会论，这种扩大视野的转变是非常重要的。

◎朝日集团（Asahi Group Holdings）（第93名）——深究 QOL 的"高质"经营。

朝日是极为注重品质的公司。对于同样注重品质的众多日本企业来说，朝日能够给他们很大的启示。

朝日注重的啤酒质量由啤酒的"鲜度"决定。因此，他们追求的是，提供给顾客直接从发酵桶中品尝到一样的"极度新鲜"。

朝日以"分享一生的喜悦和感动"为标语，他们所说的"感动"不是远离日常生活的感动，朝日想要表现的是"从日常生活中真实体验到的感动"。

这种执着不仅在朝日身上能看到，在它旗下的日果、可尔必思、三矢汽水、天野实业与和光堂等企业上也能见到。朝日集团在这个与饮食生活密切相关的世界上，向人们提供"体验日常生活中真实感动的机会"，从而升级进化为追崇品质的成长型企业。

日本企业也应该将他们对追求的品质，从商品、服务的质量升华为"体验品质"，从而着眼于日常生活中的真实感。这样一来，社会和顾客的连接点会增多，成长型企业的成长道路将为他们敞开。

◎电装集团（DENSO）（第 97 名）——"日本核心"的 B2B 和 B2C 模式。

电装近来实现飞速成长的契机就在于 B2B 和 B2C 模式。

这之前电装都是 B2B 的黑子（译者注：舞台剧中仅作为背景的黑衣人），一直以来都靠汽车制造商在背后支持。然而，电装发觉到，自身的方向不应该是一个个的汽车制造商，而是向众多类型的汽车制造商提供核心商品，这样做才能为社会可动性的提高做出贡献。电装再也不是黑子，他们拥有了主角意识，作为一个主体与社会联系。

电装追求的是高品质的汽车体验以及安心、安全、环保、舒适等的全方位形式的供应。

不必自己一个人上演正式舞台上的所有角色，要连通众多其他的 B2C 企业来提供高品质的体验，这样一种"日本核心"的模式倾向能够让日本企业的社会事业发挥杠杆作用。这样电装才能和日本电产一样，从 Q 型企业转变为 G 型企业。

◎丰田（第 99 名）——以道德为转轴的进化升级

丰田的企业理念是"成为被社会尊敬的企业"。换种说法，可称为"道德"。

如果一个企业把经营的转轴放在想让人认为"没有这家公司不行""这是一家为世界做出巨大贡献的公司"，那么它将拥有无限的成长空间。丰田也正是因为这样从简单的"只制造好车的公司"重生为"为社会做贡献的公司"。

与其类似的话，富士施乐前董事长（现在担任富士施乐的执行顾问、全球契约日本网络的代表理事）有马利男近来也讲过。

富士施乐在 20 世纪 70 年代后期，以赢得戴明奖为目标，实施了 TQM（综合品质管理）。据说当时担任董事长的小林太郎对在经营企划室担任这项工作的有马利男提议道，只追求"制造的品质"还不如努力提高"公司的品质"。富士施乐在 1980 年被授予戴明奖，之后也作为解决社会问题的高"品格"公司一直成长。

执着于品质是日本企业的拿手绝技。有觉悟磨炼从制造品质到公司本身的品质的企业，会像丰田那样激发出自己的"大志"，能够抢先成为社会的需求而进化升级。

上面围绕进军世界 100 强的 6 家日本企业和瑞可利公司进行了简单的介绍。他们有一个共同点，那就是在踏实目标的基础之上，继续迈出另一只脚，不断给企业制造出一些"波动"和"偏差"。这些让他们从品质高的 Q 型企业升级为超越了拥有品质的朝飞速成长企业。

不以商品为转轴，也不以顾客为转轴，而要进化升级为以"社会价值"为转轴的成长型企业。成为这样的日本企业，才是我们最应该从这 7 所公司学到的东西。

从制造业进化为 21 世纪的制造商

接下来，我想分别对各个产业的形势状态稍加介绍。首先是制造商的进化。

◎地下根茎的延伸

制造一直被誉为日本的看家绝技。但是事实上，"世界工厂"在向中国模式和中国 +1 模式转变。

一方面，美国把通用倡导的"工业网络"作为武器，以谋求制造业的再兴起。德国也以西门子为中心，推出"工业 4.0"，整个国家都在朝着下一代人夺取霸权迈进。执着于"匠人精神"的日本似乎再次陷入了站在边缘的苦境。

与此同时，最坏的情况是业务向欧美扩张时将日本特有的标准作为目标。即使有成效，将日本标准应用于世界非但不能实现，还有可能引起加拉帕戈斯化（Galapagosization）。

那么怎样做才好呢？——在此，我想借用后现代主义代表、思想家伽塔利（Félix Guattari）和吉尔·德勒兹（Gilles Deleuze）共同的著作《千高座原——资本主义和精神分裂》中的所说的"地下根茎"比喻，来得到一些启示。

伽塔利和德勒兹以"超越的一者"（主干）为中心，批判在原则上二者对立的树，它们是没有中心的、不同性质的线相互交错，多种多样的线条朝着各个方向变换延伸，最后形成一个网状组织，这个网状组织就叫作"地下根茎"。这是一个不用标准化争霸世界，在任何环境中都能不断生根生长的存在。可以说这不是"这个，还是那个"的选择，而是能适应任何事物的多样性的存在。

其中一个典型的战略就是的"核心"。苹果、三星也好，奥迪、丰田也好，"核外"的霸者由谁来做都无所谓，他们采用的都是作为核心部件、核心素材深深地潜入到"核心"中去的战略。电装、日本电产等正在努力使用"核心"这一战略，在世界标准化竞争的漩涡边缘争取自己的一席之地。

此时的关键是将潜藏在内部的部件作为传感器触发，再通过网络联系在一起。这种传感器网络能够吸取现场的信息储存大数据，能通过分析这些信息和数据实时了解顾客的使用状况和机械的工作状况，并且还能预测到将来的状况。

例如小松，先前介绍的康查士中出现了物联网这一词，从物联网备受关注的 10 年前，就已经出现了使用传感器网络的先进的事业模式。

擅长高品质制造的日本制造商，应该将这一"核心"作为战略，将"地下根茎"深入地下，为打造一个相互连通的世界而努力。

◎将"事"的智慧埋入到"物"中

在扩大规模上，物（商品）要比事（服务）大有优势。

服务的核心是人。对人进行一一教育，让他们再现完全相同的服务水平是非常困难的。当然如果成功了，就能够提供像迪士尼乐园那样的美好体验。然而，如果我们去巴黎、香港的迪士尼乐园，因为是世界仅有的几所迪士尼，所以能够感受到制造出这种真实感是多么的困难。

针对"物"来说，如果将输入一些重要的机能和计算程序算法的部件黑盒子化（译者注：是指虽然不了解内部的复杂构造，但是却能从外部操作使用该装置），并将之推广使用的话，就能使其可以一股气地遍布各处。黑盒子包含着所有的重要智慧，因此，不需要花时间一一向人们解释，也能够高度再现出同样的体验。

"工匠精神"要依靠人的精湛技艺，所以再现性很低，规模也不会扩大。然而，如果将工匠的技艺降到"物"，则可能扩散到世界规模。大金、电装也通过换流器、插入器等部件争霸了世界。

在 IT 世界中，"SaaS"（Software as a Service）和"PaaS"（Platform as a Service）等硬件和软件都不是"物"，而是作为服务而提供的一种商业模式。遗憾的是，日本企业的这种服务化是完全落后的，本次没有 1 家入围的日本 IT 公司。

但是，真正的创新不是服务，是将难使看不见的东西可视化的传感装置、让"物"运动的传动装置等这些硬件，以及二者之间生成演算因果关系的系统整合的计算程序算法的软件，这二者才是关键。就以备受关注的汽车产业界为例，真正制造创新的其实不是谷歌等企业的服务业者，而是博世（Bosch）、大陆（Continental）、电装等零件制造商。

因此，21 世界的制造商应有的目标，是与当今 IT 潮流完全相反的世界，也就是 SaaS 和 PaaS。只有将"物"编成计算程序算法制作成软件，再演变成硬件，那么世界范围规模的扩大才能成为可能。而且这才是擅长制造的日本制造业再度称霸世界的绝好武器。

服务业全球化

前面都是针对"物"进行的介绍，下面来对"事"（＝服务业）进行探讨。此时的关键是，日本企业"对质的追求"是非常重要的。

◎品质即"道路"

"物"的品质非常容易定义，但是服务的品质却非常的模糊，不容易理解。

例如，星野 TOMAMU 度假村、京料理等名店的品质，就不仅仅是待客的技术。从空间布局到料理人的刀功，再到对一些细节的追求和背后的故事（即"内涵"）等各种各样的要素融为一体，才共同构成了高品质的体验。

像这样使各种要素能浑然天成为一体而产生出的高品质，才是"匠人精神"。然而，与"物"相同，技术的完成度越高，其再现性和规模的扩大就越困难。

但是，已经完成的"物"中不存在进化与升级。反而在未完成品中才含有对未来的跃动感和期待。例如，我每次去巴塞罗那都会被安东尼·高迪的杰作《圣家族大教堂》所吸引，从这里能感觉到未完成品产生出的时间与空间的延伸。

不去崇拜服务品质完善的"技艺"，而是推崇一点点向那个无法抵达的世界慢慢靠近的"道"的精神。这样一来，就能够一口气从具有排他性的"工匠精神"，延伸到非常日常的世界中。

例如，武道、茶道和花道。日本将"技艺"的点延伸成"道"的线和面，由此创造出了一个个具有大众性的世界。并且，这些"道"不仅在日本流行，也受到世界各地的喜爱。

此时"纯日本式的事务是正宗的，除此以外的都是冒牌"这样的排他思想是禁忌。加州卷也成为纽约日式餐馆 NOBU 的创新菜，让这种带有日本特色的质感被世界所接受，变幻成另一种形态来展现也是不错的。当然为了追求"道"的极致，有必要让外国人也去品尝下正宗的江户前寿司和京寿司，但是如果一味地这样拘泥，我们将无法从狭隘的"工匠世界"中摆脱出来。

如果能像上述那样，以"道"的形式，而不是以"工匠"的形式定义服务的话，日本高品质的服务业即能够作为世界的典范为人所关注，并不断地普及传播。

◎以成为日常的制作人为目标

创造出像迪士尼乐园那样拥有绝对优势的非日常世界的力量是日本不具备的。但是，创造出充满美感，让人有安全感的、没有浮躁气息的世界是日本非常在行的。它的境界是"风雅，闲寂"，也是"道"的其中一种。

摒弃绚丽繁华的非日常世界，努力成为日常世界制作人，这一优势日本还是拥有的。而且，日常世界比非日常世界的可开发空间更加大。

数字化和新兴国制造商兴起了"商业化"，而日本家电业界非常惧怕这种商业化，这最后将导致商品溢价，行业的成长速度将急速下降。

日本的家电之父松下幸之助追求的是"自来水哲学"，其本质就如供应高品质的饮用水一样，高品质的家电业也能够投向日常生活中的千家万户。

面对溢价的非日常世界，不去逃避，而继续追求"高品质的商品化（日常化）"，这是日本原本就非常擅长的领域。我所说的"价值精益"指的就是这一最佳区域。本次排名中，排在日本企业榜首的迅销公司正是坚定不移地秉承了"价值精益"原则，于是便在世界上大展身手。

很多日本制造商都偏离了这一"常规方法",从世界舞台上销声匿迹,这不得不说非常遗憾。但是,我非常希望今后的服务企业能够以全球化为目标,以成为"价值精益"为转轴的"日常制作人"为目标。

为了达到这目的,有 3 点是很重要的。

第一点,为了迎合"Lean"的价值诉求,一定要保证"品质的持续提高"。怀着求"道"精神,拒绝妥协,追求极致的态度是至关重要的。对于执着于工匠精神的众多日本企业来说,这一点应该是没问题的。

第二点,彻底简化成本的构造。为此,企业不单要"磨炼技艺",也要落实到"型"上,并且要保证再现的可能性和规模的扩大。如果做到这一点,不仅"工匠"将成为可能,顾客也能参加进来,去亲身体验,企业也能够发挥自身杠杆作用。武道、茶道等传统的"道",与这种"型"化和顾客参与的模式非常吻合。

第三点,推广。为了宣传"Smart"的价值,为了吸引顾客,提升杠杆作用,不需要在世界范围内圈粉,要努力让人们去习惯适应各种新的日常。多数日本企业都还是内敛型,外部宣传是他们的短板。

时代刚好在朝着顺风顺水的方向航行。对日本来说,来访日本的旅行者,是宣传日式衣食住行和日常质感的千载难逢的好机会。然而,让旅行者们在停留日本的短暂期间内,进行短暂的一时"高消费",仅仅这样的追求是完全不够的。如果能够让游客在回国后也可以再次体验到日本的服务,以再现服务的制作人式的方法为目标,那么日本的服务将能够遍布整个世界。

从第一产业到第六产业——向 21 世纪型产业转变

农业和渔业等"第一产业的第六产业化"正被广泛地宣传。

"1+2+3=6"即将第一产业、第二产业的制造和第三产业的服务组合到一起，转变成 21 世纪型产业。

第二产业的食品业界、第三产业的食品批发零售界与农业界的川上联手，正朝着"食"供应链方向转化升级。不仅如此，一直以来与第一产业没有什么联系的 IT 业界、金融等业界也开始加强二者间的联系。虽说产业间的融合已开始很久了，但是一直以来被忽视的第一产业也逐渐迎来了它的全球化成长机会。

◎以 FILM 为杠杆，让日本的生活文化世界化

"FILM"是三菱商事的小岛顺彦（现董事长）对三菱商事的 4 个机能的描述。F 表示金融（Finance），I 代表 IT，L 代表物流（Logistics），M 则代表市场（Marketing）。通过 IT 加上 FT、LT 和 MT 的总动员，可以加速第一产业向第六产业的转化。

通过从互联网到物联网的转变，IT 的力量开始为第一产业带来很多的实惠。通过传感器网络让作物个体状况可视化，光、温度、水等栽培环境的可控化，可实现农作物的丰收。莴笋、草莓等"蔬菜工厂"正是第一产业向第二产业的转化的典型代表。

让我们举一个金融技术的例子。首先，通过众筹的方式筹募资金，再将第一产业农作物的产生的利润作为利息返还给众筹参与者。如果能提供这类金融商品，那么参加的人会有很多。而且，如果提供能应对气候风险、商品价格变动风险的保险商品，生活安定的农户也会增多。

营销技术中的市场指的不是过去型的市场，社会营销营销技术与第一产业最为搭配。让口中说着"我想要这样的东西"的消费者也参与到制作中来的做法是可以实现的。30 多年前，未来学家阿尔文·托夫勒在著作《第三次浪潮》中预测，取名为"产消者"，即生产者和消费者二者一体化的世界最终将成为现实。

物流技术对于第一产业来说也非常重要。"怎样配送新鲜的食品"

直接影响着品质的高低。

例如，大和运输和全日空，实现了将北海道刚制做出的咖喱在第 2 天运输到香港。并且，在印度等新兴国家，如果生鲜链的冷冻食品的物流体制非常完善，那么加工食品等市场也能够扩大。将日本安全有新鲜的食材搬到世界各国的餐桌上的日子将不远了。

通过使用"FILM"，能使第一产业的生产力得到飞跃的提升，与此同时，将日本高品质的日常生活传播到全球各地的愿望也是可能实现的。这样一来，日本的第一产业不会给 TPP 造成威胁，反而能乘胜追击，实现全球化成长。

从日本的中小型企业走向世界的成长型企业

相信很多读者看了之前介绍的世界级别的成长企业后，可能会说"我们公司是中小型企业，这些都跟我没关系"，但是事实并非如此。

例如，德国拥有着一个非常强韧的产业构造。其原因并不是因为，德国有许多像世界 100 强那样的大企业，而是因为有众多优秀的中小型企业。而其占据的地位之广成了德国的潜力。

◎ 地域创生的原动力

据说日本的所有企业中，有 99.7% 的企业也都是中小型企业。在东京的大田区，在东大阪等城市的一角，现在也能够看到些一枝独秀的城市工厂在茁壮地成长。到了地方，也能邂逅到可誉为地域核心的中小型企业。

例如，新潟县三条市设有总部的户外用品商雪峰从 1958 年开始作为金属炊具批发商起步，之后有爱好登山的创始人山井幸雄董事长因为没有满意的登山用品，开始着手于户外用品和休闲用品的制造。现在，雪峰的用品在世界 30 多个国家售卖，连续销量突破了 55 亿日元。

顾客也直呼雪峰的商品简直专业过人，可见雪峰对高品质的追求。

通过不断努力，雪峰得到了在任何坚硬的地面上都能够架起雪峰帐篷的好评。

从江户时代开始，金属制品制造就在燕三条地域非常盛行，而支撑这种高品质的就是这该区域的本地产业。

生在这片美丽的大自然土地上，得到本地产业支持的雪峰对三条市有着很深的感情。雪峰向我们证明了，地域制造网也能够发挥主导作用，在产品开发方面，在市场、销售和对下一代经营者的培育方面也能做出巨大的贡献。从他们的身上，我们看到的不是为了自己才壮大发展，而是为了地域整体的繁荣形成的一个极富多样性和深度的产业集群的强烈意志。

日本国内认知度较高的雪峰也非常积极地开展海外业务。从2000年开始，雪峰的销路便不断拓宽，现在的海外销售比率已上升至33%（2014年）。而雪峰没有求一步登天，而是和地域产业一同走过每个阶段，最后才抵达它的目的地。雪峰的这种全球化战略，也能够作为地方老牌企业的参考。

◎连接富山与海外的根茎组织

此外，还有邻县富山县的黑部的拉链界巨头吉田。地球上约半数的拉链都是由吉田生产的，直到现在吉田仍是无法赶超的大企业。然而，它的起点也只是金属制品工厂。

直到现在，核心技术的开发和品质改良都由富山县黑部市的基地一手承包。将这块工作彻底黑盒子化是为了防止技术的外漏。而且，富山是个与世无争的安静之地，都市中那些经过激烈争抢也难争到手的优秀人才可以安稳地留在这里，专心不移地从事开发工作。

另一方面，世界各地汽车制造商、路易斯威登等一流公司，到快速时尚类企业都是他们的顾客，客源非常多样化。每个顾客要求的功能和品质，自然也都不同。于是，为了应对如此大的需求，吉田在世界71

个国家设置基地，并在日本、美国、意大利、中国台湾、印度尼西亚共 5 个国家和地区开展研究与开发。目的是为了可以一对一地听取顾客的声音，并在离顾客最近的地方完成制造和销售。

富山总部和各海外基地之间的互联互通，正应了上文的根茎组织原理。总部设在石川县小松市的小松也同样，形成了联结海外和小松本部的根茎构造。

再次用北陆三县举例子。小松是入围了本次世界 100 强的 G 型企业。虽然吉田因为未公开上市，不在排名对象之内，但是吉田作为世界首屈一指的全球化企业仍然保持持续增长。雪峰虽然还未走出中小企业的范围，但是相信雪峰一定能乘着这股户外风潮，发展成成长型企业，展翅高飞。

迅销公司的起点也只是山口县宇部的男装店而已。瑞可利公司原本是"学生创业"，大金当年也仅仅是大阪的金属工厂。上述这些曾经的"中小型企业"，现在正作为日本 G 型企业的代表飞速成长。

可以说，与那些没有任何特色的大规模大型企业相比，核心明确的中小型企业从 Q 型企业转变成成长型企业的可能性要更大。而且，为了达到这一目的，这些中小型企业必须要像雪峰、吉田和小松那样，在重视当地生态系的同时，有足够的志向和勇气打造海外市场，像地下根茎那样扎进土里，相互交织，拥有坚韧不屈的组织力量。

全球化经营的陷阱——发挥日本的优势

上文中，我们以全球化成长为主题展开了探讨，但是全球化经营的开展并不是无条件的。麦肯锡一直倡导日本企业的"全球化经营"，但我在麦肯锡工作时也一直对这一倡导抱有疑问。

◎日本失去的 20 年

说起来，日本的"失去的 20 年"不正是日本企业过度追求全球化经营，反而失去了自己本质优势的 20 年吗？

没落的日本企业代表，可以列举出索尼公司。索尼确确实实经历过全球化标准经营时期。当然，在此之前的日式经营显得非常马虎草率，所以无法单纯地用"不好"或"差"来概括。

但是，有一点做得最不好，那就是只追求管理层面上的全球化标准。索尼没有重视对未知事物的挑战和寻找自家公司独有特色的努力，逐渐沦为一个非常平凡的公司。

最需要解决的本质任务应该是在引入全球化标准之后，想办法解决如何让这种标准适用于日本。

不仅是索尼，那些引进全球化标准却失去了原有优势的日本企业不在少数。相反，那些不拘泥于全球化标准的表面形式，坚持自己独特经营模式的企业，在这 20 年以来一直在持续成长。迅销、大金等众多入围排名的企业就是其中的代表。

◎规则明文化而导致的缺失

人们很容易认为全球化经营就是，将价值和使命明文化，即将公司内部规定以文字的形式共享。但是，这一动机与现如今的先进性动机是背道而驰的。

请大家回想下我们介绍过的通用公司的"信念"。一直以来人们都倡导通用公司的价值，相互共享着被明文化后的规则。但是，现在我们切换到了植入"信念"的模式。

虽然日本企业从过去到现在一直对价值的明文化不太在行，但是公司的"信念"仍在公司内部被广泛传播。虽说如此，还是有一些公司特意花时间将各种价值明文化，很多企业在这个过程中逐渐变成了非常平凡的公司。

请各位打开自己公司主页看一看。上面那些伟大的企业理念是否能与你的信念产生共鸣呢？除此之外，网站上面还会写"为社会发展做贡献""解决社会问题"等，那么看到这些字眼时一定要注意了。因为这些溢美之词没有一点独特性。

不得不说，这些企业误以为"规则化、明文化"就是全球化标准，却因此失去了最为重要的灵魂精髓。

◎ ROE 经营的陷阱

最近，倡导 ROE 经营的企业逐渐增多。但是，这种经营也过时了。我想为这些企业敲响警钟，提醒他们这样的做法可能使公司陷入逆增长。

ROE 是指"股东资本的利润率（Return On Equity）"。所以，ROE 经营仅是以回报股东利润为主要目的经营。

美国的投资家正大量购买日本股票。这是因为他们发现，一直以来股东的返利都很低，如果增加数量，那么股价一定能上涨。所以诸如"根本不需要做任何其他投资，可以买自家公司的股票，总之要快点拿到利润"这样的需求越来越大。人们只不过是为了一己私利而搬出 ROE 经营，日本人却误认为"美国人要求的是全球化标准"，还大力推崇 ROE。

然而，现在那些真正优秀的美国公司都不采用 ROE 经营。谷歌公司的 3 名经营者拥有着 60% 的发言权，并且他们都尽量不听取活跃股东的建议。

不只谷歌公司一家有上述情况。位列第 8 名的诺和诺德公司也拒绝这种活跃股东的介入，他们上市的是双类股票，他们的经营理念、是将自己的信念坚持到底。

位列第 14 名的星巴克也同样。霍华德·舒尔茨作为星巴克首席执行官回归时，面向投资者展开了投资宣传，说道"如果您不相信我们，就不要买我们的股票""短期间内为数字的变化而大喜大悲的投资者也不要买了""欢迎那些与我们产生共鸣,相信我们必将崛起的各位成为我们的股东"。这种百强大企业的经营方式,与那些为了利益要购买自家股票、讨好股东的经营有着天壤之别。

这些大企业并不是瞧不起 ROE 经营。他们仅仅是不求短期回报,只求长线回报。有些公司明明和那些拥有远见卓识的公司一样发展得还不错,但却偏偏选择了 ROE 经营,一家优秀的公司就这样变成了平凡的小公司。我们必须要防止这样的事发生。

◎沃伦·巴菲特的绩优股

沃伦·巴菲特这位旷世投资家以"100 年后也能生存下来的公司"为标准来选取股票。因为这样的股票一定会升值。每天因为股价的涨跌而大喜大悲的人做不到这一点。

巴菲特买过的股票基本上就不会卖出。他还坚定地说"我成为百万富翁的原因就是,我一直投资那些的确会成长的公司"。

巴菲特看中的此类日本企业,却只有 1 家。那就是富岛县磐城市的超硬工具巨头公司泰珂洛。"泰珂洛"的切割工具拥有像钻石一样的坚硬品质,这一点受到了全世界的认可。

巴菲特对泰珂洛公司做出了独一无二的高度评价,"泰珂洛是比钻石还要坚硬的人类财富"。雷曼事件发生时,新设工厂的话题受到热议时,巴菲特在这样的时刻也促进了对本身就是大企业的伊朗 IMC 公司的投资。并且,东日本大地震发生不久,巴菲特还亲自访问日本,为泰珂洛公司总部福岛的复兴助威。

巴菲特注重的并不是短期的 ROE。因此,他对那种购买自家股票来提高 ROE 的轻松的保守经营手法呈批判的态度。公司至少要能为社会提供自己特有的价值,并由此实现公司的长期利益,只有这样的经营才能赢取人们的信任。

日本企业 ROE 经营应该做的不是吸引活跃股东，而是要努力赢得巴菲特那样拥有长远坚定眼光的投资家们的认可。

◎公司属于谁？

"公司属于谁"是一个难题。最简单的一个回答"属于股东"。因为股份公司的法定所有权是股东。

虽然这么说，如果经营者在经营时只考虑股东，那么只会阻挡公司前进的脚步。沃伦·巴菲特、全食超市的约翰·麦基、星巴克的霍华德·舒尔茨等人都说过类似的话。

股东最初看中的是"社会价值"。那么社会价值是由什么决定的呢？是"顾客的满意度"和公司"解决社会特有问题"。公司能够让顾客满意，并且对社会有价值，那么员工也会认为自己的工作有价值，愿意努力工作。

综合上面所说，股价上涨应该是个"良性循环"。只考虑为股东创造利益的 ROE 经营本身就是目光短浅的，到最后反而会损害股东的利益。

众多入围排名的企业的经营者们都懂得这个道理，因此他们的追求的经营不是只注重股东，还注重与企业有利害关系的所有相关人员的利益。

◎日本企业的真正资产和负债

企业价值的源泉是资产，这一点也必须正确理解。

很多日本企业主要依靠盈亏平衡表上的成本来展开经营，经常过度在意平衡表上的资产。容易陷入自前主义（译者注：指自己只依靠自己国家或公司的资源和技术来生产的做法），不重视资产的"无资产经营"是没有希望获得成功的。

然而，有些东西还是被人们高兴地当作资产引进公司，但是这些东西反而会成为公司的负债。尤其是技术革新速度越快，资产腐化也就越早。所以，最重要的是尽早放弃这种资产，更确切地说，在一开始就不要引入这样的资产。

另一方面，有些资产不列于平衡表中却能够创造价值，这样的资产必须要珍惜。例如，品牌、网络、知识财产和人才等就属于这类资产。入围本次排名的多数企业都拥有并储藏这些无形财产，并让这些财产增值的能力。

例如，在 InterBrand 公司的品牌价值排名中，榜首经常是苹果和谷歌这两家，这也与书中的本次排名相符。日本企业丰田、本田也入围全球榜，迅销、小松和大金等名列前茅的企业也位居日本企业的榜首。

很多日本企业都对设备等有形资产进行投资。而他们今后有必要大幅度转变投资方向，以品牌、网络、人才等无形资产为中心。

烈性药企业并购——成功率为 20% 的赌注

让企业飞速成长的最快速的方法就是企业并购。一步一个脚印的自然成长方式无论如何都是需要时间的。另一方面，由于企业并购不分企业规模大小，可以非连续性地使企业发生巨大的改变，因此企业并购就像是一剂有诱惑性的迷药。

但是，事实上企业并购是一种成功率非常低的赌博。以前我在麦肯锡工作期间进行过调查，发现价值超过购买当时价格的案例只有 20%，5 家公司中仅有 1 家成功。

企业并购意味着溢价，要支付高于市价的价格，但是一般的情况支付的价格都太高了。虽然有种说法是，支付溢价的背后隐藏着两家公司的协同效果，但是多数情况下都以失败而告终。

而且很多时候，打开企业的门，却找不到能够发现无形资产的价值。例如，如果企业的优秀员工都相继离去，那么人才这一最为重要的无形资产也就不存在了。

◎企业并购是最后的手段

使企业并购成功的最重要的一点是即并购整合。但是，这必须要有非常优秀的经营者，然而遗憾的是，日本企业中这样的经营者非常罕见。

杰克·威尔许并购了通用公司通用使企业取得了飞速成长，这件事是广为人知的。威尔许在哈佛大学商学院演讲时曾被问到企业并购成功的主要原因是什么，他立即回答道以下 2 点：

第一点是"经营者的质量"。此时起作用的并不是事业上的协同效果，而是经营能力提升了购买公司的价值。

第二点是"周围人的期待"。人们认为，与通用这样的公司的强强联合必然能够成功，企业一定能因为这个良性循环取得良好的成果。这种现象是无形资产其中之一，即公司品牌的力量。

多数的日本企业既没有威尔许那样的经营能力，也没有通用公司那样的公司品牌。因而日本企业必须铭记：企业并购，特别是与海外企业的企业并购是破釜沉舟的方式。

◎另一个 A——联盟（Alliance）

麦肯锡的情况不是企业并购，而是企业并购联盟。比起企业收购，企业联盟的方式更容易成功。

企业并购是一种"不是自己的就没有价值"的粗枝大叶式的经营。另一方面，联盟就必须要建立一个双赢的关系，而不是控制对方，所以人们倾向认为这件事非常有难度。但是，与收购对方所有资产的企业并购相比，联盟实则是一个风险较小的方式。说到底连联盟也做不好的公司，也不值得我们用财力去收为己有。

不断收购与自己质量相同的公司而成功的案例也有。但是这样做只是单纯地扩大了规模而已，没有什么创新。

学者约瑟夫·熊彼特将创新定义为"新结合"。但我认为创新是"异结合"。因为，想创新就需要与自己不同的对方擦出智慧的火花。

即使是通过企业并购收购了与自己质量不同的公司，有能力经营的企业也非常少见。但是，拥有共同的事业目标的联盟双方，建立起一个双赢的关系并不是那么难。不断研制出加热长裤等类型商品的迅销公司和东丽公司的关系就属于这一类型的典型案例。

由此看来，不管是不是因为资本关系，通过联盟降低风险来获取实际回报的做法才是价值之举。

日本企业久别多年的好时机到来了！

日本企业必须改变以往内向式的航向，将船舵大幅度地摆向全球化成长的航路。为此，日本企业必须付出比以往更大的努力，必须在注重日式品质的基础上，把握住各种机会，并将这种价值观推广到海外。

换句话说，只有坚持自己的品质型企业，同时拥有慢慢向外扩张的机会型企业的姿态，企业才能真正地进化为全球化成长企业。

◎社会问题发达国家——日本

安倍经济下的成长路线没有搭上当初日元贬值、股价上涨、原油降价等的顺风船。不仅如此，它还仅仅是一个短期的成长机会。从中长期的眼光看，世界直面的很多社会课题对日本来说都非常熟悉，这一点非常值得注意。

例如，环境问题是日本50年前就开始应对的问题。还有资源问题也是日本原本就是一个资源缺乏的国家，所以一直以来也为怎样有效使用资源绞尽了脑汁。健康保健制度方面也是，日本和美国一样努力维持着，保证它不破产。另外，作为世界第一的长寿国，日本也是老龄化问题的百科全书。再者，对于恐怖事件频发的欧美国家来说，安全是国家第一大的问题，而日本也是世界上最安全的国家之一。

可以说日本以问题发达国家自居并不是空穴来风。并且，不仅欧美国家，环境问题、安全问题对于新兴国家来说也逐渐成为非常严峻的社会问题。

◎ 2020 年这一定时器

2020 年奥运会将在东京召开，东北的复兴也会乘着势头不断推进。2020 年是日本向世界舞台展示自己高"生活质量"的定时装置。

首先，很多人将从海外来到日本，第一步，日本要以此为启动开关，在全世界范围内聚集自己的粉丝。然而，如果只制造粉丝，那么奥运会的结束也就是"最后的宴会"。虽然很多人都在说"2020 年是危险的悬崖"，但是事实上日本政府也没能出台一个应对往后的具体政策。

最重要的是，日本能否把 2020 年当作开端输出自己的日式价值。我们可以把从现在开始到 2020 年的这段时间看作是，日本磨炼自身独特魅力、以魅力生产者的身份奔向世界的准备时间。

◎作为生产国家的日本

全世界都在开发新型城市。开发指的是"智慧城市构想""智慧社区构想"等构想。日本政府和企业也将网撒向欧美和中国，争相参与这类项目。

然而，如果依然是"日本首发的社会基础设施输出"的"箱物（译者注：指作为公共事业建设的厅舍、学校、市民会馆、运动设施等的俗称）"旧姿态，则显得日本的力量微薄。建立在日式价值观之上，结合当地风土人情的改造是非常必要的。

这样一来，日本成为世界城市的生产者的梦想将不再是梦想。但是我们还需要一种智慧，一种不是再现日本市容，而是用日式的感觉去解读城市，为生活提供新场景的智慧。如果日本实现了这种方式的生产，那么把日式价值推向世界将成为可能。

向世界共享日式价值的行动非常重要，虽然政府也有这样的共识，但是不得不说政府的那些行动都偏离了目标。政府总是提倡"酷日本"，只输出动漫等亚文化。

说到生产者，比如在建筑业，也许你会想到丹下健三、黑川纪章、安腾忠雄、隈研吾等人物。然而，只会建造标志性大型建筑的人不能称之为生产者。

打个比方，用现代的方式来解读古代民舍价值，能够轻松将其复原的生产者才是最重要的。不建造乏味无趣的都市，要再现地区城市的优点，让都市人前来观看，这样的制造人才才最应该一个不留地送到海外。

不要总想着"要输出日本的价值"，而要用日本的方法和当地人一起去发觉这片土地独有的价值，这种朴实的方式才是最重要的。

脱日本化的建议——新"日侨"时代

想要成为生产国家，日本人必须进行"脱日本化"。"岛国根性"顽固的日本人腾飞于世界的日子真的会来吗？

◎以游牧民为目标

伽塔利和德勒兹学说中的另一个元素是"游牧民"。

解释一个民族的生活方式时，可以用"耕农和猎户"的二分法。耕农每年都和同一批伙伴在同一片土地上耕作、分享收获。用现在的流行语说就是"草食系"。如果用"静态"和"动态"的方式分类，那一定是"静态"。

另一方面，猎户捕获动物，经常是出没于草原的最深处。他们能靠的就只有自己的直觉和技术。他们也经常遭遇"要么吃要么被吃"的经历。他们正是我们说的"肉食系"，也是"动态"的。而"游牧民"则介于两者之间。他们和同伴一起暂时住在一片牧草地上，并在此圈养家畜。之后，牧草没了就移动到另一片新土地继续另一段生活。虽然是"肉食系"，但是吃的不是野生动物，而是自家养的家畜。这就是游牧民族的模式与其他民族的最大区别。

一直以来人们都说日本人是"耕农"，欧美人是"猎户"。这种比喻和日本人喜欢定居在一个地方，将自己封闭在"村"社会里，无法摆脱"岛国"根性，以及加拉帕戈斯化等一系列自虐式的讽刺有关。

而关于日本人的起源绳文人，今年又有了新的事实被证明。一直以来绳文人被认为是食用动物类食物生存，但是后来证明，他们事实上大量食用栗子、红薯等食物。绳文人经历了 1 万年的漫长时间，慢慢形成了丰富的狩猎采集文化，这在人类史上是史无前例的。我们日本人的原点既是猎户，也是耕农。

日本人今后的该有的姿态不正是这种兼具定居型的"耕农"和不断寻找新机会移居模式的"游牧民"吗？如果能做到这样，那么日本企业就能够蜕变成兼具品质型企业和机会型企业元素的成长型企业。

◎海洋国家——日本

除了江户时代这样的特殊时期，日本一直是个与海外交流颇为频繁的开放国家。我们的祖先过去近乎贪心地大量吸收他国文化，在那片被大海怀抱着的国土的海岸对面发现了无限的可能性，并果断地涌向海外。

关东地方的绳文人在内海捕鱼，也在伊豆诸岛等外海活动。更有绳文人进入南太平洋，成了波利尼西亚人的祖先的学说，甚至还有绳文人到达了南美大陆的学说。

想到世界各国走走的日本人用农耕民族特有的顽强，为自己筑造了居身之所。直到今日，如果你去拜访泰国的阿瑜陀耶和越南的会安等地，仍然能发现 16 世纪当初建设的日本人街，它以融入当地的姿态屹立在那里。

华侨不论走到哪里都以唐人街为中心形成一个集区，保留着自己的文化和习惯。与此相对的是从日本的日侨，他们与当地相融合，并深深地扎下根。另一方面，日本人也不忘"和而不同"的精神，一直保持着自己的优点。日本人凭着勤勉的工作和顽强的精神赢得了当地人的尊重，并各自在社会中发挥着重要的作用。

怀着一颗真心工作，为世界各国的人们制造优质的、有价值的东西——这种最基本的姿态，在现代也仍然不断涌现。这也许是人们仍然对汽车、织物和电子产品等日本制造抱有敬意的原因吧。

为了征服他国进行掠夺、在异国中传播自国流、排斥异国文化等做法也是不可行的。即使如此，也不能过分地与当地融合，而是要让周围人认同我们的优点和优势，将日本推向腾飞的先人们就是这样的优秀生产人才。

现在的日本如果也能继承先人们的 DNA，让这种 DNA 觉醒，那么我们一定能实现成长国家的目标。

◎成为"当地的孩子"

将这种优质精神具体化的有代表性的企业，那就是一家公司承办着全球一半拉链业务的吉田。

据说吉田赴任海外市场与营销的员工在当地待上个 10 年、15 年都是很正常的，有些人甚至去了 20 年仍没有回来。日本人在当地深深地扎下了根，成了当地的孩子，他们的头脑和身心都能够理解当地人的需求。

也许这种人才管理方式看起来非常残酷。但是，吉田的员工不仅不会挫败，反而更生气勃勃地工作，并取得了显著的成果。每个社员都将公司"善的循环"经营理念作为自己的信念刻在心中。

"善的循环"是一种经过创新锤炼产生全新价值，并把这种价值分享给社会、顾客以及合作企业，使事业得以发展的理念。员工听到自己为社会和顾客做出的贡献，他们也会按照纸上写的那样做好扎根当地的准备。

此种经营理念和社员的信任融为一体，成了日本经营中的世界遗产。这是其他海外企业可望而不可求的。如果将这种"每个社员都参与到经营中去，不做装饰物的"理念觉醒，那么日本将会在全世界大展身手。

◎充满期待目光的年轻一代

经常能够听到"最近的日本年轻人不太想去海外发展"这样的话，但是真的是这样吗？和我一起商讨新兴国战略的年轻人们，都对去海外做贡献抱有期待。

例如，味之素研究所中有一位 20 岁左右的女性，她在加纳从事着提高国民营养的"Cocoplus"社会化商业。另外，还有另外一位 20 岁左右的迅销公司女职员，她在启动孟加拉国的格莱珉优衣库项目。单单是女性前往条件极端的国家这件事就已经很不简单了，而从我们在专心于工作的她们身上能够看出高远的志向和高昂的士气。

这样的年轻人有很多去了东北。他们当中的多数最初只是"想为赈灾复兴做点什么"，抱着同情的心态来到的东北。但是，去往当地后，随着新产业的出现，他们亲眼见证当地逐渐繁荣起来，自己也慢慢地向资本家成长。

越年轻的人对这种事物的感知度越大，表现也越积极。人到中年为了"早点回到日本寻找自己的安身之地"而烦恼的不在少数。然而年轻人不单为了 NPO 而去，产业在海外生根也让他们感到前所未有的喜悦，这使他们成为真正的企业家。

40 亿人市场的"现代化进程"

《下一个市场》(普拉哈拉德)一书在 2010 年成为热议的话题。书中提到，那些每天仅花销2美元的40亿贫困阶层（BOP）将会成为今后的新市场。

多数贫困阶层的人们都在寻求"活在当下"的帮助。然而，用更长远的眼光来看，将国家建设成一个拥有自强自立产业的国家是非常必要的。

对于他们来说，日本能够提供他们促进国家现代化成长进程的援助。日本在明治维新的时候开始快速走进现代化，第二次世界大战之后从荒芜的废墟中复兴，并一直成长到现在。日本在极端的时间内实现了成长进程的成功，也许这也可以成为新兴国家的参考。

从成熟到成长——再次挑战"三位一体"

在麦肯锡时，我的师父大前研一在1985年出版了名为《三位一体力量三大战略统制地域》。这本书传达的信息是"抓住日美欧3大战略地域的6亿人口的市场机遇"。

虽然有声音说，现在是新兴国时代，三位一体已经过时了，但是真的是这样吗？举个例子，住在成熟国家的北欧人过着非常富裕的生活，但还在为提高自己的生活质量而努力。成熟国家中存在一些不再成长的国家，但是想要追求更高质量的国家也有很多。

本书中一直强调"提高质量"的"道路"是没有尽头的。道路的终极阶段是马斯洛"5个层次需求学说"的第6个层次，即"利他主义"的阶段。

例如，无印良品的海外品牌无印良品在欧美、亚洲等"人均GDP 3 000美元以上"的国家受到非常高的评价，但是对日本来说，这种品质是他们追求的高品质当中比较普通的。日本拥有着时代最先进的价值观，而将这种价值观推向世界的努力，早在1985年大前研一的"三位一体力量"中就有所体现。发达国家追求品质的路也是无穷无尽的。

第三次"开国宣言"——小日本的大可能

日本是个小国，并且"少子化"趋势也日益严重。世界上很多人都抱有"日本接下来将面临负增长"的消极思想，但是换一个想法，日本今后也可能成为一个幸福感非常高的国家。为了给其他小国家一些提示，让我们对日本的可能性进行一番思索。

◎将国技馆改造成日式温布尔顿

在伦敦温布尔顿召开的锦标赛是世界四大网球大赛之一。这项赛事原本只是非常不起眼的当地赛，而在改变赛制后，海外选手也可以参与进来，最终它成为世界最高级别的大赛。

不拘泥于"当地的利益"而开放市场，市场由于外界人的进入而实现繁荣，这种现象被称为"温布尔顿效应"。温布尔顿也付出了代价，那就是本地的英国选手几乎拿不到桂冠了。

第二次世界大战后的英国失去了国际竞争力，经济也在不断下降。20 世界 80 年代，英国将这一智慧效应用到了金融市场中：放宽市场限制，引入外企外资。

努力的结果是，英国的传统金融机构几乎都被外资收购，但与此同时，伦敦也复活成世界金融市场中首屈一指的市场。

我只想借温布尔顿这个例子来比喻"国技馆"。我希望日本能像通过市场开放而复活的英国那样建造一个日本的舞台，让世界的人在这个舞台上竞争。

例如，京都的生命科学领域正在研究 iPS 细胞的实用化、爱知县的安心舒适主题的下一代移动领域、东京东大的学者以冒险为精神展开的火箭开发，这些都是现实软件、服务制造的关键，是日本作为"世界震源地"为世人所知的领域。

众多入围本次排名的企业已经为日本打造出这样的世界中心。例如，大金在 2015 年向淀川制作所投资了 300 亿日元，设立了"科技创新中心"。全世界的大学和研究机构的研究者及公司们都想创造出研究开发的新潮流。负责化学事业的大金公司副总裁川村群太郎也担任淀川制作所的所长，他满怀希望地畅想"召集全世界所有的氟元素研究者，让这里成为氟元素技术开发的'麦加'。"

迅销公司与大和之家联手，现在正在有明市建设一个最新锐的配送中心，并且希望将这里建设成数字化的中心枢纽。作为第一弹，迅销不仅与埃森哲合作，还发布了在有明创设电子商务与实体店铺合二为一的世界最大级别的"数字旗舰店"计划。担任迅销公司首席信息官的玉置肇说道，"我们的目标是让世界上屈指可数的优秀数字人才都聚集到有明。"

当然，日本在搜集全世界智慧的同时，还需要在世界其他地区布好天线，收取最前沿的技术动向。例如，迅销的有明项目工程与迅销硅谷数字化枢纽融为一体，共同行动。在这种情况下，扎下"根茎组织"，达到互联互通的状态也是非常重要的。

◎向小国家学习

除了英国，日本还从新加坡、以色列、瑞典等小国家获取了很多灵感。特别是新加坡和以色列从战后成立到现在仅仅拥有不到半个世纪的历史。

新加坡是中国人建设起来的国家，是李光耀经过仅仅 50 年建立起来的与中国完全不同的有实力的国家，也是中国人非常憧憬的国家之一。

李光耀的儿子是现任首相李显龙，他在 2014 年公布了数字国家的构想。目的是为了系统性地适用 IT 技术，让新加坡的居住环境变得更加舒适而且更有深意。新加坡成为日本在老年人援助和自动驾驶等领域方面助力的目标，因此，日本的视线也离不开新加坡。

此外，2015 年 11 月，新加坡政府基金淡马锡控股公司旗下的盛邦裕廊发起了"城市"输出的业务。这一构想将支撑新加坡经济法阵的工业社区、住宅区等有效结合，为此提供建设这项社会基础设施的技术，这也是向世界各地植入新加坡式城市的构想。日本政府也在日本基础设施输出方面非常活跃，而以新加坡为模型的城市开发理念也受到了众多新兴国家的关注。

建国于第二次世界大战后的 1948 年的以色列也是一个强国，其国防和技术在相继而来的中东战争中都得到了飞跃的发展。位列第 6 名的梯瓦公司就是一家具有代表性的企业。

瑞典为首的北欧国家在经历过第二次世界大战后像被拔掉了牙一样，看似变得非常弱小，然而他们保持着对品质的追求。消费税率高达 25%，这在日本来看简直无法想象，然而他们的居民享受着终生的高保障，他们将国家建设成居民生活文化程度非常高的高品质国家。

本次 NOVO、H&M、ATLUS（阿特拉斯）、SKF（斯凯孚）、嘉士伯、山特维克 6 家公司入围了排名。除此之外，很多未上市不在排名内的全球化成长企业也相继辈出。

◎以历史为价值

这些国家虽然小，但是他们都拥有自己的特色，为世人尊敬。我认为面对这些小国家，日本能够发挥价值的就是"悠久的历史"。

如果只从战后历史的角度看，日本与新加坡、以色列是一样的。但是，日本有着第二次世界大战以前的长久历史，日本作为海洋国家和农耕国家经历了各种各样的历史，这是新加坡和以色列等国家可望而不可即的。

日本经过漫长的历史，逐渐变成居民生活和文化程度都很高的国家。这样的历史一定能够被再次挖掘，成为世界共同的价值。

例如，无印良品计划公司通过"寻找无印良品"活动，挖掘日本传统的生活方式和地方特产，再将无印良品生产的商品推广到世界各地。这是日本最具代表性的高品质"招待"服务在经过星野集团的完美改造后，被推广到海外。

通过上述各种方式的价值再现，向世界发出信号，日本必将成为一个值得尊敬的国家。

日本应该关注的"跳跃"是什么？

◎在看之前便跳！？

《在看之前便跳》是诺贝尔文学奖获得者大江健三郎的著名短篇小说，是象征着"战后一代人的梦想"的作品，堪称当初鼎盛的学生运动的圣经。虽然我是迟于这个时代的"迟到的青年"（也是大江健三郎的一部作品的名字），但是我也非常喜欢这本书。在战后一代人意气风发的青春时期，这部作品就像在对我说"快跳吧！"一样，向前推了我一把。这正应了上文中跳跃的建议。

然而，如今成熟的日本再也没办法说出"不管那么多，总之先跳吧！"这样没有计划性的话了。所以，我提议的 LEAP 是"看好了再跳"，希望大家这样去理解 LEAP。

例如，富士胶卷曾命悬一线，面临着公司主业将消失的危机。而同是胶卷行业的柯达却彻底栽了个跟头，最终破产。比较而言，富士胶卷没有将自己公司的本质优势放在照片胶卷等最终产品上，而是高度倡导高功能的化学技术，疯狂般地进行业务改革。

领导这一戏剧性变革的古森重隆董事长，在其著作《灵魂的经营》中，将自己的经营方式用"See-Think-Plan-Do-See"来表示。

如果只有"See-Think"，那么只能成为评论家或梦想家，只有"Plan-Do-See"，则只能踏实地做好一件事。将这二者加在一起，则能够"先看（See-Think），再踏实地跳（Plan-Do-See）"。

◎着眼大局，着手小局

英语中有"Quantum Leap"一词，在物理中被译为"量子跳跃"，经济的世界被当作"非连续性的飞跃"使用。

机遇型企业通过非连续性的成长机会实现飞跃；另一方面，品质型企业对这种下赌注似的飞跃非常慎重。它持续地冒着风险，可能说不定在哪里就倒闭了。但是，在非连续性变化的情况，如果去冒这个风险就是最大的风险。

那么到底该怎样做才好呢？本书中提倡的成长型企业是不进行突变的基础上，挑战非连续性成长机会的企业。这里的关键词是"着眼大局，着手小局"。富士胶卷的古森先生说的"See-Think"对应的"着眼大局"，"Plan-Do-See"对应"着手小局"。

此外，2000 年初，指导小松实现了 V 型反转的前首席执行官坂根正弘（现顾问）在一次名为"值得信赖的上司的铁则"的采访中这样说道：

"围棋世界中有'着眼大局，着手小局'这样的说法。领导的工作也像这句话一样。首先要把握好现状，通过假设来展示一个便于人们理解的未来景象（也就是着眼大局）；在此基础上，要下达'要牺牲什么'等具体指令（着手小局），但是，上司只需要完成第一步，接下来的应该由部下自觉完成。"

迅销公司的柳井正先生也本着"着眼大局"朝着飞跃性的成长努力；另一方面，他的手法又非常保守，慢慢一点一点地提升成长角度，不知何时，那个远大的目标就已经实现了。这就是所谓的柳井魔法。

◎乌龟的青蛙跳

伊索寓言的兔子和乌龟的赛跑中，乌龟赢得了最终的胜利。兔子代表了敏捷的机遇型企业，乌龟代表了踏实稳重的品质型企业。这个故事，对于成长型企业来说是个非常完美的大结局。

但是，在这个变化多端，看不到终点的时代，一直像乌龟一样的速度发展，就会没完没了没有尽头。即使是乌龟，时而也需要做出像青蛙那样用后脚蹬地的跳起动作。

不在空中赶超，也不只是在地面爬行。而是首先像乌龟那样慢慢地在地面上爬行，随后像青蛙一样跳跃起来，然后再像乌龟一样在新一片土地上爬行，这样周而复始的循环。

机遇型企业如果能够掌握这种"乌龟的青蛙跳（Leap Frog）"本领，就很有可能发展成全球化成长企业。

◎向前迈一步！

试想将本书中介绍的 LEAP 框架放在一般的普通企业中去。

多数日本企业都充分具备"精益""优势""坚持""志向"这 4 项标准，可以说这些静态要素是日本企业的看家本领，但是，仅凭这些标准就只能停留在品质型企业。

日本企业缺少的是"杠杆原理""扩张性""适应力""转轴"这 4 项。这些是机遇型企业特有的动态要素。完好地保留品质型企业的特性，在此基础上掌握机遇型企业的行动力，那么日本企业也能成长为成长型企业。

为此，必须要在站稳轴足的基础上，迈出另一只脚。"向前迈一步！"做到这一点，日本企业一定能够稳步地向 G 型企业迈进。

怎样实现 LEAP 模式在自家公司的适用

那么，如果想将 LEAP 模式用在自己公司上，应该怎么做呢？

事实上有各种各样的企业采用过 LEAP 模式，从其中可以总结出以下 5 条有效的经验。此时要注意的是最先从 P 开始，然后按照 A、E、P 的顺序进行，最后再返回 P。

◎第 1 步　　将志向埋在组织中

首先，要从明确自家公司的目的开始。这是 LEAP 中对应的 P 阶段。

大多数日本企业都推崇"解决社会问题""为顾客提供价值"等崇高的企业理念。但是，把这些理念换个主语，放在别的公司头上也不会觉得有什么差别。换而言之，这些公司没有属于自己的独特理念。不仅如此，将"信念"牢牢地刻在员工心上的企业也非常少。

企业不要光说漂亮话，而要深化自家公司的信念，并让这种信念刻在每一个员工的心中。不怕大家误会，当这些信念像新兴宗教团体的"信条""信念"一样被人们所坚信，那么此时就是 LEAP 开始发生作用的时刻。

我们首先要彻底讨论出"到底要做什么，目的是什么？"然后，自我反省企业的"大志"和我们自己的"大志"有哪些契合的地方，又有哪些出入的地方；在此基础上，再次深入地探讨，为了让这两种"大志"在更广更深的层次上得到融合，我们应该怎样做？

◎第 2 步　　解读企业的 DNA

接下来，针对公司的 DNA 进行解读。这是 LEAP 中对应的 A 阶段。

如上文所述，DNA 分为静态 DNA 和动态 DNA。前者代表"执着"，后者代表"适应能力"。

很多日本优秀公司的静态 DNA 非常显著，对自家公司的价值观和程序非常执着。与此相对，动态 DNA 非常缺乏。虽然没到拒绝新事物和未知事物的程度，但是很多都只看表面，习惯退缩。这正是品质型企业独有的特性。

所有企业都有自己固有的 DNA。但是也可能随着时间的变化而变质。在这样的情况下尝试重新审视自己的历史，总结成功和失败的经验是很有效的。此外，通常自己发现不了自己的错误，听取顾客、合作对象、从其他公司转来的人才、毕业生等的意见也非常有效。

无论什么样的企业，创业一定充满了挑战精神。而且，在直面危机时，也用非连续性手段越过了那些危机。此外，也开展除了主业以外的周边事业，在新的地域尝试了不同于以往经验的新尝试。重新审视这些案例是第一步。

在此基础上，首先要鼓励小"尝试"。当然，这些小"尝试"可能会失败。但是，从这些失败中学到什么，接下来要怎样做，这才是最关键的。我将这种经历脱离学习和学习的过程，而获取了新的优越性的现象叫作"学习优位"。详细内容请参考拙作《学习优位经营——日本企业为什么可以从内部发生改变》。

◎第3步　　钻研核心竞争力

紧接着要做的就是搞清楚本公司的核心竞争力，也就是 LEAP 中"E"的部分。

所有的企业一定都会有自己的"独门秘籍"，如果没有的话，那这个企业根本就无法存在。搞清楚企业的独门秘籍后，企业就会有自己的"利刃"。品质企业大都是利用这种"利刃"才取得胜利的。

但是，如果仅有自己的一技之长的话，是无法适应环境的变化的，关键还在于如何在不靠这门独门秘籍的情况下创造新的优势。

比如生产制造商在从"物"到"事"的转变过程中，都会考虑应该如何开展服务业。如果要将核心技术分解为几个因素的话，就是要把商品生产看作系统工学，去感知实物、解析其信息、设计出它应有的形态，最后再加工。

产商应该了解使用该物顾客的感受，掌握其使用情况，而不是仅仅置身生产车间，只有这样，才能在实际情况中指导顾客。

小松这一物联网的始祖，其康查士系统的服务模式之所以能够使其成为制造商巨头，就是因为它把注意力从工厂转向了客户的利用环境。

金融和医疗等行业也是一样的，"金融科技""医疗科技"等都通过与信息和通信技术的融合开创了令人瞩目的新景象。这其中的关键也在于金融机构以及医疗机构等都对自己的"优势"进行了细致的要素分解，并灵活应用了这些要素。

◎第 4 步　　描绘商业模式

发现核心竞争力之后，终于到了描绘商业模式的阶段了。这是 LEAP 中对应的 L 阶段。

提到商业模式，蓝海战略、开放式创新、逆向创新、免费增值等模式一个接着一个地席卷而来。但是，我认为所有这些模式本质上有两点是共通的。

那就是"明智精益"，即用"最低的总成本"提供给顾客"最高的价值"。

日本企业，如最具代表性的丰田一样，都有传统层面"精益"的固定评价。但是最近，不少企业说着成本竞争力不如新兴国家的泄气话，逐渐陷入高成本的步伐中去。另一方面，在吸尘器、吹风机产品的"戴森旋风品牌"上，"价值"问题还有待解决。

但是，最重要的是同时实现低成本和高价值。为此，运用其他公司的智慧和资产是很关键的。这是事业模式的另一个本质。"NIH（Not Invented Here：除了自家公司的东西其他都不信任）症候群"严重的品质型企业容易陷入自我主义，其杠杆原理发挥得不够充分。

怎样能够发挥杠杆作用的事业模式，我一直建议的方法是"资产的三项分解"。是将资产分为"共层""协创""竞争"3 个方面来考虑的方法。

在图 7-1 中，最下面的"共层"是指与其他企业共有的资产，是

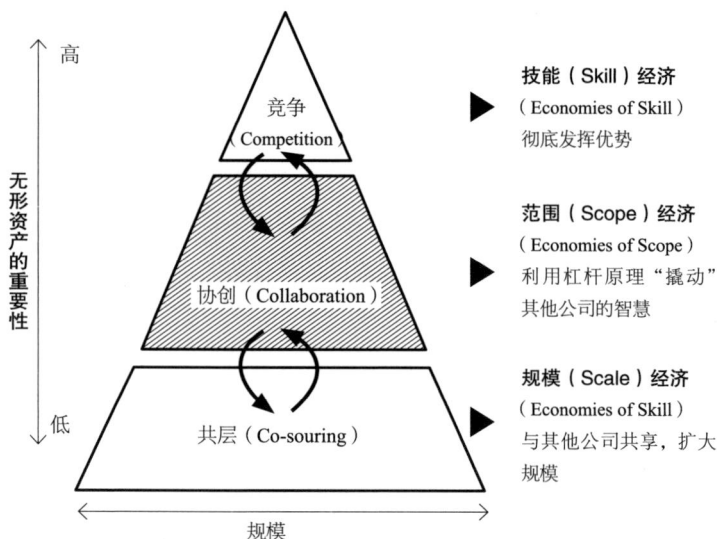

图7-1 资产的3层构造

"规模经济"有发言权的领域，多数有形资产便属于这一层。自前主义公司想要拥有这一层，需要将资产分享给其他公司，从而彻底扩大规模。

最上面的"竞争"属于真正意义上的"战争"领域，公司拥有属于自己的核心竞争力，是"技能经济"中有发言权的领域，多数无形资产属于这一层。

正中间的"协创"是与其他公司进行资产结合后产生新价值的领域。与拥有不同品质的公司进行有形和无形资产的结合，从而产生"范围经济"。

想要实现"低成本"，对最上端的"竞争"领域进行磨炼是大前提。另一方面，想要把"高价值"做到极致，需要在最下端的"共层"领域中，利用杠杆原理"撬动"其他公司的资产。

但是，最重要的一层是中间的"协创"领域。因为在这一层，可以利用杠杆原理"撬动"其他公司的智慧，从而产生出"Smart-Lean"的事业模式。

我在给公司帮忙时，首先去挖掘能成为"Smart-Lean 的基础"的战略模型。在此基础上，利用"资产的三项分解"框架，彻底讨论出公司该保留什么，该放弃什么，该在哪些领域与哪些企业进行异类结合。

◎第 5 步　　找准转轴

LEAP 研讨阶段还有最后的关键一步，那就是，也就是要迈出关键性的一步。

一只脚要牢牢踩在"志向"上，以其为出发点，同时用另一只脚去探寻新的可能性，只有这样，才能从品质企业发展为成长企业。

很多的品质企业就是因为一直迟迟没有"迈出这关键一步"，才会总是停滞不前。其实它们都是因为害怕如果自己离开了自己"熟悉"的领域，就无法完成"高质量的工作"，因此也就自然被时代所淘汰了。

其实，"陌生的领域"只有两种，一种是自己不擅长的陌生领域，另一种是完全未知的领域。

对于陌生的领域，与擅长该领域的企业联手不失为一种很好的办法。虽然并购也是一种办法，但是就像前面说到的那样，其实大多数的企业都可以采取另一种联盟。不过，需要注意的是，在与别的企业合作时，首先必须弄清楚自己能够为对方提供些什么。

与此相对，对于完全未知的领域，则只能靠企业自己去实验。如果按照"试误法"的原理——"即便枪法差，多打几次也能中"的话，这算是一种概率生意。其实不然，重要的是像企业那一节中所介绍的一样，"试误"是一个不断学习的过程。在这个过程中，学习能力强的日本企业都得以发展壮大。

有趣的是当企业一旦跨出向"陌生的"或者"完全未知的"领域迈进的那一步时，那些所谓的"陌生的"或者"完全未知的"领域都会变成"熟悉的"领域。

所以，我们所说的学习不是要一直在同一个地方进行同样性质的学习，而是要不断学习自己原本陌生的事物，通过这种不同性质的学习，使得自己的学习能力从品质型企业进化到成长型企业。

我把这种通过与不同投手联合而使得自己获得发展的手段称作 POI（Portfolio of Initiative，投资组合倡议）。虽然这个概念我在上一章 IBM 一条中也有简单介绍过，但是在下一本书《企业进化论》（暂用名）中将会进行详细的叙述，说明企业应该在"何时""何处""如何"具体地使用"IPO"这一手段。

朝着全球化成长企业前进

本书以 2000—2014 年为区间，选出了 100 所 21 世纪全世界范围内的成长企业。

要问这 100 所企业以后是否也能坐稳席位，实则并非如此。如果每年进行一次评选，会有很多企业相继掉队。

不论是汤姆·彼得斯的"追求卓越的公司"，还是吉姆·柯林斯的"基业长青的公司"，很多入选公司之后的成长速度都变得没落。

本次选中的 100 家公司中，一半多可能会掉队，而只有方向正确的公司才会存续下来。在以后的新入围的公司当中，也一定会有通用、IBM 等重获生机的公司，还有迅销这样突然冲进世界前沿的公司。

入围本次百强的日本企业只有 10 家，即使有 20 家入围，也就只有那几家比较突出的公司而已。对于多数上述其他的公司来说，最首要的是学习这些"百强企业的成功法则"，努力让自己也成长为成长型企业。

不论创业公司还是老字号企业，不论中小型企业还是大企业，不论第一产业还是第三产业，都必须发挥自己的优势，掌握 LEAP 的精髓，只有做到这点，企业蜕变为 G 型企业的可能性才能更大。

为此，本书针对百强公司的精髓进行了解读。如果好好理解掌握，并付诸实践，日本也会不断涌现出更多的全球化成长企业。

希望本书能为读者朋友们带来一些启示，为下一代全球化成长企业的实现，迈出自己的一大步。

G LOBAL
G ROWTH
G IANTS

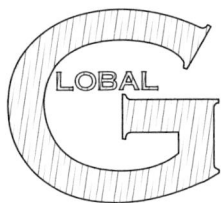

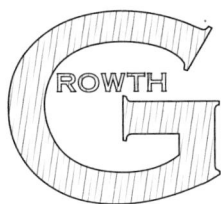

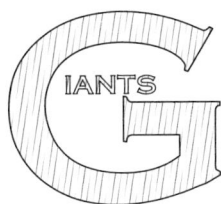

后记 Epilogue

本书是本人怀着"忏悔"之心完成的。

为什么这么说，因为我曾经在麦肯锡任职，而与麦肯锡有合作的主要客户中，入围本次100强的非常少。曾经是麦肯锡一份子的我，在制作本次排名时的心态是非常惭愧的。

当然，这100强中有几家是麦肯锡的合作公司，但是他们并不紧紧依赖麦肯锡，而是自己茁壮地成长，这是我印象比较深刻的地方。

最佳表现中里没有"答案"——麦肯锡的界限

为什么那些和麦肯锡关系不那么密切的企业在不断成长呢？

麦肯锡一直以"最佳表现"为口号，试图将过去的成功经验用在今后的经营上。

然而事实上，将一个公司的成功放在其他公司身上，到底能不能成功我们不得而知。本来，表现最佳的公司就不可能一直是最佳的。弄清"为什么做不好"才是最重要的，"最佳表现"是给不出答案的。

事实上这也是我和麦肯锡诀别的原因之一。

起因是，当时的麦肯锡日本分公司总经理曾说过"Don't invent the wheel"，他的意思是"不需要开发新车轮"。他想说"世上有种状态是最佳表现，只要努力做到这点就好了"。我却持反对意见，认为他"说的不像话"，最终离开了公司。

曾经担任麦肯锡日本分公司总经理的大前研一绝对说不出这样的话。而且他的理念刚好与之相反，他主张的是"最佳表现中是没有答案的"。事实上，企业如果不学会自己思考，就无法取得成功。

海外企业的最佳表现本就无法套用到日本企业中去，但是麦肯锡在那一段时期开始做企业顾问，一直在给人这种忠告式的建议。如此一来，他的合作企业则处在一种看着后视镜开车的状态。也就是经营时不朝前看。这种做法绝不可能为企业寻找到新答案。

迈入 21 世纪，麦肯锡却没有多大进步，其中一个原因是，当前的经济环境再也不是 20 世纪那种销售额逐年上涨的简单模式。在最开始就没有为企业寻找到答案的"边走边想"的做法是不可行的——新时代逐渐变为这样的时代。

然而，企业顾问本身就是"不走路只思考的人"。因此，这种头重脚轻的企业顾问是找不到答案的。口口声声说"我是提问者，你们才是实践者"的企业成不了气候。

在现在这样一个前途不明朗的时代，要在开展各种业务的同时不断学习新事物，如果不具备这种"学习优位的经营"，企业就无法向前进步。顾问们不拥有这样的"学习场所"，所以他们口口相传的建议已不再实用了。

21 世纪，如果说顾问还有一席用武之地，那么一定是向实践看齐的人才教育等方面的类型。

并木裕太郎是我在麦肯锡时的晚辈，在他的著作《顾问 100 年史》中，我把波士顿咨询公司和麦肯锡放在一起比较。离开麦肯锡，进入 BCG 担任了高级顾问，我才发现这两家企业的本质区别。

麦肯锡至今还摆着"老师"的架子，传授着"老套的忠告"。另外，BCG 成为越来越"跟进客户"的公司。同样是顾问工作，可以说 BCG 要比麦肯锡更加符合 21 世纪的标准。

麦肯锡式的"答案就在这"的时代已经结束——这是我对麦肯锡时代的自己进行反省后，带着些许自责的现在的想法。

畅销书《追求卓越》的挫败

麦肯锡一个出了名的失败，那就是追求卓越论。

托马斯·彼得斯和罗伯特·沃特曼是我在麦肯锡的前辈，这两位共同出版的著作《追求卓越》在 1982 年成为全球最畅销书籍之一。

然而，当年被选中的 32 家卓越公司当中，在 30 年后的今天，有 9 家（阿姆达、阿莫科、数据设备、Data General、柯达、凯马特、美国国家半导体、瑞侃、王安电脑）已经败落。

剩下的 23 家企业中，只有 7 家（3M、美国卡特彼勒、迪士尼、美国强生、默克、保洁、麦当劳）入选本书中的全球 100 强。剩下的 16 家企业包括 IBM 等，但是现如今的影响力已经远不如当年了。可见卓越公司更新换代的速度如此之快。

那么，到底"追求卓越"主张是否正确？本书列举了"卓越公司的 8 个条件"。分为以下 8 项：

①看准就干，行动果断

②接近顾客

③拥有自主性和企业家精神

④通过员工来提高生产率

⑤围绕价值观进行实践

⑥专注转轴

⑦精兵简政

⑧宽严并济，张弛结合

这些说得都很不错，但是其中有几点脱离了现代社会关键词，需要在此指出：

第一个问题是"卓越的公司"不包含"生态系统"理念。也就是说"共创"生态系统的理念是不存在的。

第二个问题是价值观。价值观这个词我们经常能听到，彼得斯他们的价值观是有相对性的。简单地说，不管是"提升企业增长速度"，还是"生产品质好的产品"，"什么都可以"成为他们的价值观。总之，"要有一个价值观"，但是他们没有提及"该持有怎样的价值观"。他们的主张不包含"拥有明确目意识的价值观，将这种价值观融入企业中去"的主张。他们的价值观是无信仰、无方向的，没有将价值观武装到企业中，渗透到组织中的探讨过程。

另外，第⑥点"专注转轴"固然也很重要，但是没有针对"时常发生点变化"的探讨。事实上，32家卓越企业中，有几家公司就是因为太过靠紧一个转轴而走向没落，失败的企业中的多数都因为"紧靠中心轴"。

如今，需要重视"转轴"的同时，并要以此为基点踏出一大步，如果这一点实现不了，公司将随着时代的变迁而风化消失，可以说这些是卓越企业应该去反省的东西。

"伟大的失败"：《基业长青》系列

另一本出自麦肯锡员工笔下的全球最畅销书籍名为《基业长青》。作者詹姆斯·C.柯林斯在麦肯锡时的职位不是顾问，而是分析师。

这本书只能怪选取了18家"基业长青"的企业（3M、美国运通公司、波音、花旗、迪士尼、福特、通用、惠普公司、IBM、强生、万豪、默克、摩托罗拉、诺德斯特龙、菲利普·莫里斯、保洁、索尼、沃尔玛）。

上述公司中入围本次全球100强的占1/3，共6家（3M、迪士尼、强生、默克、诺德斯特龙、保洁，美国运通公司和花旗是金融类公司，不在排名范围内）。其他公司，如摩托罗拉、索尼等已经成为夕阳企业。另外，惠普公司在2015年一分为二，而两家公司都没有恢复的迹象。

柯林斯在出版《基业长青》的7年后，他再次出版了一部优秀作品《基业长青2——从优秀到卓越》。

柯林斯书写第2本书的契机是源于麦肯锡的一位前辈比尔·米汗在看了《基业长青》后对他说的"你讲的都是理所当然的事。伟大的公司就是伟大的，写了也没什么特别""普通公司变得伟大才最重要"。

在这本《基业长青2》中列举了11所"伟大企业"（雅培、美国电路城、房利美、吉列、金佰利、美国克罗格、纽柯、菲利普·莫里斯、必能宝、沃尔格林、美国富国银行）。

没有一家公司入围了本次全球百大成长企业。由此来看，《基业长青2》选择公司的方法有不合理之处。他想要描绘一个"普通公司变得伟大"的画面，而选择一些"小家子气的公司"，没有办法挤入本次这样大骨骼的成长型企业排名内。

柯林斯改变式的第3部作品为《基业长青3——强大企业的兴衰》。

柯林斯在本书中主张"任何公司都会衰退"，说道前两部书中所选公司的倒闭"不是我的失误""好公司都要衰退"等等。

说句露骨的实话，简而言之，麦肯锡的人就不擅长预言，也没有预见性。当然，预测企业的未来是件不容易的事，因为实际上，即使预测了盛衰也决定不了什么。

柯林斯在3部失败作品后，又在2012年问世了第4部作品，《基业长青4——选择卓越》。

在书中他主张"10倍论""有意志实现10倍成长的公司"。他把这样的公司叫作10X（十倍公司），并选出了7家公司（美国安进、BIOMET、英特尔、微软、西南航空、Progressive Corp、史赛克）。这还是4年前的书，但是入围100强的只有美国安进1家。所选7家公司中的微软衰退，相比较之下看似"无能"的苹果公司反而占据了100强榜首。

柯林斯的10倍成长真的有效吗？

"十倍公司"只不过是妄想，不得不说，将量的成长称为"伟大"

这件事本身，就是个非常浅薄的经营论。

柯林斯模式的中心是"5 个阶段的野心""10 倍成长的野心"。再看其他的，也只能看到一些被夸大的"狂热的规律""建设的偏执狂""真实的创造力"等词语而已。

对于柯林斯的"10X"，在我看来就是"兴奋剂公司"：兴奋剂能让公司瞬间提速，但一定不长久。

提到关键词中的"偏执狂"，就联想到英特尔的创始人安迪·格鲁夫说过的"在硅谷必须让自己成为偏执狂"。然而，这样的英特尔也没有进入 100 强。

因此，这些"偏执狂""狂热信仰""10 倍的野心"是没有办法为企业带来持续增长的。柯林斯的主张在短时间内或许还能够成立，但是在长期性持续性的角度看则有相反的效果。

再进一步说，"10X"已经是 20 世纪的模式。事实上，第 4 部作品也没有引起很大的关注。

柯林斯模式的中心是"野心"，但企业应该具备的中心是"志向"，为了成长而成长的企业是没有前途企业的典型。

《战略就是讲故事》中的启示

到此为止，我分别列举了麦肯锡时代的前辈托马斯·彼得斯、罗伯特·沃特曼，同僚詹姆斯·C. 柯林斯的例子，以一种将他们推向了风口浪尖般的形式进行了分享。这次，我想再介绍另一位，他是我在一桥大学研究生院国际企业战略研究科的同僚楠木建先生。

他凭借《战略就是讲故事》成为战略论的一号人物。事实上，他的故事也非常有意思，但是在此我想指出的是，楠木的学说以"竞争"为转轴，并没有走出搬运工式的竞争论。

近年来，他正在研究比"故事"更有趣的事情。那就是本书要介绍的"Q 型企业和 O 型企业"。围绕这两项而进行的讨论是非常简洁明了的，但是这两项毕竟是对立项，这样的讨论是存在极限的。没有将创新作为主题，而只停留在了探讨相互对立的两项的层面上。

楠木建认为欧美企业，特别是美国企业很擅长把握机会。与此相比，日本企业有种惰性不善于抓住机会。然而，紧紧抓住 Q 型企业公司就会成为好公司。

想要打造一家追求品质的日本企业还是可以的，但是这样的企业只能做"间隙"。"虽然品质和机遇这两项之间存在相互对立，也要兼顾两项来经营公司"，这是本书想要传达的中心信息。

在坚持自身特有的价值观同时，做出适当的变化。如果不具备这两项，企业将无法作为 21 世纪的公司而生存下来。本书对兼具品质和机遇的"G 型企业"进行了定义。

与《追求卓越》《基业长青》相比，楠木建先生给了我们一个很好的启示。

不断成长的 G 型企业
——跨越千年的本质性挑战和机遇

此次，我们选定了 21 世纪以来 15 年间世界范围内的成长型企业前 100 强。

在这 100 家企业身上，我们能看到 Q 型企业的"深度""顽强""勿轻言放弃"的品质，也能看到 O 型企业"善于抓住机遇""动作敏捷快速""脱学习"等品质。这种企业不论对欧美企业还是日本企业，再或者新兴国家的企业来说都是通用的。

在此我要重申一句，我不认为此次入选的 100 强企业在未来还能够不断成长。有些公司还是想点出它的名字的，其实有些入围 100 强的公司，在这 15 年的时间里勉强地维持才走到现在的地步，而未来成绩是否能保持还不得而知，也许未来 100 强企业中的一半以上会被替换掉。

即使尝试了本书中的 LEAP 框架，也未必一定会成功。但是，我相信通过这一视角对自家公司的经营模式进行重新思考，挑战存在的矛盾，在实践尝试中摸索，坚持到最后的公司将会脱颖而出。

说起为什么要进行这方面的讨论，是因为时代在变换，本质意义上的挑战和机遇正在来临。

新旧世纪更迭的 1999—2000 年，我在麦肯锡作为高科技中心的领导担任着千禧年课题的负责人，我时刻准备着迈进新世纪的 1 月 1 日，不知道会发生些什么。

时代已变换，但是什么也没有发生。曾为"太好了，什么也没发生"而欣喜，直到 2001 年，IT 行业的泡沫破碎，同年 9 月份美国恐怖事件频发，各种了不得的事情发生了，大病初好的世界，在 2008 年又迎来了雷曼事件。

另一个全球规模的变化"由北向南"加速流动。金砖五国一词，是高盛集团的经济学家吉姆·奥尼尔在 2001 年提出的。2005 年，他再次列举了其他 11 个有潜力的国家的地域。

然而，金砖国家除了印度都成长缓慢，金砖 11 国中的韩国、尼日利亚成长也不断降速，由此导入及接下来的导论。

此时登场的是普拉哈拉德《下一个市场》。书中展开了令人惊人的分析，他预测新兴市场的抬头将带来接下来 40 亿人口的市场，书中说道 BOP 也会变得稳定。

2013—2014 年拉姆·查兰的《全球重心转移》成为全球畅销书。普拉哈拉德和拉姆·查兰都是印度人，这是一部高喊"我们的时代终于到来了"的作品。

"由北向南"的人口爆发加速了环境问题、资源稀缺、粮食不足等问题，可持续性成为世界经济要讨论的最大课题。1972 年，作为瑞士智囊团的罗马俱乐部探讨了"成长的极限"，30 年后的今天，新兴市场的抬头让"成长的极限"这一威胁在此出现在世界舞台上。

新兴国不会轻易赞同削减温室气体的排放。发达国家在引发出大量公害问题之后，却无法忍受新型国做同样的事情，他们在这样的想法间徘徊。2015 年 12 月，在第 21 届联合国气候变化大会上的"巴黎协定"中，各国终于在将世界平均温度的上涨控制在 2℃以内的协议上达成了共识，但是具体的道路还是不明朗的。

另一方面，2008 年的雷曼事件之后，发达国家一直痛苦地挣扎，无法从通货紧缩的基调中走出来，最为苦恼的就是日本，日本通货紧缩不断持续，同时受少子高龄化影响，人口不断减少，日本悲伤了"社会问题发达国"的不光彩头衔首位。容易使人联想，日本离成长的距离非常遥远。

将目光从日本移到欧美，雷曼事件发生后，易暴走的资本主义似乎受到人们的怀疑。对崇尚利益至上主义的企业的不信任蔓延，对 NPO、社会化商业的关注度升高，诸如托马斯·皮凯蒂的财富分配论这样，分配财富的呼声高于制造财富的理论成为潮流。

人们对资本主义的警惕升高，对此，有了一些想要超越 20 世纪型模式，复权资本主义的新尝试。典型案例之一是哈佛大学商学院迈克尔·波特教授所主张的 CSV 创造共享价值战略，是一个想要社会价值和创造两手抓的战略模式。

一直以来，资本主义追求的是经济价值，与此相对的是 NPO、社会化商业，将社会价值放在最优先位。CSV 的主张是二者都要抓。从利益至上主义逐转变为注重公共利益，这种公与私相融合的模式也出现在资本主义立场当中。

但是，波特的 CSV，从任何方面来看，它的转轴都是提高经济价值。因此，从社会价值的题材考虑，CSV 就成为"以他人的不幸为代价牟取利益""世界上有很多人正在为吃饱发愁，人们却在牟利"的战略。在此意义上，波特模式还远远没有从 20 世纪模式脱离出来。

此时此刻我的问题在于："以整个生态系统的可持续发展为转轴的经营模式，目前还没有出现"。而本书中提出的 LEAP 经营，兼具了静态的优势和应对未来的动态柔韧性，将是回答这一问题的答案之一。LEAP 经营模式的中心是目的意识，以及以目的意识为转轴想要进化升级的企业"大志"。

虽然强调了很多次，在此要再次强调。首先，要认清自己"为什么而做"，要拥有与社会连成一体的"本质意义上的使命感"。但是，只拥有这一点，就只能停留在同一个原点，这样做就没有了意义。因此，以使命感为转轴不断发展进化才是企业该有的思想理念。这才是本次新提出的 LEAP 模式的意义所在。这才是今后的 21 世纪成长型公司必备的品质。

最后——为企业进化助力的"创世纪"

我在 2010 年从麦肯锡辞职，任职一桥大学研究生院教授。与此同时，成立了一所名为"创世纪"的公司，专门帮助企业升级进化。

Genesis 指《圣经》的"创世纪"，是人们乘坐诺亚方舟，再次创造了新世界的故事。我以创世纪公司为命名，意义就是登上这座诺亚方舟，创造出一个 21 世纪型的新世界观。

另一个意义在于 Gene System，即遗传因子。如果企业的基因能够更换，就能实现将好的基因留下，对新的基因进行挑战的只能转换模式。"创世纪"的转轴不是创世纪般地改变一切，而是在保存优点的同时发生新的变化。

"创世纪"为那些想要变成长企业的公司提供帮助。简单来说，我们为公司设计进化方案，并帮助它们实施，为社会培养下一代经营人才。我们将姿态摆正为"21世纪型顾问"，而不是只会给忠告的普通顾问。至今为止，我们帮助过的公司有50多家都有了非常好的业绩，其中的数家也挤入了100强排名当中，并且不只有日本公司。

相信通过上述活动，"创世纪"将不断打造出更多实现飞跃成长的企业。

我们实际能够提供帮助的公司数量是有限的，本书则为企业指出了大致的方向。希望各位读者能从中受到启示，努力实现自己的量子式跳跃成长。